水煮三国

三巨头

曹操、刘备、孙权的CEO之路

畅销书◎著

中国华侨出版社

图书在版编目(CIP)数据

水煮三国"三巨头":曹操、刘备、孙权的 CEO 之路 / 博锋著.
—北京:中国华侨出版社,2011.6
ISBN 978-7-5113-1435-2

Ⅰ.①水⋯ Ⅱ.①博⋯ Ⅲ.①企业领导学–通俗读物
Ⅳ.①F272.9–49

中国版本图书馆 CIP 数据核字(2011)第 089155 号

水煮三国"三巨头":曹操、刘备、孙权的 CEO 之路

著 者 /	博 锋
责任编辑 /	文 心
责任校对 /	吕 红
经 销 /	新华书店
开 本 /	787×1092 毫米 1/16 开 印张/18 字数/285 千字
印 刷 /	北京建泰印刷有限公司
版 次 /	2011 年 7 月第 1 版 2011 年 7 月第 1 次印刷
书 号 /	ISBN 978-7-5113-1435-2
定 价 /	32.00 元

中国华侨出版社 北京市朝阳区静安里 26 号通成达大厦 3 层 邮编:100028
法律顾问:陈鹰律师事务所
编辑部:(010)64443056 64443979
发行部:(010)64443051 传真:(010)64439708
网址:www.oveaschin.com
E-mail:oveaschin@sina.com

序

"争天下"的三个 CEO

三国是一个风云际会、纷繁复杂的年代，那里有太多的权谋与智慧、兴衰与成败。在三国历史绚烂的光环下，傲然矗立着三个伟岸的身影：坐领江东的孙权、气吞山河的曹操、横空出世的刘备。

每次翻开《三国演义》，想起曹操、刘备、孙权三大集团之间的斗智斗勇时，总是不自觉地和当下企业经营管理联系到一起。这也难怪，孙、曹、刘各自带着自己的团队称雄天下，在本质上和当下企业之间在市场上的搏杀与竞争殊途同归。

我们可以这样去理解，曹、刘、孙，本身就是三家企业的 CEO。事实上，他们已经做到了当今所有 CEO 能够得到的和做不到的一切，他们是所有 CEO 的典范。

想到这里的时候，我不禁有了一种冲动，就是把他们置身于企业的大环境中，设定为 CEO 的角色，将他们的管理、经营的智慧提炼出来，使之跃然纸上，这也是一件十分有意义的事情。

有了这种想法，我开始动笔试著这部《水煮三国"三巨头"：曹操、刘备、孙权的 CEO 之路》。当然，创作这样一部作品是有难度的：

一是三国的时代背景、道德理念毕竟和现在有很大的不同，抢地盘、奉宗主、杀人放火争天下和现代的企业竞争也是有很大的出入，有些冲突是难以调和的。

一是三国智慧博大精深，无穷无尽，若想将其完全融会贯通，实非一人、一团队能力所及，要知道古往今来研究三国智慧的仁人何止百千，研究三国权谋的著作汗牛充栋，诚如此亦未能将三国意蕴言尽。

所以在这里，本书的作者采用了两个被证明过是行之有效的办法：

一是不在细枝末节上斤斤计较，重在对曹、刘、孙三家管理权谋的阐释，达到使读者阅有所悟的目的；

一是选取最符合当前市场竞争态势的经营智慧，将这些前人的思想精髓的现实指导意义最大化。

在本书中，曹操、刘备、孙权分别化身为企业的 CEO，他们身边的谋臣、将军们则成为了企业中的行政、销售等高管，而孙、曹、刘所经营的业务便是"抢地盘"、"争天下"。

在如此不一样的背景下，三个集团展开了惊心动魄的殊死较量，以别开生面的形势展现出曹、刘、孙无与伦比的 CEO 智慧。

目　录

曹刘孙的非 360°测评

北边曹魏集团的大老板叫曹操,人称曹总。曹操是从草根阶层爬出来的精英,但是精英未必就是好人,曹操自己就没把自己当成一个好人。曹操平日里喜怒不形于色,拥有卓越的领袖风范和翻云覆雨的手腕,经过几十年的打拼,终将自己创建的企业推上了行业的顶峰。

专门和曹魏集团对着干的巴蜀集团,是由刘备创立的。刘备这个人祖上有些背景,但是已经没落了。刘备心有不甘,一心想要恢复家族的荣耀,结拜了几个兄弟去创业。刘备有个特点,就是表面"装老好人",背后算计人,结果很多人都被刘备算计了。终于,刘备拿着他的"算盘",算计出了一片江山。

CEO 的非 360°测评之孙权 ················· 8

东吴集团的 CEO 孙权不是创业者,是接班上位的守业人。孙权是一个有想法的人,但东吴集团偏居一隅,资源匮乏,在市场竞争中只能处于守势。孙权费尽心机,才使东吴集团勉强在曹魏和巴蜀两大企业的绞杀下存活。夹缝中的艰辛让孙权小心翼翼,因为一个不留神,父兄的基业就将毁于一旦。

CEO 曹:草根精英的乘势而起

精英创业,占领核心领域的高地 ··········· 12

CEO 刘:没落贵族的白手起家

CEO 孙:接班人的转型与守成

后记:曹刘孙,CEO 之败

曹刘孙的非 360° 测评

CEO 的非 360°测评之曹操

北边曹魏集团的大老板叫曹操,人称曹总。曹操是从草根阶层爬出来的精英,但是精英未必就是好人,曹操自己就没把自己当成一个好人。曹操平日里喜怒不形于色,拥有卓越的领袖风范和翻云覆雨的手腕,经过几十年的打拼,终将自己创建的企业推上了行业顶峰。

崛起的草根精英

说到草根,必须提及家世。

曹操的父亲叫曹嵩,在国家级垄断企业"东汉集团"里算是大人物,先后做过集团总公司的财务经理、行政经理,最后晋升为销售总监。

但是,由于东汉集团的公司架构头轻脚重,总部并没有多少实权,所以曹嵩虽然爬到了集团销售总监的位置,但是手中的实权并没有想象中的那么大,权力还是握在集团各大区的 CEO 手里。

曹操那个时代,社会价值观和现在不太一样——当时社会认为只有出身贵族、士族的人才算是撕掉了草根阶层的标签。曹操的父亲曹嵩尽管职务很高,但是出身不好,是宦官的养子,属于典型的草根,所以曹操顺理成章是草根出身。

不过,曹嵩毕竟做到了集团总监的位置,因此还是为曹操提供了一些创业上的便利条件:

一方面,曹操有机会接近豪门子弟,比如小时候的玩伴袁绍;

另一方面,曹操有机会接触一些聪颖之人,比如小时候的同学许攸——这对提升曹操的个人气质和修养层次有极大的帮助。

更为关键的是,通过曹嵩的关系,曹操自小得到了良好的教育,接触到了"争天下"中最顶尖的技术,并且获得了非凡的造诣。三大权威认证机构都对曹操给予了极高的评价:

"清平之奸贼,乱世之英雄。"——许邵事务所

"治世之能臣,乱世之奸雄。"——孙盛事务所

"天下将乱,非命世之才不能济也,能安之者,其在君乎!"——郑玄认证机构。

至此,曹操被打上了"技术精英"的标签。

亦正亦邪之间

从道德上来衡量,曹操算不上是精英模范,顶多在及格边缘徘徊。因为曹操根本就不想成为道德模范,他想要的是成为创业型的CEO,把自己手里"争天下"的项目真正落实下来。

创业者的个人素质不能用普通的道德标准来衡量,特别是在"争天下"这个项目上。所谓胜者为王,创业者素质的高低就在于是否能赢。如果创业者的个性有利于其最终获得胜利,那么他就是高素质,反之则是低素质。

曹操是个什么人,他是个亦正亦邪的人物。说他正,他可以一笑泯恩仇;说他邪,他会睚眦必报。如此这般的一个人,他什么手段都能使得出来,他可以大义凛然也可以心狠手辣,只要情势需要,只要他想要。

而这一切,正是一个玩弄权术的CEO所必备的素质。

沉郁中的睿智

曹操的智慧体现在他的沉郁上。曹操不低调,作为技术精英,他有张扬的资本,但更多的时候,他更愿意以沉郁的形象示人,特别是在取得成功之前。

沉郁带给曹操的是遇事沉着、克制。这种沉着与克制,一方面体现在曹操的洞察力上:他喜欢在一旁观察,看清楚了、看透彻了,然后行动;另一方面体现在曹操的思维力上:他的思维是很锐利的,往往能一刀切中要害。而洞察力与思维力,直接决定了一个CEO的决策水准。

当然,人无完人,作为技术精英,曹操身上自然有几分傲气。傲气可以麻痹人的思维,也正是这样,每当曹操张扬的时候,失败实际上就在周围潜伏。但终究瑕不掩瑜,曹操在智力水准上是超一流的,符合一个超级CEO的标准。

翻云覆雨的强势龙头

在大风大浪里打拼过,这一点是曹操能够取得成功的最宝贵的财富。

通常来讲,成功的创业者往往都有在大企业就职的经历。借助这个平台,他们可以获得必须的资源、积累经验,为以后的发展打下基础。

在成为曹魏集团的老板之前,曹操在"东汉集团"打工。开始是做销售,搭建了自己的团队,成为了区域经理,曹操拥有了赖以发迹的地盘和资源。而后曹经理越做越大,最终坐到了整个东汉集团CEO的位置上,成了曹总。

对曹操而言,东汉集团CEO的这段经历至关重要。在这里,曹操体验了一个大型垄断企业的领导者应该具备的各项能力,或是怀柔,或是打压,翻手为云、覆手为雨。在"争天下"这项业务上,曹操具备了成为行业龙头的一切素质和条件。

CEO 的非 360°测评之刘备

专门和曹魏集团对着干的巴蜀集团，是由刘备创立的。刘备这个人祖上有些背景，但是已经没落了。刘备心有不甘，一心想恢复家族的荣耀，结拜了几个兄弟去创业。刘备有个特点，就是表面"装老好人"，背后算计人，结果很多人都被刘备算计了。终于，刘备拿着他的"算盘"，算计出了一片江山。

没落贵族的中兴

说来，刘备和东汉集团还是颇有渊源的。

东汉集团是刘氏的家族企业，刘备实际也算是刘氏家族的人，只不过刘备的祖上因为犯了家规，被赶出了刘家。当然，这都是几百年前的旧事了。

刘备的爹叫刘弘，当时已经是一介草民了，对于自己的贵族身份，刘弘老爷子早就淡漠了。但是刘备不同，刘备是有抱负的，想的是出人头地，欲望对一个人来说是很重要的。

在这个社会上要想发达，两个条件：有钱、有关系，就像曹操那样。但遗憾的是，这两个条件刘备一个也没有。没有条件，就只能制造条件，刘备审视了自己一番，唯一能拿得出手的亮点就是"汉室宗亲"，于是刘备就像找到了救命稻草一般，到处宣扬。

结果，还真有人吃这一套，刘备借着这个噱头又是拿项目，又是引风投，居然就这么空手套白狼地张罗起来了他的创业公司，没落贵族中兴在望。

扯开"正牌"的大旗

当时,生活在社会底层的小老百姓想要结识名流权贵是很困难的。但是刘备能豁出脸面去。

在刘备住的地方,有个叫卢植的人,是东汉集团总监级别的技术专家。刘备决定要和卢植攀上关系。但卢植在社会上也是有头有脸的人物了,凭什么结交一个练地摊卖草鞋的小贩,结果断然拒绝了刘备。

这下,这个卢植倒霉了,刘备天天在卢植家门口骚扰。卢植一家被搅得鸡犬不宁,终于,卢植受不了了,答应收刘备为徒。私下里,卢植跟人讲:做大事的人,脸皮要厚,心要黑。脸皮厚,能做别人不肯做的事,就比别人多了一个机会;心黑,能够抛开别人的感受,关键时刻才能下得去手。刘备在我面前玩的这一手,又厚又黑,将来是个能成大业的人。

卢植收了卖草鞋的刘备为弟子,担心传出去不好听。好在,刘备和东汉集团的老板们好几辈之前的老祖宗是一家。于是,卢植索性就对外宣称,自己收了个豪门子弟——刘备为徒。

在卢植这里,刘备接受了系统的科学知识教育,学到了一些先进的技术经验,提高了个人的文化素质和修养,更重要的是刘备以"汉室宗亲"的身份和东汉集团的上层圈子搭上了关系。

低调者称雄

刘备搏出位的手段和曹操不同,靠的是低调。

曹操作为尖端技术精英人才,到哪里都有一股子"自我感觉良好"的范儿,但是刘备不行。刘备没有拿得出手的学历,也没有拿得出手的财力,背后更没有庞大的关系,他唯一能提一提的就是"汉室宗亲"这一茬。

既然比不过人家,咱就不比了。

于是,刘备找了个清净地儿往那一眯,把出风头的机会都让给别人,当个老好人。往往,越是低调的人越容易获得成功,因为这样的人表面上不争、没野心,别人就会觉得他无害,即便是不把他当朋友,但也不至于看成敌人,他自然也就免去了被别人明枪暗箭的伤害。

刘备是有野心的,而且是"其志不小",但是他还没有足够的力量一展宏图,所以只能韬光养晦,私下里积蓄力量,以待时机。当身边的那些好出风头的人一个个地都在东汉集团的权力斗争里栽了跟头的时候,刘备不仅安然无恙,而且力量越发地壮大了。这就是刘备——一个在夹缝中生存的强者的崛起智慧。

没有王者命的王者

刘备的才华不在曹操之下,但他没有曹操的命好。

刘备和曹操一样雄才伟略,并且都有能力、有手段,都希望建立一个垄断天下的大企业。但是曹操家世好,有启动资金,有人脉关系,所以抢先了一步,结果正是一步占先步步占先。

而刘备,什么都得靠自己先去积累,等刘备有资本创业了,抬头一看,地盘已经被曹魏集团抢走一半。

都说,垄断企业的崛起往往建立在上一个垄断企业的衰败上。刘备带着他的企业守在巴蜀市场,等待行业龙头——曹魏集团衰败的那一天。可惜,曹操一直没给刘备这样的机会。

终其一生,刘备和他的巴蜀集团只是扮演了一个曹魏集团挑战者的角色,始终未能在行业内加冕为王。"既生瑜,何生亮",都说生不逢时的是周瑜,实际上,最生不逢时的是刘备!

CEO 的非 360°测评之孙权

东吴集团的 CEO 孙权不是创业者,是接班上位的守业人。孙权是一个有想法的人,但东吴集团偏居一隅,资源匮乏,在市场竞争中只能处于守势。孙权费尽心机,才使东吴集团勉强在曹魏和巴蜀两大企业的绞杀下存活。夹缝中的艰辛让孙权小心翼翼,因为一个不留神,父兄的基业就将毁于一旦。

小企业的接班人

东吴集团的创业者是孙坚和孙策父子。

孙坚是豪门子弟,是鼎鼎大名的"企业战略家"孙武的后人,而且家里人大多在东汉集团的管理层任职。

东汉集团晚期时对市场已经失去了统治力,一些民企冒了出来,特别是黄巾公司,跟东汉集团的冲突很严重。东汉集团高层震怒,决定大打市场战,绞杀黄巾公司。

在这场战役当中,孙坚表现突出,升职为东汉集团东吴大区的老总。没多久,董卓当上了东汉集团的 CEO,东汉集团各个大区的实权人物纷纷对抗董卓。这其中,孙坚又是表现突出,积累了人望。

后来,孙坚跑到荆州发展业务,不幸英年早逝。孙氏团队的领导人就换成了孙坚之子孙策。初出茅庐的孙策在江淮大区 CEO 袁术的手下任职,负责开展江南地

区的业务。但是孙氏团队的家底都在东吴，而且东吴大区 CEO 的位置空缺，此时返回东吴大区正是大有所为。于是孙策告辞了袁术，回到了东吴大区。

回到东吴大区后，孙策通过一通穷追猛打，在江东站稳了脚跟，成为了打得最大的一支团队。在那个力量为王、野蛮至上的年代，孙策俨然成了东吴大区的代理 CEO。

但是，令人想不到的是，孙策比他爸爸孙坚还短命，25 岁时就病死了。临死的时候，孙策把弟弟孙权叫了过来，当着手下的几位总监，把孙权摆到了代理 CEO 的位置上，就这样 18 岁的孙权成了孙总。

接班上位

都说江东富庶，但富庶有国富和民富之差。

江东大区，有钱的是那些地方的大户，像张、朱、顾、陆这样的豪门大户。东汉集团江东大区实际上并没有很多资源，如人力、物力、财力，守住江东这块市场那时绰绰有余，但是想要向外扩张，则有些心有余而力不足。

对于新上任的 CEO 孙权来说，江东大区实力的匮乏还在其次，最要命的是作为江东大区的最高领导人，自己本身的实力匮乏。

作为 CEO，有两点是最关键的，一个是威望，一个是有势力：有威望，才能令行禁止；有势力，遭遇困境才能得到稳定的支持。

孙权的上位是子承父业，实际上相当于空降。在此之前，孙权并没来得及培养自己的势力，更没有拿得出手的业绩。在管理资源上，孙权就是一个穷光蛋，坐在 CEO 的位置，如同架在炉子上烤一般。

好在孙权的几个总监，没有一个拆台捣蛋的。就这么，孙权忐忑忐忑、战战兢兢地忍受着这段接班上位的过渡期。

夹缝中的逢源

曹、刘、孙，这三个 CEO 中，最不容易的就要数孙权了。

曹操顺风顺水，自不必言。刘备前期创业虽然辛苦，但是至始至终，在整个创业团队中，最后拍板的人都是他，两者都可谓是大权在握。

再看看我们可怜的孙总。从接班上位开始，市场销售这一块归周瑜，自己管不了；人事行政这一块归张昭，自己也管不了；生产、财务始终在张、朱、顾、陆等豪门手里，自己还是管不了，整个被架空了。等到孙权羽翼丰满，大权在握之后，环顾四方：北面是行业龙头曹魏集团，西面是实力强大的巴蜀集团，孙权刚刚从几个总监的夹缝中逃脱，又陷入行业内举目强敌的深谷中。孙权能做的，只有忍，百忍成金。

忍耐，最能体现一个 CEO 的素质，是在逆境中生存的一种丛林智慧。忍耐与低调不同，低调更主动，而忍耐是迫不得已。所以，越是能忍，越见可贵。而孙权能够坐领江东 50 余年，全赖于此。

无奈之下的稳妥起见

领导企业就如同水上行舟，船越大，越是稳当；船越小，越容易颠覆。东吴集团就是只小船，禁不起像曹魏集团那样大风大浪的折腾，也没有资本如巴蜀集团那样扯帆疾驰，最适合的方式就是求稳，以稳定谋发展。

孙权不是一个没有魄力的人，在危亡时刻他往往能有惊人之举。在确定企业方向的时候，一个 CEO 不是把自己的个性凌驾在企业经营现状之上，而是要使自己的领导策略顺应于企业发展实际，制定最适合的发展战略。

孙权为东吴集团制定的百年战略，就是四个字：稳妥起见。这不是孙权没有野心，而是形势所迫的万般无奈。

正是孙权定下的这个正确的、最适用于东吴集团的战略方针，才确保了东吴集团在魏蜀吴三大集团演义中最持久的运势。

CEO 曹：
草根精英的乘势而起

精英创业，占领核心领域的高地

技术精英的创业

曹操之所以能够创业成功，在于本身作为技术精英的他选择了一条适合自己的技术创业路子，而且牢牢地占据了"争天下"这一行的制高点，为自己今后的发展、壮大打下了坚实的基础。

曹操所在的东汉集团是个家族企业，刘氏家族拥有对集团的绝对控股权。

集团的董事长刘辨是个毛孩子，集团的事务主要交给 CEO 和几个总监打理。但是，CEO 和总监们之间总是明争暗斗，有的甚至想把董事长搞下去，结果东汉集团内耗严重，人事频繁更迭。

特别是凉州分公司 CEO 董卓升任集团 CEO 之后，更是把集团搞得乌烟瘴气。他把集团重要部门的总监统统换成了自己的人。更过分的是，他向董事局逼宫，硬生生地把刘辨扳倒了，把董事长换成了刘协。自古以来都是董事局干掉职业经理人，从没有职业经理人炒掉董事长的，董卓这是要造反么？

结果，董卓的这种倒行逆施遭到了集团各大区、分公司的一致反对。这些老总们结成联盟，要赶董卓下台。最终，董卓众叛亲离，被自己的销售总监吕布干掉了。董卓下台后，原先在董卓手下做事的两位总监李傕、郭汜又合伙挤兑掉吕布，控制了董事长刘协。可是没过几年，李、郭二人又起了内讧，闹得不可开交。

此时的曹操，因为在对黄金公司的市场战中表现突出，已经升到山东大区兖州

分公司的总经理了。李、郭内讧，总部乱作一团，东汉集团呈将倾之势。

曹操觉得自己机会来了，把手下主管以上的干部全都叫到会议室开会。曹操面沉似水，对他们说："现在整个集团的形式你们也都知道，已经乱套了。总部那儿总监内讧，各个大区冷眼旁观。'东汉'一团糟，垮掉是早晚的事，但是，越是乱的时候，越能出机遇。所以我想听听你们的看法。"

众人沉默，四下无言。

半晌，COO 荀彧起身发言："老板！现在的情况是各个大区、分公司各自为政，相互抢夺市场。公司乱、市场也乱，但乱则生变，不可能持久。现在最有实力的是大区CEO 袁绍，他把冀、青、幽、并四个分公司的业务都攥在了手里；其次是荆州分公司的刘表，他在荆州分公司总经理的位置上坐了几十年，人脉多、根基牢，加上荆州那块市场又好。"

顿了顿，荀彧继续说道："但是，他们都比较短视，不重长远。拿着同质化的产品打价格战，这个是没前途的。想要在市场中脱颖而出，就要搞差异化的竞争策略，只有拿出不一样的产品，才能杀出一条血路。"

"所以，我们不应该在价格上和他们生拼死磕，而是应当大力发展技术。实际上，我们是最有资格搞技术创新的。因为老板您是搞技术出身的，是咱们行业里最顶尖的专家。看看其他的大区老总们，不是搞市场、销售的，就是搞财务的，不懂技术，也不重视技术。所以没人可以跟我们竞争。"荀彧补充道。

曹操非常赞同荀彧的观点，频频点头："你的话说到我心坎里面去了。那你觉得下一步我们该怎么办？"

"回到集团总部去！"荀彧语气坚定地说："搞技术需要总部的支持，虽说现在总部很乱套，但毕竟有很多独特的资源能为我们所用。我们可以以集团的名义发布技术革新，那么在市场上一定会有反响，各个大区的CEO 就得听我们的。这就叫'奉天子以令不臣'，到时候我们手里攥着资源，就可以压制分公司，谁不听话就在技术上搞垮他。这样一来，整个东汉集团实际上就归我们控制了。"

这时，市场部的几个高层提出质疑："这个听起来不错，可是要是别人也跑到总部，要分一杯羹怎么办？"

曹操面沉似水:"哼哼,凡事总有个先来后到吧!再说,别人有这个技术能力么吗?想喝羹,起码手里也得有羹匙!"说完,曹操站起身,扬起手:"这事就这么定了,你们回去准备准备吧!"

会后,曹操把荀彧叫了过来:"回总部的事,如果我自己请调,别人肯定有想法,所以得让董事会出调令,这事情还得你去办。"

"好的,我明白。"荀彧立即着手疏通去了。

总部这边乱得翻了天,原本是李、郭内讧,接着总部的元老董承合之前一直外放的总监张济也卷了进来,新上任的董事会主席刘协拍着脑袋,直呼头大。

这时候,刘协的助理小杨端着咖啡走了过来,对刘辩说:"董事长,我有一些话要说,但又不知道当讲不当讲。"

刘协捂着头,两眼无神:"但说无妨。"

助理小杨清了清嗓子:"现在集团乱成一团糟,非得有个狠角色出来收拾局面不可。前一段我们跟黄巾公司打市场战,山东大区的曹总很是能干,可以把他调过来收拾局面。"

刘协听罢,抬起头,想了想:"也只好如此了。小杨,你去起草调令吧。"

接到调令后,曹操带着山东大区的精英骨干,直奔总部洛阳。见到董事长刘协,曹操诚恳地表示,愿意为集团出力,收拾时局,协助董事长整顿企业。曹操的一番表白让刘协很是感动,没想到这年头还有人肯为董事局、肯为刘家出力。

但是,曹操也向董事局提出了自己的条件:支持自己的技术革新,因为只有推行新技术,自己才有整治内乱的资本;第二,将总部迁到许都,洛阳这地方鱼龙混杂,势力盘根错节,不便于自己整顿执行。

对于曹操的这两点要求,董事局完全予以批准,只是董事会提出要先平息内讧,将局势稳定下来,然后再着手总部搬迁的事情。

得到董事会的批示,曹操很快就将李傕、郭汜等人打压下去了,整个东汉集团总部的大权完全落在了曹操的手里。

CEO 提点

想要在市场中脱颖而出，就要和别人做的不一样，这就叫搞差异化的竞争策略。只有你拿出不一样的东西，你的东西才具有市场吸引力，你才能在市场中顺利地杀出一条血路。

魄力是优秀 CEO 的必需品质

曹操是个干大事的人，干大事的人必须要有过人的胆略和魄力。刘备来投靠曹操实际上是给曹操出了一个大难题，留他也不是，不留更不是。正所谓"两害相权取其轻"，曹操用自己的魄力做出了决断。留！

由于曹操将总部平乱的事宜打理得妥妥当当，所以董事局只能履行原来的承诺，迁都许都的事进行得很顺利。

新总部在许都搭建之后，曹操坐上了东汉集团技术革新工程总负责人的位置，兼任市场、销售部门的总监，并且代理行使 CEO 的职权。

曹操为董事局开了一份名单，搭建他的管理团队：

东汉集团运营总监（COO）：荀彧

东汉集团创意总监（CD）：荀攸

东汉集团财务经理：刘烨

东汉集团人力资源经理：程昱

东汉集团销售经理：夏侯惇

东汉集团销售经理：夏侯渊

东汉集团销售经理：曹仁

……

对此，董事局也没有异议，完全通过了。而大名鼎鼎的郭嘉，曹操舍不得他为琐事劳心，就让他在总裁办出任顾问一职。

许都地处中原，是神州的核心地区。曹操将东汉集团的总部迁到这里，正是要坐镇中央，统辖四方。曹操一方面继续弄创新、搞研发，坚定不移地走技术路线，提高自己的核心竞争力；一方面着力打造自己在东汉集团的威信，巩固代理 CEO 的地位。

就在曹操准备一展身手的时候，麻烦来了。秘书向曹操报告，徐州分公司的刘备派代表前来约见。

"刘备？"曹操感到很意外，在曹操眼里，刘备就是个打着"董事局亲戚"名头招摇撞骗的主儿，"他不是在陶谦手里骗来了徐州分公司的总经理的位置？"曹操犹豫了一下，还是约见了刘备。

刘备一见曹操，马上一把鼻涕一把眼泪地哭了起来，把曹操弄得不明所以的尴尬。哭过之后，刘备就开始大骂吕布不是东西。

原来，吕布在东汉集团的内部斗争中失利，又在袁绍和曹操的双重打压下走投无路，投奔了刘备。刘备看吕布过去在董卓手下做过销售总监是个人才，所以就留用了他。结果吕布暗中培植势力，架空了刘备，而且重施对付董卓的故伎，把刘备赶下了台。刘备没有办法，只能跑到总部申诉，希望曹操能够收容。

曹操笑着拉着刘备的手，说道："吕布那小子，挺不是个东西的，之前就打过我的主意。我会替你收拾他的。"

曹操通知公关部门以贵宾的标准安排晚宴，规定总部的要员务必出席，热情地接待刘备一行人。

宴会散去之后，荀彧找到曹操，说："刘备这个人野心不小，留下来恐怕是个祸害啊！"

曹操没有正面回应："老荀啊，今天看见你喝的不少啊，平时工作也很累，早点回去吧！"边说着，边拍着荀彧的肩膀，把荀彧送到了办公室外。

这时候，郭嘉正在走廊里，曹操等荀彧进了电梯，忙把郭嘉叫入办公室。

"小郭，你知道荀总监刚才来找我做什么吧！"曹操跷起腿，点了支烟。

"想必是因为刘备的事。"

"你说对了。"曹操弹了弹烟灰,"荀总劝我不要收留刘备,你怎么看?"

"不可!咱们现在刚刚在总部立住脚,正是树立名望的时候。这个刘备是否狼子野心暂且不管,但在业内算是个人才。当初对黄金公司的市场战出力不少,很是闯出一些名气。如今,吕布赶走了刘备,刘备找到总部,咱们置之不理的话,恐怕别人会说我们不重视人才。更重要的是,那些大区、分公司的老总们会认为我们软弱怕事。这样一来,我们的威信力就没了,到时候怎么再去推行技术革新,怎么统辖那些大区、分公司?为了一个刘备,而自损声威,恐怕不值得!"

曹操掐灭烟,起身拍着郭嘉的肩膀:"你说到我心坎里去了。"

第二天,曹操通知董事局,聘用刘备做豫州分公司的总经理,并让人力资源部门(HR)准备相关的手续。

HR经理程昱得到这个指示,急得满头大汗,跑到曹操的总裁办公室一把推开门,拉着曹操的衣服,大声抗议:"老板啊,刘备这样的人您怎么也敢用啊。他就是一头狼,只是没逮着机会,有机会的话,他比吕布那兔崽子还狠呢!"

曹操瞪了程昱一眼:"你嚷什么!刘备什么人我不知道!现在正是咱们树立威信的时候,我若摆不平徐州那边的乱子,我这个代理CEO还怎么当。"曹操抿了口茶,语气渐渐缓和了下来,"做大事得有点魄力,聘用刘备风险大,但是背后的收益更大。相比于收拢人心,这点风险又算什么!"

结果这件事就这么定了下来,刘备成了豫州分公司的总经理。

❀ CEO提点 ❀

大的成功通常都蕴藏在大的风险里面。要想成大事,就需要有承担大风险的魄力,这样才有可能获得大的收益。一个大气的CEO,要始终能够做到"为人所不为"、"敢为天下先"。

曹操的眼光

创业路上的难题一个接着一个，先是刘备来投，然后又是张绣作乱，再加上旁边还有吕布这只随时可能吃人的恶狼，情势相当不妙。不过，曹大老板还是用自己审视全局的战略眼光找到了化解这次危机的办法。

此时的吕布，正坐在徐州分公司办公室里优哉游哉地喝茶、看报纸，突然看到这样一则消息："刘备出任东汉集团豫州分公司总经理"。

吕布"噌"地一下从椅子上弹了起来，敲打着桌子："曹操这小子是要给刘备撑腰，拿我开刀啊！"

也无怪乎吕布会这么想。吕布干掉董卓之后，在东汉集团总部的权力斗争中失利，四处漂泊。结果，鬼使神差中他瞄上了曹操，趁着曹操和东汉集团徐州分公司前任总经理陶谦闹矛盾的时候，去抄曹操的家底。曹操当即撇下与陶谦的恩怨，跟吕布大打出手，两人很是较量了一番。终究，吕布这小胳膊没拧过曹操的大腿。而且，河北大区的CEO袁绍又落井下石从旁打压，吕布被逼无奈下，这才投靠了刘备。如今刘备去投靠曹操，曹操居然接受，吕布很自然地就联想到，曹操这是要对付自己了。

吕布会有这样的想法，早就在曹操意料之中。曹操也没打算顾及吕布的想法，因为他本来就打算对付吕布。但是，这个当口又有意外发生了。这次是和张绣有关，张绣是总监张济的侄子。

当初，董卓下台，张济、李傕和郭汜等人把总部搞得乌烟瘴气，弄得名声很是不好。后来，张济失势，被外调到关中区域，自主经营。没几年，张济病逝，把权力交给了侄子张绣。张绣年轻气盛，又聘用了一向不怕事儿大的贾诩为顾问，向东联合了荆州分公司的刘表，来找曹操的麻烦。

一边是吕布，一边是张绣，状况都赶一快了，弄得曹操很是纠结。曹操把几个总

监、主管叫到办公室,商量对策。

荀彧说:"吕布、张绣,单论哪个都不是问题,但问题是我们一心难以二用。所以解决的办法就是,化繁为简。我们先稳住一个问题,全力解决另一个问题,然后再回过头来解决稳住的这个问题。"

夏侯惇被荀彧绕的有些晕:"荀总,咱把话说得直接一点吧,按你的意思,咱们该稳谁,该解决谁? 怎么稳,怎么解决? "

荀彧笑着点点头,转而向着曹操:"吕布、张绣,这两个人都比较无脑,不过他们身边还是有明白人。吕布那边儿是陈宫,张绣那边是贾诩。吕布这个人,自视甚高,陈宫的话未必能听,且他没什么大志,给他一些好处他就容易满足。至于张绣,他知道自己能力有限,所以凡事能听得进贾诩的建议。但是贾诩这个人,太过于聪明,识时务,凡事更为自己考虑,未必会完全站在张绣的立场。所以,我们可以许给吕布一些好处,先稳住他;然后集中力量对付张绣,这时贾诩肯定会明白,单是一个张绣是搞不出什么名堂的,必然会倒向我们。这样一来,收拾张绣也就轻而易举了。"

曹操在一旁听着荀彧的发言,面沉似水。片刻后表态:"我完全同意荀总的想法。"

曹操就是这一点好,但凡属下们有好建议,他总是能够分辨得出来,并且予以采纳,这就是一个 CEO 卓绝的眼光。但是,销售部的几个经理还是心存顾虑。

曹操对这几个心眼较实的族弟解释道:"吕布之前和我有过节,这次我帮了刘备,必然会有所猜忌。吕布赶走了刘备,成了徐州分公司名义上的总经理,但是还没有得到总部的承认。这次,我把这个头衔给他,对我而言,扔出去一个虚名没什么损失。对他而言,知道我是怎么样一个态度:不打算替刘备撑腰找他麻烦。他得了便宜会卖乖的。"

第二天,曹操到董事局走了个过场,拿到了任命吕布为徐州分公司总经理的批文,派人发往了徐州。同时,曹操又写了封亲笔信,劝吕布与刘备言归于好,以示安抚。

吕布得到总部的任命,大喜过望。又看过了曹操的亲笔信,得意扬扬地说:"算你曹孟德会办事。"

为此，陈宫找到吕布，吕布说："我当初要闹，是因为应付曹操帮着刘备打压我。我现在已经是徐州分公司的老总了还闹什么，该得到的我都得到了。你来瞧"，吕布拿出了曹操的亲笔信，"曹操小儿，打算一碗水端平两不得罪，我又何必没事找事呢！"

陈宫劝言说："张绣闹事，曹操安抚您只是他的缓兵之策，等他对付完张绣，我们可就没有什么好日子过了。"

遗憾的是，吕布果然如曹操和荀彧之所料，没有听从陈宫的建议，安安分分地开始在徐州分公司总经理的位置上混日子。

CEO 提点

> CEO 的角色不是一个建议的制造者，也不是一个建议的执行者，而是建议的挑选者。所以，一个出色的 CEO 要有出色的辨析能力，能够迅速地捕捉下属提出的好的建议，并予以支持和采纳。

CEO 的御人之道

曹操一时不慎惹来了张绣反戈一击。张绣的这次逆袭让曹操损失惨重，不仅是长子曹昂，就连自己最信任的手下典韦也搭了进去。但就算是这样一件倒霉事，也被曹操利用起来了，他仅仅用几滴眼泪，就换来了属下死心塌地的忠诚。

搞定了吕布，曹操可以腾出全部精力来对付张绣了。

前面已经说过，张绣是个才智平庸的人，但是对于手下的人才，还是信任和重用的。就冲这一点，张绣还算这个称职的老板。

原来，张绣叫板曹操也是因为曹操立足未稳，徐州的吕布和总部之间有冲突。现在吕布被曹操安抚了，张绣觉得单凭自己和曹操发生冲突，恐怕讨不到便宜，于

是就去征询贾诩的意见。

贾诩的看法和张绣大致相同，并且劝张绣还是不要跟曹操对着干了，曹操掌控的豫州、兖州两个地区的业务，人力、物力、财力都十分丰厚，而且曹操现在还是集团的代理 CEO，不是凭张绣的力量能够抗衡的。

想要生存，无论在哪里都要尽力避免和当权人物发生正面冲突。张绣也觉得贾诩的话有道理，所以表示愿意服从集团总部的领导。

这天，曹操在办公楼里碰到了贾诩，曹操和贾诩谈了谈东汉集团的未来发展。贾诩的见识很得曹操赏识，当下里表示，只要贾诩愿意，就把贾诩调动到总部工作。

但是贾诩谢绝了。贾诩觉得，自己当初在李傕和郭汜手底下做事的时候，名声并不好，现在跳槽到曹操手下，未必会被曹操的那些总监、主管们瞧得起。另外，曹操是个很精干的老板，有自己的见解，肯定不会像现在的老板张绣这样对自己言听计从。

曹操在宛城和张绣进行了一次长谈。谈罢，曹操在返程途中问自己的司机："你说这宛城里，哪家夜总会好玩啊？"

司机心领神会地回答道："宛城这小地方能有什么好玩的。不过昨天我在宛城大酒店碰到了张绣的婶子，那真可谓是倾国倾城啊！"

"哦？一会你把她接到我办公室来吧。"曹操这个人，哪一点都好，就是在女人这上面有些过头……

曹操以为自己这件事做得密不透风，结果还是被张绣知道了。张绣怒火中烧，大骂曹操欺人太甚。张绣把贾诩找来，把这件事跟贾诩说了。

贾诩眯着眼睛，反问张绣："你打算怎么办？"

张绣握着拳头："曹操这是在羞辱我啊，我焉能咽下这口气。哼，他不仁，我不义。曹操在山东大区和集团总部的这些年，可没少侵吞公司的财产。我非把这件事捅出去，要他好看。"

贾诩沉吟片刻，说道："这件事，事关重大，得谨慎行事。向司法机关审调曹操这件事，我们得暗中操作，打曹操一个措手不及，这样才能扳倒曹操。"

"哼，曹操，你等着。"张绣恨得咬牙切齿。

当天，张绣就着手开始派人检举曹操侵吞公司财产，司法机关随即也展开了秘密调查。但是曹操为人太过精明，调查小组几费周折，只查到了曹操的儿子曹昂、总裁办保卫处处长典韦侵吞东汉集团巨额财产案的证据，并没有证据表明曹操牵涉其中。结果，司法机构将曹昂和典韦拘禁了起来。

曹操闻此消息，大吃一惊，但眼下证据确凿，自己已经是回天乏术了。最终，曹昂和典韦因为所犯罪行涉及金额过于庞大，再加上两人为保护曹操揽事上身，最终被判处了死刑。对此，曹操悔恨不已。

张绣一击不中，算是正式和曹操宣战了。曹操牺牲掉了曹昂和典韦，躲开了张绣的攻击，连夜驱车从宛城赶回了许都。

回到总部，曹操把自己的亲信们召集在一起，毕竟出了这么大的事，曹操得对下面的人有个交代。

会上，曹操一直当着众人的面痛哭流涕，表示自己一时过失竟然连累到手下干将身陷牢狱。曹操说："曹昂是我儿子，他出事了，我自是伤心；但是最让我难过的就是把典韦也牵连了进去。典韦随着我这么多年，风里来浪里去的，我对不起他。"

曹操的这一番表白，使在场的所有人着实感动了一番，觉得老板曹操有担当，更重要的是，老板是个重情义的人，跟着这样的老板干，值！

曹操在主席台上，一面擦着眼泪，一面偷偷观察手下们的反应。看到大家都流露出被深深感动的神态，曹操的嘴角露出了一丝不易让人觉察的微笑。

❖✦ CEO 提点 ✦❖

CEO作为管理金字塔的塔尖，在企业中可以说是众矢之的，无时无刻不有千百双眼睛在盯着看，一旦行为稍有不端，则会被对手和心怀不轨的人加以利用，所以CEO的个人修为尤为重要。

低成本高效率的创业

世人都说曹操奸诈，曹操绝对当得起这个评价。在与袁术硬碰硬的对决当中，他仅仅用一个财务和一小笔钱就稳住了人心，换来了最终的胜利，可谓是低成本高效率创业的典范。

张绣一时搞不垮曹操，曹操也奈张绣不得，且双方又损失惨重，与其在这里耗下去，倒不如两方各自罢手。

没多久，曹操就返回许都总部了。张绣和曹操的这出闹剧算是暂时告一段落。但是对于曹操这样一个乱世的创业CEO来说，总是一波未平一波又起。

江南大区的袁术，宣布正式脱离东汉集团。这对曹操而言是极为不利的，至少，有损于曹操作为集团CEO的尊严。更重要的是，袁术的淮南集团开始抢夺曹操的市场。是可忍，孰不可忍，刚刚回到许都打算安静一阵子的曹操又有得忙了。

曹操坐在办公桌前，思索着应付袁术的对策，他希望以最小的消耗干掉袁术。一番苦思后，曹操心生一计：按当前的局势，袁术跟东汉集团决裂后必然会争夺东汉集团的市场，首当其冲的应该是吕布的徐州，何不拿吕布当枪使。反正，袁术北侵，免不了要和吕布产生矛盾，自己索性先来个坐山观虎斗，待两败俱伤的时候再坐收渔人之利。

果不其然，一切都落入了曹操的算计之中。吕布和袁术之间发生了激烈的冲突，双方大打出手。结果，袁术不敌吕布，在淮北地区被吕布打得大败，在淮北站不住脚的袁术只好退回淮南。

经此一败，袁术感觉到自己势单力孤，很容易就被别人吞并掉，便想要和江东大区的孙策结盟。袁术亲自给孙策写了一封信，说明了打算结盟的意向。

孙策拿到袁术的信后哈哈大笑，对自己身边的人说："你说袁术这小子是不是让吕布给收拾傻了，现在要跟我结盟，开什么玩笑啊！就连袁绍掌控冀、青、幽、并四

个分公司的业务,实力冠绝天下,都不敢扬言脱离东汉集团,他小小的一个袁术敢冒天下之大不韪,实在就是作死。现在他要死了,还要拉我做垫背的吗?"

孙策刚说完,前台就来电话,说总部派来人了。原来,曹操见袁术退回淮南,就打起了孙策的主意,吕布已经出场了,现在该拿孙策当炮灰了。

曹操的代表跟孙策谈,要求孙策在南边攻击袁术,好处是承认孙策的合法地位。孙策自然知道曹操是想拿着自己当炮灰。但是,自己和袁术这一仗早晚得打,不如就卖曹操一个人情,何况还有些许的好处。

孙策对曹操的代表说:"袁术还是很有实力的,单凭我自己恐怕对付不了他。这样吧,曹总在背面收拾袁术,我在南面配合,这样把握就大了。"

曹操得知孙策的意思,笑了笑:"这小子,有心眼!"

于是,曹操尽点手下的精兵良将,浩浩荡荡地奔着袁术就来了。当然,曹操忘不了抓替死鬼——徐州的吕布、兖州的刘备自然都要充当自己的炮灰。

见曹操来势汹汹,袁术知道硬碰硬的话恐怕要吃大亏,反正也是在本土作战干脆就死守,保住原有的市场就 OK 了。对于这一点,经营淮南多年的袁术还是有信心的。结果,曹、袁双方在寿春相持不下。

寿春是袁术的地盘,袁术在这里的开支自然要小。但是曹操则不同,他属于越境作业,开支本来就大,再加上自己带的队伍人也多,消耗就更是惊人了。时间一长,曹操财力不济了。

财务这时候跑到曹操这里,跟曹操商议对策:"现在账上可没多少钱了。再这么耗下去,可顶不住啊。"

曹操想了想,说:"这么的吧,咱们可以细水长流,各项财务支出都要削减,员工的薪水也可以适当地调低。"

财务挠了挠头:"这样不好吧,他们会闹事的。"

曹操大手一挥:"没关系,我自有办法。命令是我下的,出问题了自然有我来顶,不用你负责,你去办吧。"

财务按照曹操的意思,削减了开支。曹魏集团的员工不高兴了,怨声四起。曹操把财务叫过来,说:"我已经派人说你挪用公款,然后私自削减开支了。我会给你一笔钱，然后你离开公司，这是平息员工抱怨的唯一办法了，你跟了我这么多年，这次就当你帮帮我。我知道这样对你很不公平，但是眼下的情况没有办法，希望你能理解。这样吧，我知道你儿子还没有找到工作，等我回许都之后，让他来我这上班。"

财务一开始听到曹操的话很气愤，感觉自己被耍了，可是仔细再想一想，现在自己挪用公款已经成了"事实"，反抗也没有什么好处，如果离职的话会得到一笔钱，而且孩子的工作问题也能得到解决，实际上也并不吃亏。

就这样，曹操亲自当众宣布：公司在资金方面没有问题，是财务挪用了公款，造成了眼下的局面，现在财务已经受到了惩罚，开除出了公司，请大家放心，公司不会亏待大家只要大家。能够在月底搞垮袁术，下个月的薪水发双倍。

所谓兵不厌诈，曹操的一番话果然起到了安定人心的作用，并且使员工们在双倍薪水的激励下，一鼓作气搞垮了袁术。

曹操用一个财务、一笔钱换来了集团内部的稳定，而且在危难时刻用一个空头许诺激励了员工的士气，这是以最小的代价使效果最大化，是以最小的成本换取最大效率的一种CEO智慧。

CEO 提点

　　舍小取大是一种经营智慧，这里面不含有道德元素。很多时候，我们可以做得更聪明一些，抓一些人为我们当炮灰，用别人的资本来降低自己的投入，从而为自己的成功买单。

扩张,并购:是种犀利的手段

市场,不是大鱼吃小鱼的游戏

大鱼吃小鱼是自然界的生存规律,但却并非是市场上的生存规律。至少,曹操就不相信这一点。因此,曹操虽然实力比不上袁绍,但还是要跟他掰一掰手腕,看看到底谁才是这片市场中的王者。

曹操在清除掉陶谦、袁绍、吕布、张绣这些雄霸一方的区域经理之后,袁绍这个老大难的问题就凸显了出来。

曹操是东汉集团的代理 CEO,袁绍是东汉集团最具实力的分区 CEO,两个人都有成为东汉集团主宰的意向,冲突在所难免,这一点两个人彼此心里都很清楚。只不过之前群雄割据、鱼龙混杂,这种冲突还没有显现得那么明显。

对比一下双方的实力,曹操手里握着兖州、豫州、徐州三个分公司的资源,并且坐镇许都总部,随时可以以总公司的名义发号施令。袁绍,东汉集团最具实力的大区经理,控制着冀、青、幽、并四个分公司的业务,人力、物力、财力居全国之冠对曹操而言,这将是一场硬碰硬的较量。

客观地来讲,曹操的实力要弱于袁绍。虽然从道义上讲,曹操占有优势,因为曹操是 CEO,袁绍是其他的领属,但是在当时的乱世环境下,有地盘就是草头王,而且袁绍家族人脉广泛,支持他的人也不在少数。

所以,当袁绍气势汹汹地奔曹操而来时,曹操心里很不踏实,而且在曹魏集团的内部，一些员工已经心存畏惧了，提出建议：和袁绍用和平谈判解决冲突。其中的代表就是孔融，孔融认为袁绍集团规模甚大，一旦发生冲突，最终可能会引火烧身。

COO荀彧则提出了不同的看法，他说："谈判的基础向来建立在市场的局势上面，现在从局势上来讲，袁绍看起来力量更强大，而我们是弱的一方，现在怎么谈判？谈判肯定是要吃亏的。"

孔融据理相争："你的意思是向袁绍宣战？到时候袁绍这条大鱼吃掉我们的时候，连谈都没得谈，只能任人宰割。"

荀彧摇着头："迂腐，谁说袁绍就一定会吃掉我们？市场这个东西，不是大鱼吃小鱼的游戏，不是谁的规模大谁就一定强。规模庞大但外强中干的企业不在少数，小规模的企业兼并大型企业的也不是没有。决定胜败的是企业的强度，而不是规模。"

孔融对荀彧提出的袁绍外强中干的观点并不认同，于是又说道："你说袁绍集团外强中干，有何凭据？袁绍经营冀、青、幽、并多年，根底很是牢固，资金充沛。而且手下人才济济：行政方面郭图、审配无一不是好手，谋划方面许攸、沮授各显才智；市场销售方面颜良、文丑哪个不是精英，这样的一个集团，你说他外强中干，简直是笑话。"

荀彧摇摇头："孔总，你总是喜欢侃侃而谈，且又那么不切实际。我在袁绍的手下干过，袁绍的这些总监什么德行，我会不知道？他们这些人各有各的小算盘，大难来时各自飞，整个袁绍集团就是一团散沙，聚到一起看着吓人，风一吹就散了，即使规模再大也没有一点用处。"

听了荀彧的话，曹操觉得有道理。的确，市场竞争这个东西，不是说谁的摊子大、员工多，谁就强，关键是核心竞争力。

曹操一摆手，制止了两人的争论："我觉得荀总说的还是有一定道理的，大鱼未必就能吃得了小鱼，鲸鱼虽大最后也是虎头鲨的盘中餐。袁绍，我吃定他了。"

曹操坚定了和袁绍一决雌雄的信心，但是眼前还有一个问题。内部的不团结是袁绍的致命伤，反过来，自己集团的内部是否就精诚一致呢？于是，曹操决定在和袁绍展开大规模的冲突之前，先来个内部大整顿，消除一切不稳定因素。"攘外必先安内"，曹操把矛头指向了刘备。

曹操深知，刘备素来对自己怀有二心，想要搞掉自己取而代之，只是现在羽翼未丰，暂时寄居在自己的屋檐之下。当然，还有一件事，更是坚定了曹操搞掉刘备的决心，就是"衣带诏"事件。

曹操把持东汉集团的行政大权，根本就不把董事局放在眼里，尽是为自己的小集团牟利。董事长刘协想搞掉曹操，但是曹操的势力实在太大了，刘协需要帮手，他挑中了大舅哥董承。

董承接到刘协的委托，开始四下网罗反对曹操的实力派人物，这其中就有刘备。这些反对曹操的人签下了反曹契约，原本希望等待时机，扳倒曹操。不料这件事中途出了差错，竟被曹操得知。

这还得了，以曹操的铁血性格、铁腕手段，怎会容得下这些人在自己眼皮子底下搞自己。特别是看到上面赫然写着刘备的名字，曹操更是怒火中烧，他肯定是容不下刘备这只堂前幼燕了。

刘备的现有实力实在没办法和曹操掰手腕，结果被曹操搞得很惨，小集团被拆散了，刘备与自己的得力助手、知心兄弟关羽、张飞各自单飞。

肃清内患后，曹操完成了从小鱼到鲨鱼的蜕变，现在，曹操就等着袁绍这条大鲸鱼游上自己的餐盘，进行终极对决。

CEO 提点

市场是一个弱肉强食的地方。强和弱不是由外观上的大小来决定的，而且这种强与弱也不是永恒不变的，强弱的关键在于CEO对企业的经营，CEO要随时抓出身边的利好，使自己的企业变得更强大。

是人才，就甭管是从哪儿来的

曹大老板认为，不管黑猫白猫，逮得住耗子就是好猫。对于人才，曹大老板从来都是来者不拒的，只要你有本事而且不触动企业的核心利益，那么就算你跟我本人有私人恩怨，我也愿意用你。

曹操和袁绍的这场较量实际上是人才之争。曹操要想打败比自己庞大得多的袁绍，靠拼资源、拼消耗无疑是自寻死路，他能凭借的就是自己手中掌握着更多的人才。

相比于袁绍，曹操有一个优点，就是更能容人，不管你是从哪来的、也不管你过去做过什么，只要你是人才，只要你今后能为我所用，那么我就会既往不咎，并且量才而用。除非你触动了核心利益。这一点，从曹操对待贾诩的态度上就可见一斑。

贾诩是何许人也？一言兴邦，一言乱国的主！当初，若不是贾诩出的主意，李傕、郭汜也不会把东汉集团搞得如此残破不堪。所以，贾诩算得上是东汉集团的公敌。后来，贾诩到张绣的手下供职，帮助张绣搞掉了曹操的儿子曹昂和亲信典韦。可以说，贾诩对于曹操而言，公仇私恨纠结到了一起，但是曹操依然善纳了贾诩。

现在，曹操和袁绍大战在即，曹操又开始网罗人才了，这次他看上的是老冤家刘备手下的一个人才——关羽，关二爷。关羽这个人很有才华，特别是在销售一线冲锋陷阵，一人可敌万人。

遗憾的是，关二爷对曹操并不感冒，而且还很鄙视曹操。曾有一次，东汉集团的高管集体去旅游，关羽因为刘备的关系也跟着去了。途中，CEO 曹操对董事长刘协很是无礼。关羽看不过去，挥起拳头就想上前狠扁曹操一顿，结果被刘备制止了。

但是，曹操求贤之心甚切，不得到关羽誓不罢休，尽管关羽是刘备的心腹、刘备创业集团的二老板，自己的死对头。

曹操让和关羽私交很好的销售经理张辽去找关羽，劝关羽跳槽到自己的集团。张辽知道关羽的犟脾气，但是大老板发话了，只得硬着头皮上了。

见到关羽，一番寒暄之后，张辽劝关羽到曹操那里任职，结果被关羽断然拒绝。张辽耐起性子向关羽陈说利害："你现在丢了工作，养活自己都是个问题。我知道你想和刘备一起创业，但问题是现在你得吃饱饭吧，不然你饿死了，还创什么业啊。你看看现在的形势吧，周边的公司全是曹总说了算，无论到哪一家供职，实际都是在给曹总打工。所以不如先到总部找曹总，做一个权宜之计，然后呢，等有条件了，你爱怎么折腾就怎么折腾呗。"

关羽听张辽说的有理，沉思片刻，提出了三个条件：我去许都，是给东汉集团打工，不是给曹操打工；第二，我手下的团队不能分散，要原班人马的留下来；第三，我有权随时解除合同，转投刘备的旗下，曹操不能够设置任何障碍。

张辽回到总部，把关羽的原话给曹操说了一遍。曹操说："这第一条，好说。我是东汉集团的代理CEO，他来到总部，不管是给谁打工，实际上都是为我做事；第二条，也可以。留着他的团队给他使用，这样他工作的效率不会降低。但是第三条，就有点过分了，我拿钱养着他，他说走就走，掌握了我的核心机密，然后跑到我死对头那里和我唱对台戏，他当我是傻子吗？"

张辽也知道关羽的条件过分了点，就劝曹操："老板，您想啊。关羽之所以这么死心塌地地跟着刘备，无非是刘备对他够意思。只要您对关羽比刘备对他更够意思，时间久了他自然会甘心留下来的。再者，现在刘备已经不知道落魄到哪里去了，他是否能东山再起都不好说呢。说不定刘备就此萎靡了，关羽就是想追随刘备也没个搞头啊。"

曹操摸了摸下巴，觉得张辽说的有道理，就接受了关羽的条件。

关羽入职许都，曹操给了他销售经理的职务，级别和张辽一样高，但是工作却很清闲，不像张辽整天忙里忙外的，而且关羽的薪资待遇是总监级别的。关羽拿着曹操的钱，觉得无功不受禄，得为曹操做点什么。

这个时候，曹操已经和袁绍开战了。白马这个市场上对曹、袁双方十分重要，具有战略意义。但曹操很被动，因为袁绍手下的销售总监颜良基本上垄断了白马的市场。曹操想展开反扑，却找不到合适的人选，之前派去的几个销售经理都无功而返，就连王牌经理徐晃也被挫了回来。

HR 经理程昱蹭到曹操面前，跟曹操嘀咕："我看啊，倒不如让关羽去试试吧。"曹操点点头，看现在的形势，也就只有关羽最合适了。曹操立即派关羽、张辽两个人赴白马地区，跟颜良较量，扭转颓势。

关羽不负众望，到了白马市场力挽狂澜，挫败颜良，一举夺回了白马市场。曹操得知这个消息，十分振奋，拍着手在办公室里踱来踱去，嘴里还说："哈哈，看来我用关羽是用对了，只要是人才管他是哪来的呢，只要能为我所用我就统统收下！"

CEO 提点

人才是企业的根本，所以 CEO 对于人才要给予更多的理解和宽容。至于人才的出身、经历等一些固定的属性并不是他的卖点。我们关注人才，最应该关注他的现在和未来。

小蛇也能吞大象

曹操和袁绍之间的官渡大商战吸引了所有人的目光。在这场商战当中，曹操只是一条小蛇，而袁绍则好比大象。最终，许攸的跳槽成了这场战役的转折点，小蛇真的吞掉了大象。

曹操和袁绍的冲突，决定着东汉集团北方的势力格局，谁能够取得最终的胜利，谁就是北方的霸主。

在曹、袁过招之前，舆论界都认为袁绍集团可以成功收购曹操集团，至少是把曹操赶下台，袁绍自己登上 CEO 的宝座；如果袁绍想玩大的话，搞掉东汉集团，在北方建立一个袁氏集团也不是没有可能。

特别是在两人交手的初期，袁绍处处战先，曹操步步被动。这时，不仅东汉集团其他区域、分公司的老板不看好曹操，就连曹操手下的高管们也都不看好曹操。不

少人开始私下里联系袁绍,打算在曹操倒掉之后投靠袁绍。

对于这件事,曹操是知道的。但是他也没有办法,都说法不责众,这时候自己若是要严办这些私下里与袁绍联系的高管,自己的集团就会垮掉。曹操很是郁闷,就把郭嘉找来谈心。

郭嘉在曹操集团的地位特殊,别人都把曹操当老板,只有郭嘉把曹操当哥们,所以曹操有什么不爽的时候,有什么心里话都会找郭嘉谈。最关键的是,郭嘉见识过人,每每能切中要害,提出惊人之议。

当初决定和袁绍开战的时候,曹操就问郭嘉:"你说咱们能赢袁绍吗?"

郭嘉摇着扇子,反问曹操:"你觉得呢?"

曹操叹着气说:"我心里没底啊!"

郭嘉说:"这么多年来我研究企业治理,发现在决定企业兴衰成败的因素中没有一项是跟企业规模有关的。"

曹操拍了拍郭嘉的肩膀:"你是在安慰我。"

郭嘉说:"我觉得咱们有十大优势,凭借这十大优势,咱们赢定了!

曹操眼睛一亮,连忙问:"哪十大优势?"

郭嘉说:"从企业运营的角度讲:

"第一,袁绍集团的机构太复杂,程序太多,行政效率差;

"第二,袁绍集团的各项规章制度模糊不清,无章法可依;

"第三,袁绍集团的管理比较松散,不利于集中力量打硬仗;

"第四,袁绍集团是我们的分区,他们的产品的市场号召力不如我们;

"第五,袁绍集团目光短浅、急功近利,容易为陷阱所诱惑。

"从CEO的气质上来讲:

"第六,袁绍喜欢使用亲信,而忽视真正的人才;

"第七,袁绍作为大区的CEO,优柔寡断,决策能力差;

"第八,袁绍容易被手下人的小报告影响自己的判断;

"第九,袁绍沽名钓誉,和下属抢功,员工离心离德;

"第十,袁绍缺乏市场手腕,在复杂的市场环境中缺乏应变能力。

"这十点,任意一点对于任何企业都是大忌讳,而袁绍把这十点占了个遍,他怎能不败!"

曹操想起这些,就变得信心十足,但是眼下的境况,实在是让曹操揪心。这么多年来,自己对待手下们一向不薄,谁料想这时候竟都各为前程,私通袁绍了。

郭嘉听到曹操的召唤,马上来到CEO的办公室,看了看曹操的脸色,就略知一二了。曹操把自己的郁闷跟郭嘉倾诉一回,然后很颓废地靠在椅子上:"你说我们有这样、那样的优势,可是现在我们还是这么被动,还有他们,关键时刻居然会做这种事,这真令我很失望啊!"

郭嘉说道:"其实,我倒不觉得什么。人为财死鸟为食亡,现在有人私通袁绍,这很正常,毕竟大家都要吃饭嘛。老板您应该欣慰,他们并没有倒打一耙,只是给自己留条后路而已。至于我们现在被动,也很正常,毕竟从整体实力上讲,袁绍要比我们强很多,蚂蚁吃大象本就不是件容易的事。但实际上,袁绍的日子比我们更苦。袁绍的摊子大,所以每天的消耗要更大,而且袁绍表面上占优,我们这些高管给他的信件会让他很受用。这样一方面可以滋长他的骄狂,起到麻痹他的作用,另一方面他要把这种强势的姿态保持下去,就得加大开支。所以,袁绍现在表面风光,实际上已经濒临绝境了。"

郭嘉的一番话,说得曹操很是欣慰。当晚,曹操跟坐镇许都总部的COO荀彧通了电话,曹操在电话里询问荀彧对局势的看法,荀彧说:"市场历来变幻莫测。现在我们两方面相持不下,正是变化的酝酿期,这时候需要做两件事:一个是坚持,先松劲的肯定会一败涂地;一个就是求变,率先做出变化的人将会抢得先机。"

曹操深以为然。不久,曹操就迎来了求变的机遇。袁绍的创意总监许攸因为在上层权力斗争中失势,跳槽到了曹操的集团。有了许攸的帮助,曹操掌握了袁绍集团大量的内部信息。袁绍的家底都被揭了,焉能不败?

最终,曹操在官渡一举击败袁绍,又在仓亭再次重创袁绍。袁绍出身名门,心高气傲,经受这样的打击,不堪承受,抑郁而亡。

CEO 提点

> 企业在市场上的成功与失败,起到决定因素的包括企业本身的市场运作能力、商品的属性,甚至包括运气等,但是唯独和企业的规模没有必然联系,CEO 切忌以规模论成败。

并购中,CEO 的战略眼光

在商战当中,要想打败一家企业是相对简单的,而要想彻底吞并一家企业则相对较难。对袁氏家族企业的大并购体现了曹操过人的战略眼光,不然的话,曹操这条小蛇绝不可能如此顺利地消化掉庞大的大象。

袁绍虽然去世,但并不代表袁氏集团彻底崩溃。袁绍的大区四个分公司:冀、青、幽、并,分别掌握在袁绍的三个儿子袁尚、袁谭、袁熙和外甥高干的手里。曹操要想彻底搞定袁氏集团,也不是很容易。

但是,袁绍在临死之前的一个决定却帮了曹操一个大忙。袁绍弥留时,指定三儿子、冀州分公司的总经理袁尚为大区 CEO,统辖四大分公司。

家族企业的规矩,就是继任者往往选定嫡长子,除非是其他儿子中有特别出类拔萃的,或者是嫡长子实在不堪。但袁氏的情况不在此二类之中,嫡长子袁谭担任青州分公司总经理,能力不比三子袁尚差,只不过袁尚长得英武不凡,讨袁绍喜欢而已。

袁绍的这一番安排引起了袁谭的不满,他和袁尚翻了几次脸,这样实际上袁氏集团内部已经分裂了。但是由于忌惮曹操,为父报仇雪恨,袁氏三兄弟还能够一致对外,并且密切联合高干。

因此,在两度挫败袁绍之后,虽然曹操信心大涨,想要一鼓作气搞定袁氏集团。

但并没有取得什么进展。

这时候,顾问郭嘉为曹操谋划:"按道理来讲,袁绍废长立幼,几个兄弟间必定矛盾重重,只是由于我们现在把他们逼得太紧,他们之间的矛盾还没有显现。如果这时候我们把矛头从他们身上转向荆州,等着袁氏兄弟之间相互争斗,然后再坐收渔利,便可一举成功。"

曹操觉得郭嘉的办法很是高明,而且刘备跳槽跑到刘表所在的荆州分公司任职,荆州的问题迟早要解决,所以决定暂时解除对袁氏集团的打压,把矛头指向刘表集团。

结果不出曹操所料,袁谭、袁尚开始窝里斗。袁谭被袁尚逼得走投无路,主动联系曹操,希望并入曹操的麾下。

HR经理程昱摇摇头,发表看法:"我看这个袁谭只是被袁尚逼急了,做权宜之计,不用去理他。"

销售部的满宠、吕虔也认为,现在公司已经启动了这对刘表集团的方案,没有必要中途而止。

曹操扭头看了看COO荀彧:"荀总,你的看法呢?"

荀彧说:"在复杂的环境中实施多家企业的并购,最关键的就是考验收购者的战略眼光,要能够判断准收购的时机和次序。以我看来,刘表的公司实力不弱,但是在乱局中毫无扩张的动作,可见这个人是一个安于自保的人,对我们没什么威胁。袁氏集团现在名为一体,实际上是四个独立的企业,但是势力依然雄厚,如果他们处理好内部纠纷,联合起来,我们吃掉它还是很难。现在,他们兄弟内讧,就是我们对袁氏集团的四个分公司逐个击破的最佳时机。我们联合袁谭,先做掉实力最强的袁尚,然后回过手来再干掉袁谭,这么袁氏集团最大的两个分公司就完蛋了,袁氏集团也就名存实亡了。机不可失,时不再来啊。"

"精辟,老辣",曹操带头鼓起掌来。他按照荀彧设定的计划,先联合袁谭吞并了袁尚的冀州分公司,回过手来又吞并了袁谭的青州分公司。袁谭无处可去,只好跑到幽州投奔二弟袁熙。

幽、并两个分公司本来实力就弱小,如今曹操来势汹汹,两公司内部人心浮动。

幽州分公司率先崩盘，员工整部门地跳槽到曹操的集团，结果袁熙就这么垮掉了。而并州跟曹操较量了几个回合，也被曹操收入旗下。

袁谭和袁熙带着家底跑到北方的民企乌桓避难。曹操觉得斩草要除根，留着二袁难免会生出祸端，索性连乌桓也一块并购了。但是，销售部的人觉得乌桓地处偏远，是大多数企业放弃的市场。二袁在那里也兴不起什么风浪，且乌桓在那里经营多年，想插手也不容易。

郭嘉摇摇头："乌桓集团实力不强，且地区偏远，所以他们不会认为我们会去理睬他，只要我们的动作足够快，倾销力度足够大，一举就能搞垮他们。对小企业，一个力度十足，猝不及防的闪击战就足可以搞垮他们。"

这时候的郭嘉已经身染重病，卧床不起。曹操把郭嘉留在易州养病，亲自到乌桓去处理二袁的事情。如郭嘉所言，曹操进行得很顺利。等曹操回到易州时，郭嘉已经病逝了。

曹操亲自主持了郭嘉的葬礼，在葬礼上，他对手下几个总监说："你们几个是我最倚重的。你们的年纪和我相仿，就小郭年轻。我当初是想啊，等咱们都退休了，我孩子接班的时候，让小郭帮忙打理集团，谁想到他比我们都先走了。"说罢，曹操又是一通大哭。

几个总监也被曹操说得眼泪汪汪的，当然，这也是 CEO 曹操的一个攻心计。

❉ CEO 提点 ❉

　　在复杂的环境中实施多家企业的并购，最关键的就是考验收购者的战略眼光。成功的 CEO 总是能够准确判断准收购的时机和次序，以最优的效率保证收购活动顺利得以实现。

主动出击，打响自己的品牌

品牌是种好东西，任何人都难以准确地估计品牌能够为一家公司带来多大的收益。就好比荆州集团实际上的掌门人蔡瑁，就是被曹操的品牌效应给吓住的。

消除了袁氏集团这个对自己威胁最大的对手之后，CEO 曹操又垄断了北方市场，东汉集团原来在北方的分公司尽收曹操旗下。这时候，曹操转过身来，向中原眺望，刘表的荆州集团横亘在了他眼前。

这时候的曹操，可以说是风头正劲，正是媒体所关注的焦点。而曹操自然也懂得抓住上进的机会，对自己、对曹魏集团大肆宣传。曹操面对媒体爆出的第一个料就是自己的下一个目标是刘表的荆州公司。

尽管这一点，已经是尽人皆知了，但是有时候、有些事情被当事人承认与不承认完全是两个感觉，而且媒体很多时候喜欢去炒冷饭，把冷饭炒火。

曹操坐在椅子上品着咖啡，看着桌子上铺满的各式各样的报纸，得意洋洋地对自己的顾问荀彧说："你看看，这省了多大一笔广告费用。"

荀彧点着头，带着些许赞许说："是呀，而且就算我们花了钱，也未必能起到这样的效果。"

曹操从椅子上站了起来，挥了挥拳头："所以你要学会主动，特别是当你顺风顺水的时候，你就是大家所关注的焦点，你就要主动地把自己推出去，营造自己的形象，树立自己的品牌。"

"呵呵，对于这方面，老板，您是高手，我不及你。"荀彧冲着曹操伸了伸大拇指，"你现在就打算对付刘表吗？"

一提到正事儿，曹操马上收敛表情，一脸庄重："对于这点，我需要你的意见，在这方面，我不如你。"

荀彧当仁不让："我觉得，现在对付刘表，代价有些大。现在媒体炒得那么火，刘

表早就会有所准备。"

"那您的意思？"

"其实，有人会帮我们忙。"荀彧一脸坏笑地看着曹操。

"谁会那么好心？"

荀彧解释道："刘备！刘备这个人，野心很大，能力也强，但可惜起步晚，大块的蛋糕都被别人分完了，他只能吃别人剩下的，而且是哪里有蛋糕就跳到哪里。从公孙瓒到我们这再到袁绍那，现在又跑到刘表那里。刘备是个人杰，无论到哪里，都会和自己的老板抢食，您和袁绍还能压得住他，但是刘表胸无大志、又没手段，这个刘备有他受的。"

顿了顿，荀彧继续说道："还有一点，就是荆州公司里蔡家的势力。蔡瑁是刘表的小舅子，现在掌握着荆州公司市场销售的命脉，必然也会加入到和刘备的斗争中。所以我们现在最好是等，等他们自己闹得七七八八了，咱们再下手，那就容易多了。"

曹操拍了拍荀彧的肩膀："你说的很对，咱们现在就要等，等他们自己闹得不可开交，咱们再顺势抄底。"

诚如荀彧所言，荆州公司自己内部矛盾重重。大老板刘表年事已高，已经力不从心。小舅子蔡瑁一心想让自己的外甥刘琮接班，但是刘表却倾向于把自己的位置交给大儿子刘琦，然后让刘备帮着刘琦打理公司的业务。而刘备这方面也有自己的小算盘，用诸葛亮的话来说，就是取刘表而代之。

没多久，刘表病逝了。临死之前，刘表叫人把自己的大儿子刘琦从外地调回来，想要交代后事。结果私下里被实权人物蔡瑁把消息扣下了，刘表等了好些天也没有见到刘琦回来，就这么走了。

刘表刚死，蔡瑁就拟定了一份刘表的假遗嘱，把自己的外甥刘琮扶植成荆州公司的接班人。刘琮年纪不大，所以整个公司的大权实际上就完全落入了蔡瑁的手中。

蔡瑁这个人，属于一个无良的职业经理人，丝毫没有职业经理人的使命感和责任感。他脑子里想的不是怎么去为公司创造利益，也不会考虑自己对不对得起自己的薪水，他脑子里考虑的是如何能让自己得到最多的实惠。

而这一点，被精明而老辣的曹操看得透透的。刘琮继任的消息一经爆出，曹操就把荀彧叫了过来："老荀，先前你让我等，这回机会到了吧！"

曹操主动出击，大张旗鼓地就奔着荆州来了。曹操这么做的原因就是笃定蔡瑁会"见异思迁"，既然你蔡瑁是个只为自己打算的人我就投其所好，先向你展示一下自己的实力，然后再许给你更多的好处，让你乖乖就范，主动投到我的旗下。

这一次，曹操又算对了。蔡瑁找到自己的副手张允合计："现在曹操集团算是业内牌子最亮、实力最强的企业了，如果他要是把咱们收购了，咱们的好处怎么也比现在多吧！"

张允一听，点点头，自己的顶头上司都缴枪了，自己还装什么"忠臣烈女"啊，结果在荆州公司的董事会上，手握实权的蔡瑁主动向曹操缴枪。刘琮对这个舅舅没什么办法，只能听之任之，结果，冀州公司这块原本难啃的骨头投怀送抱地倒在了曹操手里。

在出席接受荆州公司的新闻发布会时，曹操私下里和荀彧说了一句，"蔡瑁这家伙是被咱们镇住了，品牌也能吓死人啊。"

✦ CEO 提点 ✦

品牌是一个企业的附加值，一个真正成功的品牌，它的能量是无法估量的，大凡优秀的CEO都会拿品牌价值说事，在实战中合理地利用品牌的威慑力主动出击。

龙头企业，CEO 的领袖风范

曹操的绝对权威

这里写的是 CEO 曹操的失败。诚然曹操败了，败得莫名其妙。但是很多时候，我们是败在了自己的优点上面。就像这次的曹操，如果非要给这场失败找一个原因的话，那么只能说，曹操败就败在他的领导力太强。

孙、曹、刘在赤壁发生的故事，世人皆知。不可一世的曹操被积贫积弱的孙、刘两家收拾得灰头土脸，在此后的有生之年内再也未敢踏足江南。

实际上，导致一个企业、一个 CEO 失败的因素错综复杂，有时候是企业做出了一些错误的决定，也有时候失败并不是因为犯了什么过错。但是人们在审视失败者的时候，往往总是试图寻找一些原因，对失败进行解释。

如果非要解释曹操在赤壁的失败，那么只有一个解释最合理、也最公道，就是曹操的领导力太强大了，曹操败于他在企业内的绝对权威。

将荆州收入到旗下时，曹魏集团的实力膨胀到了极点，而这一切都是在 CEO 曹操的英明领导之下完成的。要知道，在所有竞争者中，曹操不是出身最好的、不是家底最厚的、也不是人脉最广的，但确是在当时最成功的。曹操的这种成功无形中使曹操在曹魏集团中被神化，成为了一种传奇。人一旦成为传奇，就很难被质疑，只有被膜拜的份。

实际上，曹操在搞定荆州公司之后，决定趁势一举搞定江东也是无可厚非的。

经营企业,运势很重要。当你顺的时候,你做什么都OK,即使错误的决定往往也会产生意想不到的好的结果;而当你不顺的时候,就算是百无一漏,也会因为一些莫名其妙的因素,而功败垂成,这个东西是没法解释的。

作为一个CEO,无论在为企业做出什么样的决定时,天时、地利、人和都是要考虑的。很显然,从天时上讲,这时候的曹操觉得自己是处在顺势之中,因此他想抓住这个机会,一举成就大业。从地利上讲,曹操不讨便宜,毕竟南北差异甚大;但是从人和上讲,曹操还是占据优势的。在曹魏集团内部,思想很统一,士气也很高涨;而东吴集团人心浮动,包括集团的上层始终对于是对抗曹操还是倒向曹操意见不统一。整个东吴集团是在矛盾中加入到这场生死大战的。

都说天时不如地利,地利不如人和,在曹操的眼中,天时、人和自己都占了,这是难得的机会,机不可失失不再来。

对于东吴集团,曹操也是做足了工夫。先是启用了跟东吴集团打了多年交道的蔡瑁、张允为自己打头阵。尔后,在蔡、张两人在遭到别人陷害下台之后,曹操又借次机会来了一个反间计,派出了蔡中、蔡和两个间谍,和东吴集团玩起了信息战。

可以说,曹操在事前的准备不可谓不周备、不充分。曹操失败之后,我们总是试图去凸显曹操作为一个强势企业CEO的骄横,并且希望以此树立一个榜样,引以为戒。但实际情况是一个骄横狂妄的CEO不屑于对一个弱小的企业做这么多的前期准备和铺垫。如果非要说骄横,那么在官渡时的袁绍,那才叫骄横。

CEO曹操在当时还是那个声威卓著,办事周备的CEO。曹操真正的失败源自于一个在曹魏集团看来是难以解释的小概率事件。

诚然,东吴集团使用了一些手段,而且这个手段的最关键之处"火",实际上已经被CEO曹操识破了,但曹操言:"大冬天的,哪有东风。"东吴集团的成功,就是建立在他们对手曹操的一个疏忽。

精明的CEO曹操发现了这一点,并认为自己无需防备;聪明的CMO诸葛亮重视了这一点,然后给曹操下了一个不可能成功的圈套。

周瑜为"东风"急得吐血就足以说明他和曹操一样完全忽略掉了天时,认为这一次角力曹操完胜,自己完败。结果正如诸葛亮所料,CEO曹操的运气用光了,老天

和他开了一个天大的玩笑,在赤壁把自己带来的本钱输了个精光。

从 CEO 的角度来讲,我们不能说曹操是个失败者。当然,我们可以为曹操的失败找各种原因,但这些原因都是我们的"想当然耳",事情的真相就是上面所说,有时候失败就是源于没有道理,不可预知的偶然。而一个优秀的 CEO,需要对这种不讲道理的偶然心怀敬畏。

CEO 曹在赤壁失败了,我们从中收获的不应该是对一个失败者的教训的总结,因为没什么好总结的,相反,曹操做的很出色,至少在他对自己的绝对权威的利用上做得真的很出色。曹操利用自己的绝对权威使企业内部在企业的重大行动中保持高度的一致和高昂的士气,而且他同时利用自己的权威感,对自己的对手施加压力,造成和竞争对手内部的慌乱和思想不统一。

在赤壁之战中,曹操失败了,但是它留下的是一个 CEO 应该怎样去展示自己领袖风范的模范。

CEO 提点

个人的权威是 CEO 的一种魅力,更是 CEO 在管理、经营企业时的一种附加手腕。使用好自己的威严不仅能够感染自己的员工,激发员工的工作热情,更能给对手带来巨大的心理震慑。

领导者的激励手段

输就是输,赢就是赢。在商场上,没有人能永远一帆风顺,曹操本人也深知这一点。赤壁这一次,曹魏集团虽然败得足够惨,但老本还在。所以这时,如何激励员工从惨败的阴影中走出来就成了当务之急。

在赤壁,曹操遭受了他这一生以来最重大的失败,他花费了巨大的人力、物力、财力对付东吴集团，结果全都打了水漂。除了这些实实在在的物质上的损失，更严重的打击在于曹魏集团心气受到的打击以及对曹操这个CEO信心的动摇。

企业受到挫折时，员工可以消沉，主管、经理可以沉浸在失败中疗伤，但是作为企业的CEO是没有时间去舔自己的伤口的。因为市场永远是残酷的，一旦你遭到失败，就会有来自四面八方的乘胜追击和落井下石，此时的CEO最重要的就是打起精神为自己的企业"擦屁股"。

因此，经历了赤壁失败后，尽管曹魏集团上至总监、经理，下至员工，无一不面色惨淡，但是曹操却是一脸正容，没有一点颓唐之色。曹操自己心里清楚，现在多少双眼睛在盯着自己，一定要撑住了。倘若自己露出丝毫不振，那么整个局面就会变得不可收拾。

曹操退回南郡，算是安稳下来。曹魏集团驻南郡的总经理是曹操的本家兄弟曹仁。曹仁把曹操引到自己的办公室，见到曹仁，曹操可算是见到亲人了，一把抱住曹仁，差点没哭出来："老弟啊，这些天可算见到自己人啦。"

曹仁赶忙安慰曹操，说："赤壁这回，我们输得虽然很惨，但还不至于把我们搞垮，我们能输得起，大不了俺们回到从前，东山再起。"

曹操调整了一下情绪，拍了拍曹仁的肩膀："好兄弟啊，关键时刻还得是兄弟，有你这句话，咱们就垮不了。"

晚上，曹仁在酒店里办了一桌，一方面算是为CEO曹操接风洗尘，另一方面，这些从赤壁退回来的高管们各个心情抑郁，正好喝点酒解解闷。

酒宴上的气氛很是尴尬，虽然人不少，但都是各自喝着各自的闷酒。酒过三巡，曹操突然放声痛哭起来，在座的高管们先是一愣，然后不知所以，整个场面弄得很尴尬。

荀攸坐在曹操的边上，连忙劝曹操："老板，回来这一路上，您都挺过来了，现在到自己家了，怎么这样伤感起来？"

曹操俯身抽泣，过了好半晌，他才抬起头长叹一声："哎！要是郭嘉现在还活着，我想，在赤壁我不会输得这么惨吧！"说完，曹操又低下头抽泣起来。

听到曹操的话，荀攸很尴尬，什么也没说，看了看旁边的HR经理程昱。程昱已

是一脸惭愧,看到荀攸看自己,四目相对,程昱耸了耸肩。

曹操的这句话自然是有所指。郭嘉是曹操的总裁办顾问,平日里为曹操出谋划策,深得曹操的信任。尽管和老板曹操走的亲近,但是从职务的角度来讲,郭嘉的地位远没有荀攸、夏侯惇这些总监们崇高。现在曹操把郭嘉拿出来说事,一方面是对郭嘉真诚的怀念,另一方面是从旁敲打敲打一下自己的这些高管们,对他们来一点侧面的激励。

经过重大失败,人都容易陷入低潮中,曹操这么说就是要"轻描淡写"点出这些高管做的还不够,让他们觉出自己的不满,给他们施压,让他们没有工夫沉浸在失败的颓废中。

曹操一面低头唏嘘,一面低头偷偷观察在座高管们的反应。看到荀攸、程昱的反应,曹操悬着的心放下了。自己的这番刺激属下的话起到效果了。

几天后,曹操在南郡分公司的会议室里布置接下来的工作。曹魏集团在赤壁损失惨重,无力在市场上做出大的动作,刘备和东吴集团一定会趁此机会打捞上一笔。曹操决定画地为牢,把荆州南面的市场割出去,扔给刘备和孙权,这实在也是没办法,守也守不住,争的话现在实在没这个实力了。但是以南郡为界,往北的市场一定要守住,不能放弃。

进入会议室之前,曹操和曹仁并肩而行。曹操对曹仁说:"现在公司市场上吃紧,荆州南面已经没了,首当其冲的就是你的南郡,诸葛亮和周瑜这两个小子现在肯定在打南郡的主意。这个地方不能丢,保住南郡,这是我,也是整个集团的底线,所以你肩膀上的担子很重啊。"

"大哥,你放心吧,南郡包在我身上。"曹仁拍着胸口说。

"我就知道你小子能行。今早小荀总监和我说呢,南郡这地方要不就让夏侯副总监亲自坐镇,我没同意。你、我、夏侯惇,咱们都是自己人,谁的斤斤两两我还是清楚的。夏侯副总生猛是足够了,但在南郡这,还真就不如你合适。在这边有什么困难,直接打电话给总裁办就行了,现在情况特殊,你可以越级上报。"

进入会议室后,曹操瞄了曹仁一眼,见曹仁神采奕奕,曹操会心一笑。

CEO 提点

一个优秀的 CEO 必须要学会激励自己的员工,在正确的时间、正确的地点、使用正确的方式。这样,特别是在遭遇失败的时候,可以使低落的气势振奋;而在胜利之际,则会让高涨的士气昂扬。

大人物的暴虐与宽容

老虎不发威,你当我曹操是病猫?既然你马腾一门心思想要搞死我,那可就别怪我曹某人先下手为强了。斩草除根,不留隐患,这可是曹大老板最擅长的招数。

赤壁的失败给曹魏集团的影响是多方面的,其中有一点使曹操格外不爽,就是 CEO 曹操威信的下降。以往,那些对曹操不甚满意的人难免会借此机会找曹操的麻烦。就像这位东汉集团西凉分公司的总经理马腾。

马腾久居西凉,出身虽算不上豪门大户,但是祖辈也曾显赫一时,先祖马援可以说是东汉集团的传奇功臣。

在董卓离任后,马腾接替董卓成为了西凉分公司的总经理。与董卓野心勃勃不同,马腾对于东汉集团是很忠诚的,毕竟东汉集团有着先祖的心血在里面。

曹操成为东汉集团的 CEO 之后,权倾朝野,对董事局的刘氏家族百般欺压,董事长刘协无奈之下,联合了一些人反对曹操,这其中就有马腾。

曹操知道这件事情之后,几乎把所有参与此事的人的都干掉了,但惟独马腾安然无事。因为一方面西凉山高皇帝远,另一方面,马腾还是很有实力的,曹操也未必能撬得动马腾,索性就睁一眼闭一眼。

但有一点是可以肯定的,不管曹操对马腾是怎么样的态度,马腾搞掉曹操的念头是从未消失的,之前的蛰伏就是为了等待时机。

现在,机会来了。曹操在赤壁失利,实力受到了很大的损失,马腾正好趁机回到许都总部,寻求扳倒曹操的机会。

马腾到许都之后,碰到了在曹操手下从事行政工作的黄奎。这个黄奎虽然在曹操手下工作,但是实际上对曹操非常不满,现在见马腾入京,就基本上猜到了马腾的来意,主动登门拜访。

马腾要搞得是赤裸裸的职场政治斗争,因此不得有半点马虎,所以在黄奎面前没有露出丝毫想要扳倒曹操的意向。黄奎知道马腾信不过自己,干脆主动向马腾表明心迹,要和马腾一块对付曹操。

有人肯帮忙,马腾还是很欣喜的,毕竟自己在许都总部人单势孤。而且黄奎在曹操手下干的是行政,也能从中搜集曹操行为不轨的证据,正是自己的好帮手。

黄奎和马腾商量好扳倒曹操的相关事宜之后,回到家里,想起曹操的种种做派,还是气愤万分。黄奎的二奶李小姐赶忙上前安慰黄奎,黄奎一反常态,什么也不说。

这位李小姐实际上在私下里结识了黄奎的小舅子苗泽,后来两个人开始勾搭上了。以往,李小姐问黄奎什么事,黄奎都是知无不言,如今黄奎三缄其口,弄得李小姐也很不爽。第二天,黄奎出门之后,李小姐约了苗泽出来,跟他说了黄奎的事。

苗泽和黄奎一样,同在东汉集团工作,对于公司的一些事情还是比较了解的。他就对李小姐说:"你回去之后,就在黄奎面前说曹操的坏话,看他有什么反应。然后你把他的话录下来给我。"

这位李小姐按照苗泽的话去做了。听到李小姐也数落曹操的不是,黄奎的火一下就上来了,开始大骂曹操,而且情不自禁地把自己要和马腾联手干掉曹操的事说了出来。

李小姐把录音交给了苗泽,苗泽听后,一阵冷笑,心想:"姐夫啊姐夫,你对我姐姐不够意思,在外面包二奶。那就别怪我对你不够意思,如今我不仅要撬你的二奶,而且还要让你身败名裂。"

第二天上班的时候,苗泽就找机会把录音送到了曹操手里。曹操听完后,问苗泽:"你从哪弄来的,你想要什么?"

"我想坐上黄奎的位置。"苗泽说得很露骨。

曹操摆了摆手:"谢谢你,你先回去吧。"苗泽出去之后,曹操立刻把负责人力资源和行政的两个经理刘晔和程昱叫了过来,把情况和他们一说。

HR经理程昱说:"这个苗泽是黄奎的小舅子,而且据苗泽的同事说,这个苗泽跟黄奎的二奶关系很密切。"

刘晔皱了皱眉,对程昱说:"苗泽是我带的,确实有这个传言,但是我早就下禁口令了,你怎么知道的?"

曹操没理会刘晔,直接问程昱:"那黄奎知道?"

"这个,应该不知道吧,这个传言确实只停留在刘晔他们团队。"程昱接着说道。

曹操点了点头:"行了,我知道了。"

下午的时候,曹操给HR总监陈群打了个电话,不惜任何代价,不惜任何手段:

1.取消西凉分公司,解聘马腾。

2.把在曹魏集团凡是和马腾有关系的人统统解雇,一个不留,包括那个黄奎和苗泽——为了个女人出卖自己姐夫,还好意思跟我谈条件。

尔后,曹操亲自把苗泽送来的录音给黄奎发了一份,并写明告诉黄奎这份录音是苗泽送的,以及苗泽和李小姐之间的事情。曹操就是要把这件事闹大,"在背后搞我,就别怪我搅得你家里鸡犬不宁"!

眼看着把这件事搞定了,曹操把荀彧叫了进来:"老荀,马腾、黄奎的事想必你都知道了吧。"

荀彧点点头,没说什么。曹操点了支烟:"你是否觉得我做的有些过分?"

"出来混的,不把别人搞死,就被别人搞死。"荀彧叹了口气,这就是曹操的理论,在打击异己上,曹操历来手硬心狠。

"你说的对,所以我决定斩草除根,西凉马超,我连他一起做掉。"

"放心去吧,总部这边有我盯着。"荀彧说这句话的时候已经麻木了,因为这句话他已经说了太多遍了。

大老板的权术

《孙子兵法》有云：上兵伐谋。人们常说商场如战场，那么商战当然也要遵循这个原则。能斗心眼就不打价格战，能玩阴的就不跟你硬碰硬，曹大老板的权术智慧在与马超的正面对决中展现得淋漓尽致。

曹操在许都这边决定收拾马腾，派曹洪和徐晃到长安、潼关打前站，帮助西北大区的经理钟繇稳定局势，为自己在许都的筹备工作赢得时间。

可是，马腾的儿子马超却容不得曹操准备。自打马腾接手西凉分公司之后，他也在上面倾注了不少心血，如今父亲被革职、西凉分公司解散，就相当于要了马家的命一般。人言"锦马超"，马超并不是好对付的主，当即立誓要跟曹操对抗到底。

当天晚上，马超就直奔韩遂家中，商议打击报复曹操的事儿。韩遂是马腾的结拜兄弟，两人一正一副，共掌西凉分公司。

马超见到韩遂之后，直入主题，言明要不惜一切代价，搞掉曹操，以解心头之气。韩遂看着马超，沉吟片刻，然后从写字台中拿出曹操发来的快件，是一封信。信上面说，只要韩遂把马超踢出西凉公司，那么许都方面会许给韩遂更高的职位。

马超看完信，说道："韩叔叔，你是公司的副总，现在我父亲不在了，你说了算，你把我踢出西凉公司吧。"

韩遂马上拉住马超，语重声长地说："我和你父亲是哥们，现在他出事了，我哪能那么做！"

实际上，韩遂心里清楚，这些年来马腾把手上的业务大部分交给马超，以自己现在的能力，动马超是不可能的。而且，在道义上也说不过去。

"侄子啊，你要是想对付曹操，当叔叔的会帮你的。"韩遂接着说。

马超一拱手："那小侄就谢谢韩叔叔了。"

马超和韩遂联起手来跟曹操作对，这对曹操而言是很棘手的，曹操之所以会给韩遂写信，并不是真的希望看到韩遂能摆平马超，而希望韩遂知难而退，置身事外不去插手。结果曹操的算盘还是落空了。

马超和韩遂在西北的动作很大，钟繇、曹洪和徐晃应付不来。曹操没办法，在准备还不充分的情况下，只能提前动手了。

曹操赶到潼关的时候，派过去打前站的两位经理徐晃和曹洪已经被马超修理得惨不忍睹。原来，曹洪禁不住马超的撩拨，和马超在市场上硬磕，结果吃了大亏。

曹操很是生气，其实在派曹洪和徐晃到潼关之前，他便吩咐他俩不要和马超进行正面的较量，先把马超拖住，等过两天总部这边准备充分了，再集中精力收拾马超。

曹操把曹洪和徐晃很是教训了一番："你们在销售圈子也混了不少年头了，戒骄戒躁不懂吗？特别是你，徐晃，曹洪年少轻狂，你是老人了，怎么也跟着发疯！"

徐晃两手一摊："老大，曹洪那犟脾气你也知道，他要是想做的事，我想拦，我拦得住吗！"

其实，对于这种情形，曹操猜也能猜出个大概，徐晃为人，勇则勇矣，但是遇事却十分沉稳，做事有条理。这样莽撞地和马超大打出手，不是徐晃的作风。这次行动，曹洪、徐晃违背了企业的纪律，使企业遭受了损失，本应重罚。但是大战在即，责罚曹、徐会影响士气，而且将两人调离的话，人又不够用，所以曹操要弄权谋，使两人既免于责罚，又不破坏集团的纪律。

曹操之所以这么责骂，为的就是先把徐晃的责任摘出来，将责任全撂在曹洪身上。由于曹洪是曹家的人，手下的总监、主管们都开始善解人意地上来求情，曹操便顺势给了曹洪一个台阶下，这样一来问题就解决了。

曹、徐的问题解决后，曹操开始寻思，这马超能有多大能耐把这两人修理得这么惨。准备妥当后，曹操亲自上阵，打算仗着本集团雄厚的势力和马超硬碰硬。结果强龙不压地头蛇，在西凉这地界，曹操的全球化愣是没磕过马超的本土化，也是铩羽而归。

失利让曹操开始反思自己的策略，在地方色彩浓厚的西凉，显然跟马超这么硬磕是不讨便宜的。既然硬的不行，那就来软的，玩手段，曹操可是高手。

一番深思熟虑后，曹操打算在韩遂的身上做文章。韩遂的父亲和曹操是故交，曹操就以叙旧的名义约韩遂出来闲谈，不仅如此，更是给韩遂写了封语焉不详的信，大致内容就是关于韩遂跳槽到自己手下的话。

韩遂收到这封信，大惑不解，但是在曹操的精妙设计下，马超却得知了这封信，跑到韩遂那里一把抢来。看到曹操在信里闪烁其词，马超认定了韩遂和曹操之间已经有了密约，当场和韩遂闹翻了脸。

原本团结的马超—韩遂集团现在一分为二，无论是从集团实力，还是在员工心气上都已大不如前，曹操以韩遂为内应，趁着马超集团内部分裂，无力对外，一举搞垮了马超。马超走投无路，只好跑路，投奔了汉中公司的张鲁。

CEO 提点

硬碰硬并不是解决冲突的唯一方式。有时候，玩脑子、要权谋要比动力气更能达到理想的效果，这就是智慧和权术的力量。所谓劳心者治人，劳力者治于人，就是这个意思。

三思,思定而必行

凡事经过慎重的考虑,三思而后行自然是一个 CEO 必备的素质,如果不具备这个素质的话,顶多只能当个销售员。但与此同时,犹豫不决,朝令夕改也是经营公司的大忌。作为一名 CEO,你必须在其中找到一个平衡点。

在曹操这一辈子中,遇到的最大麻烦就是关羽。对于关羽的才华,曹操是了解的,当初刘备集团因为经营困境而暂时解散的时候,曹操曾经收纳过关羽,而且给关羽开出了整个曹操集团最优厚的待遇,但是关羽终究因为对刘备"一往情深",选择离开了曹操。

"三十年河东,三十年河西",如今的刘备建立了巴蜀集团,连同孙权东吴集团跟自己三分天下,而关羽也成为了刘备集团唯一的一个子公司的大老板,跟自己唱起了对台戏。最让曹操恼火的是,现在的关羽好不念及旧情,在荆州市场上将自己的王牌销售经理曹仁收拾得狼狈不堪。曹操不得不另派能人,帮助曹仁挽回颓势。

最终,这个人选确定为于禁。于禁是曹操手下的老人了,功勋卓著。曹操指派于禁,一方面是对于禁能力的肯定,当时曹操销售系统的经理中,除了张辽,就要数于禁的能力最强了,而且于禁想来能够临危受命,不负所托。想当年曹操跟张绣那场商战中,于禁在曹操大溃败之际力挽狂澜,曹操现在想起,仍历历在目。另一方面,指派于禁,也是 CEO 曹操对下属的一种激励手腕。此时的关羽,正处在人生中的最顶点,可以说名满天下,连续几年拿下"年度经济风云人物"的奖项。如果谁能够打败关羽,谁的名声就会超然于关羽之上,名利双收。

但是慑于关羽的威风,曹操显然不放心让于禁单独和关羽过招,便想再派一个能干的副手辅佐于禁。这时候,庞德主动请缨,愿意效命。曹操大喜,这个庞德能力超强,只不过由于进入公司时间尚短,没有机会拿出好的业绩,所以曹操即便想提拔他,也没有机会。如今庞德如果能辅助于禁打败关羽,也正好给了自己一个提拔、

重用他的好理由。

但是,对于大老板对庞德的任命,于禁很有看法。庞德原本是东汉集团西凉公司的人,隶属于马腾、马超的系统。现如今,庞德的老上司马超和他的亲哥哥庞柔都和关羽是同事,在刘备的公司效力。如果这时候马超、庞柔再给庞德写一封信,让他顾及旧情的话,很难说庞德不会临阵退缩。所以晚上于禁私自找到了曹操,反映了这个情况。

曹操听完于禁的话,也惊出一身冷汗,是啊,这门重要的一层关系,自己竟然忘了,很草率地就委任了庞德。

曹操约了个地方,找庞德吃饭聊天。说着说着,曹操有意无意地聊到了马超和庞柔在巴蜀集团效力的事。庞德是一个很聪明的人,话都说到这份上了,自然明白曹操的意思。庞德立刻站了起来,很诚挚地对曹操说:"老板,您对我怎么样,我心里有数。所以这次我明知道是一场硬仗,还是主动请缨,就是想对得起您的厚待啊。"

曹操示意庞德坐下,用很缓和的语调说:"小庞啊,我对你的信任,那是没的说。说实话,我这次派你去,就是想给你个机会,好提拔你。但是我信任你不代表销售部的那些人都信任你啊。到时候他们不信任你,不给你提供支持的话,你怎么办?"

庞德很是激动地说:"老板,庞柔虽然是我哥哥,但是我嫂子总是挑拨我们兄弟关系,现在已经是势同水火了;至于马超,他以前是我老板,但是现在我在曹魏集团,他在巴蜀,我们各为其主,井水不犯河水啊。"

曹操闭上眼睛,想了很久,然后畅谈了一口气:"容我再想想吧。"

庞德回到家中,连夜给曹操发了一份 E-mail,上面写道,这次如果不能够帮助于禁逆转公司在荆州市场的颓势,那么自己甘愿辞职,算是立下了军令状。第二天,庞德把自己在公司关系不错的同事和其他一些私交好友约到了一起,庞德对他们说:"这次去荆州,我是'抬棺出征',我向老板立下了'军令状',如果赢不了关羽,我无脸面再回来见曹总,我立马辞职。"

曹操收到庞德的 E-mail,感慨了一番,几经思索过后,决定信任庞德。与此同时,为了双保险,曹操在派遣了于禁之后,又指示坐镇合肥大区的张辽给予荆州的曹仁足够的支持。

曹操手底下企划部的主任贾诩找到曹操，跟曹操说："老板，庞德这个人，能力没问题，但是让他去，终究是不大妥当吧。"

"有何不妥？"曹操笑了笑，"你啊，说话就是喜欢兜圈子。你担心的，其实我都想过了。当老板的，凡事三思而行，一旦考虑清楚，做出了决定，就不要轻易更改。朝令夕改，这可是个大忌讳啊。"

最终，于禁、庞德赴荆州帮助曹仁对付关羽，尽管因为种种原因，这次行动仍然失败了，但是庞德的表现可谓可圈可点，曹操对庞德的使用，是大为成功的。后来，曹操启用徐晃，再加上和东吴集团的配合，终于干掉了关羽。

CEO 提点

> CEO所处的位置决定了他在做出每一个决定的时候都要慎重，要辗转反侧、三思而行。但是，一旦决定下来的事情，就要坚持到底就要维护决定的严肃性，朝令夕改是管理的大忌。

察纳雅言，CEO 的明觉之道

个人的能力终究是有限的，作为CEO，无论你的本事多大，能力多强，精力多充沛，也不可能把所有的事都揽在自己身上。曹魏集团的两任CEO曹操和曹丕都有察纳雅言的优秀品质，这也是曹魏集团之所以兴盛的原因之一。

CEO曹操一生中做的最重要的一件事，也是最英明的一件事就是选择了曹丕作为自己的接班人，而不是曹植。如果单论文采机智的话，曹植的才华要远胜于曹丕，但是治理企业，领导一业内的龙头企业，靠的不是舞文弄墨，靠的是领袖的气质和城府谋略。

曹操在接班人的任命上着实是下了一番心思，除了对曹丕和曹植两人进行了

无数次的考核之外，他还广泛征求了总监、顾问们的意见。但是对于这种家族事务，外人是不方便插嘴的，有道是"清官难断家务事"，何况曹操问的这些人都是自己的下属。

唯一对曹操决定起关键作用的就是贾诩，而且当时贾诩也是被曹操逼得没有办法了，贾诩才说了这么一句："我想起了当年的袁绍和刘表。"

曹操是个有大智慧的人，当然能听出贾诩的话外音——袁绍和刘表都是一时的豪杰，但是都是因为犯了废长立幼的错误，结果家族内讧，企业动荡，被自己趁机收购。所以贾诩的意思是——曹丕接班。

当然，以贾诩的智慧，看问题显然不会那么浅显和武断。除了长幼有序，贾诩考虑的问题更多，一个是曹丕和曹植的为人，一个是曹丕和曹植的势力。

相对于曹丕而言，曹植的为人更为单纯，更率性而为，而曹丕在做事之前，总是试图去揣摩对方的心理。对于一个企业的 CEO 而言，过于率真就很容易被自己的属下看清、摸透，很容易被人牵着鼻子走，这是个大忌讳。

而曹丕背后的团队和实力更是要远远地优于曹植，在曹丕的幕后，站着的是司马懿、崔琰、吴质这样的实权人物，他们的能量要远远高于曹植集团的那些文人，而在曹丕、曹植两党之外保持中立的实权人物陈群、程昱、毛玠等人也更倾向于曹丕。一旦曹植接班，曹丕是有足够能力把曹植拉下马的，相反如果是曹丕接班，曹植是丝毫没有还手能力的。

所以出于对企业长久稳定的角度来讲，贾诩向曹操推荐了曹丕。对于贾诩的良苦用心，曹操是了解的，便听取了他的意见，传位给曹丕，而事实证明，曹丕接班后，察纳雅言，迅速平息了出现的小动乱，使曹魏集团的权力实现了顺利交接。

由于曹操去世的时候，并不在许都的总部，让曹丕接班的意思也没有及时下达。曹操去世的消息传到许都候，总部乱作一团。曹丕惊闻噩耗，更是乱了手脚。

这时候，隶属曹丕小集团的培训部经理司马孚站了出来，跟曹丕说："老大啊，这都是什么时候了，你还有工夫在这里团团转？"

曹丕不明其意，问道："家父不幸，我作为家中的长子，如何不伤心难过啊。"

司马孚一把把曹丕拉到边上，跟曹丕说："现在大老板走了，谁接班并没有明确

的指示,这时候要是有人节外生枝的话,别看你是既定的接班人,但曹魏集团下一任 CEO 也未必就是你。你现在不趁早把生米做成熟饭的话,到嘴的鸭子很可能就这么跑掉了。"

曹丕恍然大悟,连忙在总部召开公司最高会议,决定立刻出任公司的董事长兼CEO 一职。在会议上曹植集团的部分中立分子提出异议,认为现在最主要的是为已故 CEO 曹操治丧,而不是讨论下一任 CEO。

掌管总部行政大权的陈矫突然站出来说:"现在大老板去世了,整个集团群龙不能一日无首。曹丕是大老板生前指定的接班人,应当立即继任,那些提出异议的人,是要乘大老板去世的机会闹事吗?"

陈矫的话很厉害,直接揭穿了异议分子的心理,会场顿时鸦雀无声,曹丕顺利地成为了集团的新任 CEO。但是,尽管曹丕顺利接班,但是第二波乱子又来了,常年在外面跑销售的曹彰突然跑回了总部,想要从曹丕手里分一杯羹。

曹丕对曹昂是很忌惮的,曹彰在外打拼多年,在集团内是很有威信和实力的,如果曹彰真要和自己争的话,曹丕还真没有把握就能赢曹彰。这时候又是下属出力,替曹丕解除了危机。

挺身而出的是曹丕系统的贾逵。贾逵给曹丕出主意,要曹丕一定要理直气壮,给曹彰造成一种印象,就是公司上下一致支持曹丕,造成一种既定的事实,曹彰常年在外,对于公司总部的人心向背并不了解,完全可能被曹丕"吓唬"住。

曹丕按照贾逵的建议,劈头盖脸地对曹彰一通质问,曹彰当即就被问蒙了,看到自信满满、气势逼人的曹丕,他以为曹丕接班已成定局,无法更改,立刻服软,服从曹丕的领导。至此,接班人风波顺利平息了。曹操开创的曹魏集团也进入了一个全新的时代。

CEO 提点

一个人的智慧永远赶不上多个人的智慧,所以当有价值的建议出现的时候,CEO 一定要辨明,择其善者而从之,这就是 CEO 的察纳雅言之道。

任人唯贤，曹氏集团的强大团队

运营总监：荀彧

曹魏集团能有今日的规模，着实很不容易。如果论功行赏的话，运营总监荀彧称第二，曹操的这些员工们恐怕没有任何一个人敢称第一。因为整个曹魏集团的在经营上的战略规划是荀彧一手制定的，别人怎么可能争得过他？

在曹魏集团的高管中，作为运营总监（COO）的荀彧绝对是核心人物。在创业初期，老板曹操时常要四处奔波，拓展市场，而坐镇后方，统筹打理集团事务的重任，全都压在荀彧的肩上，而荀彧无不打理得井井有条。可以说，荀彧就是曹魏集团的二把手。

荀彧这个人，本身就是曹操作为高端人才引进的。

荀彧进入到东汉集团，就被认为有"王佐之才"，留在了集团总公司总裁办工作，董卓上位后，荀彧看不惯董卓以公谋私的做派，申请调派到冀州分公司，为袁绍做事。袁绍这个人，高学历、低能儿，荀彧认定根本就成不了大事，所以离开了袁绍又跳到曹操那里。

对于荀彧这个人，曹操是知道的。当时曹操还只是东汉集团大区的销售经理，在山东和黄巾集团打市场战，看到荀彧来这里谋职，一把拉住荀彧的手，说："你来我这，真是老天眷顾我啊，从此我的副经理人选算是有了。"

几年后，曹操调到兖州分公司担任总经理，荀彧便在市场部任职，帮着曹操开

拓兖州市场。当时，曹操和时任徐州分公司的陶总(陶谦)发生矛盾，曹操秉着"市场上的矛盾，市场上解决"的原则和陶谦大打出手，并且亲自跑到徐州市场督办销售，而留守公司、打理日常事务的任务就交给了荀彧。

实际上，兖州公司的内部并不稳定，甚至可以说是危机四伏。负责陈留方面市场的经理张邈一直对曹操的一些做法心存不满，而集团前任销售总监吕布也想要借着兖州分公司东山再起。曹操前脚去了徐州，张邈后脚就和吕布联系上了，打算从中做些手脚，把曹操赶出兖州分公司。

张邈跟荀彧说："现在公司的销售骨干都被调到徐州那边了，这几个月兖州公司的业绩肯定会大幅下降，总部定然不满。现在吕布正好想来兖州，他以前在总部做过销售总监，正是一把销售的好手，咱们可以借用他的力量。"

但是，荀彧看出张邈的目的，断然拒绝。结果张邈私下和吕布勾结，做手脚打压分公司的业绩，并且联合公司的中高层，向总部弹劾曹操。荀彧面对吕布和张邈的破坏，力保鄄城、范县、东阿的业绩，同时又召回在公司销售系统很有人望的经理夏侯惇。最终，使兖州的业绩达到了总部所能承受的底线，使曹操逃过了这一劫。

曹操打算一鼓作气，打垮徐州分公司，使徐州和兖州合并成一个大区。荀彧却提出了"攘外必先安内"，先整顿好兖州分公司的内务，再一致对外。

通过这次考察，曹操对荀彧的才华大加赞赏：荀彧有头脑，能够识破张邈的小算盘；荀彧有手段，在困难期能够稳住市场；荀彧有统帅力，连夏侯惇这样位高权重的老人都甘为所用；荀彧有战略思维，攘外必先安内。他彻底认定一旦自己创业，那么荀彧就是自己的COO。

后来，荀彧为曹操制定了回到总部的"高端技术精英的创业策略"，奠定了曹操一生事业的基础。曹操入主东汉集团总部，行使代理CEO权责，荀彧果然成了曹操的COO。

实际上，对于COO的选择上，曹操不是没有过别的想法。曹操的团队，属于家族主导的团队。像夏侯惇、夏侯渊兄弟，曹仁、曹洪等都是自己的族人，功劳也很大，而且做销售，业绩是很明显的，特别是夏侯惇、曹仁，都是很有威望，很能服众。

而荀彧，是一个外来人，大都是做幕后策划工作，没有参与到销售实际中，功劳

虽大，但是业绩直观上看并不明显，威望、资历也差了些。

但是，最后他还是任命荀彧为曹魏集团的COO。曹操觉得，想把一个企业做大，不能因为亲疏远近，而升降褒贬一个人，关键还得是用真正有才能和有潜力的人，资历不够可以熬，威望不够可以帮助树立，但才干是最难提升的。所以，曹操在提交晋升名单的时候，在COO的后面写下的是荀彧的名字。

荀彧被擢拔后果然也不负曹操之重托，将曹氏集团的内政打理的井井有条。而且，在曹操和袁绍的发生冲突时，荀彧审时度势，指出了曹操的四大优势：气度、谋略、管理、品质，并且指出虽然袁绍财力丰厚，但是内部不团结，容易出内讧。这极大地坚定了曹操的信心，对打败袁绍，统一北方市场，起到了重大作用。

在曹、袁官渡的谈判中，双方都已经拼得精疲力竭，曹操打算妥协，结果又是荀彧出面劝阻曹操不能妥协，先妥协就被动了，现在正是到了穷求变的时候，结果果不出荀彧所料，袁绍集团内讧，袁绍的创意总监许攸跳槽到了曹操旗下，泄露了大量商业机密，曹操一举打败袁绍。

荀彧作为COO，不仅在运营谋划，统筹实施上有卓绝的才华，而且在培养、选拔人才方面做得也很出色。他推荐的人大多都成了曹操集团中的高管，像首席战略顾问郭嘉、创意总监荀攸、人力资源总监陈群、坐镇西大区的总监钟繇，业绩天下第一的河东区经理杜畿，以及后来大名鼎鼎的司马懿等。

曹操的成功，很大程度上是因为有了荀彧这位杰出的COO的帮衬，而这一些，都归功于曹操甘于任人唯贤，擢拔重用了荀彧这一点上。

CEO提点

CEO在用人上一定要秉持任人唯贤的原则，要有博达之心，量才而用，才能有助于事业的发展、壮大。

首席战略顾问:郭嘉

在整个曹魏集团当中,郭嘉是一个很特殊的人物。在曹魏集团的这些元老重臣们当中,论资历、论功劳、论官职、论成绩,郭嘉都不是最好的。但是论及对于 CEO 曹操的影响力,郭嘉绝对首屈一指。

大名鼎鼎的郭嘉,在曹魏集团是一个很特殊的角色。

郭嘉不掌权,你很少会看到郭嘉去处理、督办什么具体的事务。但是,没有人敢小看郭嘉,也没有人不敬重郭嘉,如果非要对郭嘉的行政级别定位的话,那么郭嘉就是顶级。

都说,企业离开谁都照样转,这话不假,但"转"是一个问题,"转得怎么样"又是一个问题。郭嘉病逝之后,曹魏集团发展的脚步大幅减缓,甚至就开始出现停滞,甚至倒退。当然,这也跟竞争对手的变强、市场日趋成熟有很大关系,但郭嘉离去带来的影响,曹操心里是最有数的。不然,以曹操的心智,断不会在赤壁失败时,当着公司的一干大员,发出"郭奉孝(郭嘉)在,不致使我至此"的感慨了。

郭嘉生性孤傲,朋友不多,因为郭嘉瞧不上一般人,瞧不上就懒得理睬,这一点也反映出了郭嘉确实不太适合处理实际的政务。

最初,郭嘉答应了好友田丰的邀请,出山到袁绍的帐下效力。这倒不是因为给田丰面子,郭嘉从不给别人面子,而是袁绍带头反对董卓,被称为"天下英雄",郭嘉"瞧得起他",所以愿去效力。

袁绍对郭嘉是比较敬重的,礼数也很周到。但是,时间一长,郭嘉看出来袁绍这个人,虽然尊重人才,但是不会使用人才;注重表面,却挑不出重点;优柔寡断、拿不定主意,所以成不了什么事。

就这样,袁绍被郭嘉鄙视了,郭嘉也就懒得搭理袁绍,索性离开袁绍,飘然而去了。当时,可正是袁绍鼎盛之时。

郭嘉在家里赋闲六年，后来荀彧推荐郭嘉给曹操，当然，也可能是推荐曹操给郭嘉。曹、郭两人见面，相谈甚欢。郭嘉这个人很飘逸，头脑机智灵活，谋划神出鬼没，曹操不禁感叹："使我成大事者，必此人！"

郭嘉对曹操也是很满意，曹操的智谋、气度，让其拜服。这就跟两人相亲，彼此看对眼了一样。

曹操觉得此人不可像一般人那样使用：他太高傲，不适合管人；太飘逸，也不适合理事。而且把他羁绊在那些琐事上也浪费了他的才华，所以随便给了郭嘉一个职务，但又不必理事，实际上成了曹操的战略顾问。

在曹魏集团，郭嘉、荀彧、荀攸都精于谋划。但是别人都是谋势，郭嘉却是谋心。别人都是以局势利害作为出发点，郭嘉总是从人的心理打开突破口。

就像刘备投靠曹操的时候，无论是荀彧、还是程昱这样的智囊，都是从"势"的角度分析，认为不除刘备必为后患。但是，郭嘉却从"心"的角度，认为干掉刘备一人，而失掉天下人心，不值得。刘备不可杀，但也不可放。可惜，曹操对郭嘉的意思理解得一知半解，最终放了刘备，铸成大错，但这个错误实在与郭嘉无干。

真正体现郭嘉作为首席战略顾问价值的，还要数曹、袁官渡商战：一个好的战略顾问在重大问题上往往对 CEO 产生积极的、巨大的影响。

当时，曹操和袁绍在谈判桌前相持不下，江东大区的总经理孙策扬言要趁着这个机会找曹操的麻烦。孙策这个人十分的强势，在江东大区打拼多年，爬上区域总监的位置，在东汉集团内很有些威名，曹操对他颇为忌惮。

如今孙策趁着自己和袁绍谈判，忙得焦头烂额之时，横插一杠子来捣乱，曹操感觉到自己难以应付。就连曹操手下的高管们都认为，弄不好，曹操会被赶下集团代理 CEO 的位置，甚至暗中与袁绍私通信件，准备为自己留条后路。

这时候，郭嘉找到曹操，说："老大，你不用为孙策的事烦心，因为孙策根本不可能来这里给你添乱。孙策这个人性格太嚣张，这些年他在江东大区搅得天翻地覆的，虽然爬上大区 CEO 的位置，但得罪不少人。他得罪这些人，可都是江东大区的实权人物。我看，用不了多久，他就会被这些人挤兑走。"

曹操听了郭嘉的话，觉得有理，于是放下心把全部精力用在对付袁绍身上。结

果，正如郭嘉所言，孙策果然被自己的手下搞下了台。

官渡商战之后，曹操搞垮了袁绍。但是袁绍的两个儿子袁谭和袁尚还是很有势力，曹操决定要彻底铲除袁绍家族在公司内部的影响，准备着手对付袁谭和袁尚。为此，郭嘉又为袁绍出了个主意：袁谭和袁尚这两人不和，这时候如果打压他们，毕竟都是袁家的势力，他们就会联合起来；但是如果放任他们，他们就会窝里斗，到时候坐收渔人之利，就方便多了。

果然，曹操回到公司总部不久，袁谭和袁尚哥俩就闹了起来。曹操趁机把他们俩赶出了东汉集团。因为郭嘉的妙计，这件事办得又轻松又顺利。

郭嘉对曹操的崛起立下了汗马功劳，这背后是曹操对郭嘉特殊礼遇的结果。郭嘉生性傲慢不羁，有很多不拘常理的行为，换句话说就是有些"无组织、无纪律"。绝大多数老板对这样的人是难以容忍的，觉得会破坏企业的氛围。但是，向来以管理严格而著称的曹操认为像郭嘉这样的特殊人才就要特殊对待。结果曹操不仅容得下郭嘉，更是行则同车，坐则同席，就像哥们一样。在集团内，人人都称曹操为"老板"，就连曹操的族弟曹仁、夏侯惇都不例外，唯独郭嘉称曹操为"老大"。

曹操的人力总监陈群几次和曹操提郭嘉行为不够"检点"，但是，曹操在赞扬了陈群敢于提意见、说真话之外，对郭嘉的不"检点"不打压，不干涉，甚至纵容。曹操把郭嘉留在总裁办，一方面便于跟郭嘉沟通，另一方面更是为了保护这位"不羁"的人才。

郭嘉是幸运的，因为纵观三国，唯独曹操这样大气的老板，才能容得下郭嘉，特殊地礼遇郭嘉。最终，曹操的"礼遇"成就了计无失算的郭嘉，更成就了曹操自己。

CEO 提点

　　对于特殊的人才，要特殊对待，因为特殊的人才终会发挥特殊的作用。而这方面体现了一个CEO使用人才的差异性。

人力资源总监：陈群

"半路出家"的陈群是靠着自己卓越的企业管理能力而逐渐取得 CEO 曹操的信任的。作为曹魏集团的人力资源总监，也就是 CHO，陈群在曹魏集团当中绝对称得上是位高权重。

所谓"政通人和"，一个企业、集团能够取得成功，他背后的"人和"必不可少，曹魏集团的成功也离不开这一点。

曹魏集团的成功，从根本上讲是吏治的成功。在三大集团（魏、蜀、吴）中，曹魏集团的人力资源结构是最为合理，也是最为先进的。它开创和使用了对后世影响深远的"九品中正制"，能够广纳人才，进而在三大集团的人才比拼中，无论是在数量上，还是在质量上，始终都处在绝对领先的地位。

而这一切的一切，都要归功于人力资源总监（CHO）陈群，正是他一手缔造了"九品中正制"。

陈群身出名门，祖父陈寔、父亲陈纪、叔叔陈谌在东汉集团内颇富盛名。所以，陈群进入东汉集团也是件很轻松的事。

最开始，陈群在刘备的分公司任办公室主任。刘备原在豫州挂职，名为豫州分公司总经理，但实权不大。后来，徐州分公司的总经理陶谦退休，保荐刘备继任。

陈群劝刘备不要赴任，因为当时徐州分公司的局势很复杂。一方面，徐州分公司和袁术的江南大区相邻，袁术野心很大，实力也强，对徐州市场虎视眈眈。另一方面，前集团销售总监吕布也对徐州分公司虎视眈眈。

但是，刘备没有听陈群的话，到徐州赴任，最终被吕布赶了下去，投靠了曹操，又转为豫州分公司总经理。而陈群则辞了职，在徐州家中赋闲。

没多久，曹操搞垮了吕布。陈群见到了曹操，曹操听说过陈群这个人，觉得陈群可用，就让他在财务部任职。

当时,曹操的 HR 招聘来了两个业务主管,一个叫王模、一个叫周逵。陈群见过这两个人后,对曹操说,这两个人能力可以,但是性格和品行不好,不可用。曹操没听陈群的,还是给了两个人职位。结果没多久,这两个人都惹上了官司,给企业带来了损失。这时,曹操想起陈群的话,很是后悔,主动找到陈群,向陈群承认自己当初没有纳谏,用人不当。

由于见识了陈群在人力资源上的才华,曹操开始让他负责曹魏集团的的招聘工作。很快,陈群为曹操招聘来了两个主管陈矫和戴干,这两个确实是非常有能力的人,因此更是证明了陈群在 HR 方面的才华。

陈群这个人做 HR 有一个最大的优点,就是"敢言"。人力资源工作是最容易得罪人的,因为它关系到员工的切实利益。但是陈群不怕得罪人,不管是谁、位居何职、与老板亲疏远近,陈群都敢指出其存在的问题。最经典的就是陈群屡次向曹操进言郭嘉行为"不检点",要知道,郭嘉在曹魏集团地位崇高,甚至和一向与注重威严的曹操称兄道弟,但是陈群仍然敢于弹劾郭嘉。

陈群对曹魏集团最大的贡献就是对整个集团管理结构的建设,特别是"九品中正"制度的推出,更是确保了曹魏集团对巴蜀集团、东吴集团在在人力资源上的绝对优势。

当时,曹操已经过世。曹操临走之时,将引领集团的重任交给了陈群、曹真、曹休以及司马懿身上,让他们齐心辅佐曹丕。陈群在曹魏集团中后期,位高权重,是曹魏几任 CEO 所重用的骨干,最终得以善终。

新老板曹丕上位时,曹魏集团已经从东汉集团脱离,不再是东汉集团的子公司。为巩固在三大集团之中的龙头地位,曹魏集团开始进行吏治改革,广纳贤才。陈群作为 CHO 责无旁贷,他总结历代制度的利弊,结合自己的经验体悟,拟定了三国版的"薪酬宽带制"——九品中正制度。

陈群在 HR 方面才华卓著,为曹魏集团里来了卓著的功勋,单凭"九品中正制"便已不朽。但陈群之所以能取得这样的成就,终究还是曹魏集团创业 CEO 曹操博怀广大的用人之道所致。

陈群原本是曹操死对头刘备的办公室主任,曹操在使用陈群时对其给予了完

全的信任,并没有猜忌、改制掣肘,实属难得;曹操因未听陈群之言,出现用人失当之后,主动向下属认错,更是体现了一个卓越 CEO 的风度;陈群本不是 HR 出身,但是当曹操发现了陈群在 HR 方面的才华后,立即量才施用,将陈群调到 HR 的岗位上,这正是陈群最终取得成功的关键。

还有一点,也是最重要的一点,就是曹操的"正直"。很多企业的 CEO 在听到有人弹劾自己的亲信时,都会产生不满,甚是心存抵触。但是曹操在面对陈群弹劾郭嘉的时候,反而赞扬陈群,这就是支持,在无形中也给了陈群极大的勇气和自信。最终,陈群也不负曹操之望,成为三大集团中历任 CHO 中的第一人。

CEO 提点

一个 CEO,对待自己的员工要有足够的包容,这种包容包括对自己的冒犯,所谓海纳百川,有容乃大,而只有大者才能称王成候。

创意总监:荀攸

能够被称为"谋主"的人,绝对不是一般人,用这样的人本身就是一种冒险,因为根本没人能完全看透这种人心中的想法。而作为 CEO 的曹操不仅重用荀攸,而且信任荀攸,把荀攸收服得服服帖帖,我们就不得不赞叹曹大老板的手段了。

荀攸被曹操称赞为"谋主",也是曹操最为中意的创意总监。

尽管荀攸的年龄要比荀彧大(荀攸 157 年生人,而荀彧则是 163 年生人),但是也不能改变荀彧是其叔叔的事实。而荀攸的上位,除了自身颇有些名望之外,跟他的这位叔叔荀彧也有着很大的关系。

当初,曹操问荀彧是否能够推荐一些贤达之人,荀彧当即向曹操推荐了荀攸。曹操接见了荀攸,并与之相谈,结果他对荀攸的才智大感惊讶,当即录用。

荀攸一生为曹操出过十二条奇策，其中大多是荀攸单独与曹操密谋，所以别人大多不知道此事，就连荀攸的叔叔荀彧对此也不是很了解。只有荀攸的好友钟繇知道个中原委。但可惜的是，钟繇还没来得及将荀攸的奇策整理成稿便去世了。

荀攸最出色的表现是在奠定曹操统一北方基础，与袁大战的时候。最初，袁绍派颜良在白马与打击曹操，使曹操陷入困境。荀攸随即想出一个声东击西的点子，先是假装要在延津方面与袁绍较量，实际上等袁绍把注意力集中在延津时，曹操却在白马投入力量，而且顺带着干掉了袁绍的得力助手颜良。而后曹操与袁绍相持，荀攸又抛出了一个诱敌深入的点子，再次重创袁绍，并顺带着干掉了袁绍的臂膀——文丑。

后来，曹、袁在官渡相持不下，许攸跳槽到曹操这里，提议曹操打击袁绍的后勤。曹操在犹豫不定时，又是荀攸站出来力劝曹操，最终打败了袁绍。

曹、袁之战后，袁绍手下的重量级人物张郃表示愿意在曹操在集团谋职，但是当时负责招聘工作的曹洪却不相信张郃的诚意。

这时候，又是荀攸站出来对曹洪说："现在袁绍已经完蛋了，张郃跟着袁绍也没前途，何况之前张郃在袁绍手下并不被重用，待得本来就憋屈，你有什么可怀疑的呢？"结果，曹洪为张郃办了入职手续。

荀攸这个人为人低调，和荀彧、郭嘉形成鲜明的对比。郭嘉行事张扬，荀彧则是一番名士风采，而荀攸寡言少语，从外表上看并无引人的地方，而实际上，荀攸是个野心极大的人，最初的荀攸是不甘居人下的。

与荀彧一样，荀攸出身名门——荀家，年少时就作为东汉集团的储备干部培养，后来因为触犯了CEO董卓，被公司解约。

董卓主政以来，东汉集团愈发混乱，荀攸所幸赋闲在家。李傕、郭汜主政时期曾经打算招聘荀攸，给他出过职位，聘用他担任任城崎岖的销售经理，但是荀攸拒绝了。任城那个地方，市场混乱，势力众多，明显是个费力不讨好的地方，荀攸知道自己到那里估计也就是个炮灰的角色，他看好的是益州分公司。荀攸认为益州这个地方，市场相对比较稳定，在总经理刘焉的治理下公司运转情况良好，凭借自己的才华和在东汉集团里的声誉，可以在那里立个脚，然后再图发展。结果，人算不如天

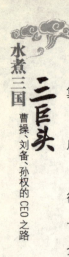

算,由于道路不通,荀攸只好暂时停留在相对平安的荆州观察时局。

此后,益州分公司的人事出现了大变化,荀攸不得不放弃到益州就职的念头。后来,曹操给了荀攸职位,荀攸认为曹操是个可以成事的老板,所幸就去就职了。

与荀彧的谦谦君子不同,荀攸的智计更为深沉,他常常把个人的志向和抱负埋得很深,表面上做出木讷的样子。因为荀攸不想将自己的野心曝露出来。然而时间一久,荀攸发现曹操这个老板过于厉害,自己恐怕没有扳倒他的机会和能力,不如全力给曹操打工。

面对曹操这样的老板,荀攸心里清楚自己张扬不得,于是他要求自己严格行事,经常与曹操密谋,而且总是把功劳算在曹操的身上,因此深得曹操的信任。

后来荀彧虽然因与老板观点不和,被逼离开曹魏集团,但荀攸却丝毫没受到影响,荀攸重病之时,老板曹操特意让自己的接班人曹丕拜在荀攸床前,以示慰问。这在曹魏集团中是绝无仅有的。而这一切,多依赖于荀攸为曹魏集团立下的卓越功绩,和曹操对其的信赖。

而从CEO的角度讲,荀攸能够成为最终的荀攸,有两点是必不可少的。第一点就是需要让荀攸拜服,荀攸是个有异志的人,要想让这样的人能够安心地为人所用,必然要先收拾其心,让他拜服,甘心为你打工;还有一点就是,荀攸的叔叔荀彧已经做到了COO的位置,掌握着曹魏集团的大权,如果再将荀攸拜在总监的位置上,那么荀氏的实力就更大了,难免出乱子。但是曹操却能够信任二荀,分别授以重权,可见作为一个CEO,曹操的气度有多么的恢弘。

CEO 提点

员工对企业、对老板的忠诚程度很多时候并不取决于员工自己,而是在于员工的老板具不具备征服员工,让员工死命效忠的气质。这样优秀的CEO总是能够吸引形形色色的追随者。

销售总监：夏侯惇

作为一个没有什么拿得出手的销售业绩而仅靠关系上位的销售总监，夏侯惇的存在本身就是一个异数。这是为什么呢？因为夏侯惇是曹操树给曹魏集团的销售人员的一个标杆和榜样。

夏侯惇是个颇有争议的人物，也是最早跟随曹操打天下的。

夏侯惇是曹操的同族兄弟。曹操祖上本姓夏侯，后来过继给了曹家，于是改为曹姓。年少的时候，夏侯惇的老师遭到别人的羞辱，结果夏侯惇一怒之下杀了那个人，由此，夏侯惇尊师重道和彪悍的性格便流传开了。

曹操进入到东汉集团，主管陈留地区的业务，夏侯惇跟随曹操一起进入了东汉集团，在曹操手下做事，负责销售工作。夏侯惇以其剽悍的作风赢得了曹操的信赖。可以说，在曹操创业的前期，夏侯惇是曹操手下的极为重要的、而且是为数不多的可以倚重的属下。

曹操升任兖州分公司总经理之后，和徐州分公司的总经理产生纠纷，双方在市场上展开较量，这时候夏侯惇被委以重任，留守兖州，在资源极为匮乏的情况下保持本埠市场的业绩。但是，这时候前任总部销售总监吕布趁着兖州市场虚弱，对曹操发起攻击。结果，在这场较量中，尽管夏侯惇竭力抵抗，但还是输给了吕布。

曹操在许都继任代理CEO之后，夏侯惇作为当时曹操手下排名第一的市场打手，被派遣到河南地区活动。后来，曹操和江南大区的CEO袁术发生冲突。袁术企图脱离东汉集团，曹操以集团CEO的身份打压袁术，双方在市场上展开激烈的争夺战，都想把对方基础市场，这时候，夏侯惇带着他的营销团队和袁术手下的王牌销售部的经理桥蕤展开了激烈的争夺。夏侯惇大败桥蕤，帮助曹操搞垮了袁术。

而后，东汉集团CEO曹操和最有实力的大区CEO袁绍发生了冲突。这时候，夏侯惇的角色已经发生转变，不再是市场上冲锋陷阵的打手，而是坐镇其后，起到战

略的作用。在敖仓市场，夏侯惇对袁绍进行了战略上的防御。

打败袁绍之后，曹操对袁绍集团进行资源整合，获得大批的人才，夏侯惇的角色越发地远离销售一线，主管统领和督导作用。

夏侯惇的优点在于其顽强、彪悍的作风，往往能让曹魏集团的销售团队精神为之一震，起到鼓舞士气的作用，但夏侯惇也有很大的缺点，就是智谋不足。在市场上死磕的时候，夏侯惇的拼搏精神往往能使其无往不利，但是遇到智慧型的对手，玩一些商战策略的时候，夏侯惇就会吃亏。

对于这一点，作为 CEO 的曹操看得很明白。所以，当曹操发展到中后期，手下销售能人云集，曹操就很少把夏侯惇推上销售一线，而是把他树立成一个精神楷模。好在夏侯惇也堪当此人。毕竟，曹魏集团终究是一个家族式的集团，夏侯惇在这个家族中本身就是出类拔萃的人，更重要的是在曹魏集团创业初期，夏侯惇的功绩有目共睹，其彪、骁勇的作风始终在曹魏集团传为佳话，再加上他为人守正，所以在集团中有极大的影响力。

为此，曹操索性把夏侯惇供起来，称他为"军魂"，坐镇后方，不可轻用。但是曹操也有失策的时候，比如，在新野市场打压刘备。

当时，曹、刘集团的力量对比悬殊，在曹操的眼里，这是一场不用打的市场争夺战，自己必胜。索性曹操干脆卖个人情给夏侯惇，让他主导这次商战，同时也为远离市场很久的夏侯惇攒些政绩。不料，刘备集团和夏侯惇耍起心眼，将夏侯惇打得大败。这让夏侯惇很没面子，让曹操更没面子。

赤壁，曹魏集团打算并购东吴集团，结果东吴集团请出了白衣骑士——巴蜀集团，使曹操吞下了失败的恶果。此后，曹操几乎不再使用夏侯惇在市场一线打拼。而且，在销售部，像张辽、徐晃如日中天，于禁、乐进、张郃、许褚等也都是名噪一时，无需夏侯惇这个精神领袖再去冲锋陷阵。曹操在汉中市场和刘备发生冲突的时候，夏侯惇扮演的也是"魏之军魂"，坐镇中军，稳定后方的角色。

曹操从汉中回到许昌不久就去世了。夏侯惇成为了曹魏集团销售部的老大、CMO，几个月后也身故。

或许，在别人的眼中，夏侯惇没有张辽、徐晃等人那样卓越的功绩，但是在曹魏

集团的内部，夏侯惇"军魂"的作用是无可替代的。而夏侯惇的无可替代的背后，实际上是曹操作为集团 CEO，运筹、领导的成功。

可以说，夏侯惇是曹操一手着力打造起来的精神偶像。曹操之所以如此，一来是因为夏侯惇的彪悍之风确有振奋人心的作用；二来，重用夏侯惇可以加强曹氏家族集团的控制力；不过，曹操虽然极力打造夏侯惇的形象，使得夏侯惇在曹魏集团有卓绝的影响力，但是始终没有任人唯亲地把 COO 的位置交给骁勇有余、智谋不足的夏侯惇，就连 CMO 的位置一直也都是曹操兼任，夏侯惇为副职，这也是曹操的一种知人之明吧。

CEO 提点

每个企业都需要树立一个标杆性的人物，而且管理层还要去维护他的形象，因为这样一个人物的存在，会形成一种无形的丰碑，对员工性格的养成和积极的企业文化的形成有着重要的意义。

首席大区 CEO：张辽

在曹魏集团的销售部门中，张辽的功劳最高，能力最强，名声也最响，一提到他的大名，东吴集团的销售员们个个都愁眉苦脸的。而这时，又有谁还记得张辽原本只是一个半路出家的跳槽人士呢？

作为业界龙头，曹魏集团强大的销售能力是不容忽视的。

俗话说"五子良将，张辽最先"。在曹操所有的销售经理中，张辽可谓"三最"：能力最强、功劳最高，名声最大。在曹魏、乃至三大集团，几乎没有哪个大区的 CEO，能够仅仅凭借区域的力量，就搞得竞争对手整个集团鸡犬不宁，闻风丧胆，除了张辽。

张辽最初在东汉集团并州分公司任职，后来被总经理丁原派遣到集团总部，归

市场总监、代理CEO何进领导。何进下台之后,张辽的老板换成了CEO董卓,董卓下台之后换成了总监吕布。而后,吕布被李傕、郭汜赶下台,张辽又跟随吕布辗转,可以说张辽的前半生很是坎坷。

在下邳,张辽终于时来运转,因为他遇到了曹操。曹操当时已经是东汉集团的代理CEO,与时任徐州分公司的吕布发生了矛盾,结果在下邳,曹操搞掉了吕布。所谓一朝天子一朝臣,张辽原本打算辞职,但曹操见张辽是个人才,便把他留了下来。

张辽本是吕布的人,世人对吕布集团的成员都没有什么好感。但是曹操对张辽纳而能用,是很难得的。一个CEO,在选拔人才的时候,抛却主观的偏狭,以实际论事、看人,是成功的关键所在。

跳槽到曹操集团时,张辽没有多大的名气和资历,所以并未太受重视。曹操搞掉吕布后,派夏侯渊和张辽彻底铲除吕布的旧有势力——昌豨,张辽看出昌豨有转头曹操的意思,亲自出面招降了昌豨,这是张辽在曹魏集团里的第一功。

然而曹操对张辽并不是十分看重,随口对张辽说,招降昌豨这种事情风险太大,不是精英应该做的。张辽真正引起曹操的注意,是在曹操消灭袁绍的势力的时候。

在官渡,曹操使袁绍失势,而后穷追猛打。袁绍下台后,曹操又把袁绍的两个儿子赶出了东汉集团。这期间,张辽攻无不克战无不胜,曹操对此甚是惊喜,亲自迎接张辽回集团总部。张辽至此算是熬出头了。

曹操打算抢夺荆州市场,结果后院起火,一些销售代表将公司的机密泄露了出去,结果张辽带着自己的团队前去救火,清查泄密者,以免制订新的销售计划,终于为曹魏集团挽回了损失。

曹操并购东吴集团,最终以失败而告终,一些地方山寨产品趁机而起。在氐县地区,以陈兰、梅成为首的一些山寨产品严重挤压了曹魏集团的市场,结果张辽前往打压,大搞产品下乡活动,最终挽回了东汉集团在该市场的垄断地位。

收购东吴集团失败,对曹魏集团的而影响是巨大的,一方面,曹魏集团在这次收购中投入非常大,收购失败就浪费了巨大的资源;另一方面,严重影响了集团的士气。同时,此前已向处于守势的东吴集团时不时地侵占曹魏集团的市场。

为了保卫既得利益,曹操在曹魏集团和东吴集团的势力交接处设立了合肥大区，任命张辽为大区 CEO，对付东吴集团的骚扰。此时的曹魏集团元气大伤，张辽手中的人力、资费并不多，因此合肥大区的工作并不好开展。

没多久，东吴集团就制定合肥战略，打算进攻合肥市场，进而向曹魏集团发起攻击。东吴集团的 CEO 孙权亲自指挥，倾尽全力抢夺合肥市场。

面对来势汹汹的孙权，张辽和自己的两个助手乐进、李典说："在合肥这里，我们的人力、财力上和东吴集团相差太多，如果一味地取守势，只能一点点地被东吴集团蚕食致死。然而，如果我们能够集中精锐力量，首先展开攻势，则能够打掉东吴集团的锐气、增强占领合肥市场的决心，如此合肥还有可能保得住。"

结果，张辽带着合肥大区的精英向东吴集团展开了攻势。张辽的先发制人让孙权措手不及，东吴集团虽然在合肥市场花了大工夫，但始终被张辽压制，大败而回。而此后，张辽的大名也在东吴集团流传开来。东吴集团的那些销售人员全都尽量避免在市场上和张辽发生冲突。

后来，孙权针对曹魏集团，在海陵市场有所动作。当时，曹操已经退休，继任的曹魏集团 CEO 曹丕立即调张辽到海陵市场对付东吴集团。东吴集团大老板孙权听说张辽又成了自己的死对头，便提醒手下的总监、经理："张辽现在虽然身体不好，精力不比当年，但是你们还是要小心应付。张辽，不好惹啊！"但最终，孙权的一番告诫还是避免不了东吴集团再一次败在张辽的手里。

对于东吴集团来讲，张辽似乎就是一个不可逾越的屏障。而对曹魏集团而言，张辽就是坐镇东南、压制东吴集团的"定海神针"。

自古以来，无论商场还是战场"千军易得，一将难求"。曹魏集团拥有张辽这样的人才是一种幸运，这种幸运的背后却是曹操作为一个 CEO 的恢弘和大气换来的恩赐。

✦ CEO 提点 ✦

人才不是一眼就一定能够看出来的，人才是在接连不断的工作中试出来的。CEO 发觉一个人才的苗子的时候，就有必要去培养，给他足够的成长空间，使他长成一棵参天大树。

权集一身，大老板管理有术

割发代罪，公司的纪律要严明

　　曹操去解决自己和张绣之间的矛盾冲突，但是很不走运，在此过程中，曹操无意间触犯了自己定下的企业规范，曹操没有因为自己是CEO而免责，而是带头接受惩戒，以示自己之过。

　　任何一个企业，一旦发展壮大，最终所要依靠的是制度。

　　就创业公司而言，在创业的初期，感情可以替代制度发挥独特的作用，但是，一旦家业铺开、摊子变大，这时候就不能再去依靠感情，而是要依靠制度。因为大企业强调的是秩序，而制度是秩序的保障。

　　曹魏集团在业内之所以能够处在霸主地位，实际上就在于其制度上的领先。

　　相较而言，巴蜀集团是兄弟创业，人情味浓是浓了，但是弊端就是人情大于法理，管理层在进行决策的时候，难免会被感情所左右，做出不利于企业发展的一些决定。

　　东吴集团，本身就是当地各个大家族的利益联合体，即便CEO孙权想不讲情面，也是不可能的。

　　而曹魏集团，虽然也是家族创业，但是极为强势的CEO曹操是个绝对的权威者，曹氏的族人与曹操的关系是老板和下属的关系，而不像巴蜀集团刘关张的哥们关系。所以很多事情的决策、执行都能够更趋于客观、严谨。

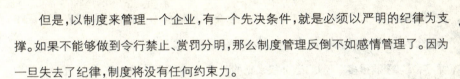

但是，以制度来管理一个企业，有一个先决条件，就是必须以严明的纪律为支撑。如果不能够做到令行禁止、赏罚分明，那么制度管理反倒不如感情管理了。因为一旦失去了纪律，制度将没有任何约束力。

作为曹魏集团的CEO、业内龙头老大的掌门人，曹操自然知道这其中的道理。所以他领导曹魏集团时，纪律总是被优先强调的。

在曹操和张绣的市场冲突中，由于首席销售经理夏侯惇督导不力，青州集团纪律败坏，造成了很不好的影响。销售经理于禁依职权之便，自作决定对青州集团的员工施以了处罚。事后，曹操非但没有责怪于禁严惩自己族人夏侯惇的青州团队，反而对于禁这种严格维护企业纪律的大加表扬，并树之为楷模。

想必，这种情况若是换在巴蜀集团，夏侯惇换成张飞，于禁换成赵云，赵云绝对不会因此而惩处张飞的部下，一是拉不下情面；二是刘备、张飞疏不间亲，赵云不敢。比如，张飞酒后随意处罚部下，作为COO的诸葛亮也只是好言相劝，连口头上的责骂都没有，更别谈惩处。

但是，结果最终张飞搞得人心激变，把自己给玩死了，最终受损失的还是感情大于纪律的巴蜀集团。

曹操为明纪律，最为经典的演出——曹操的确是在演戏，这也是CEO的一种权谋——出现在曹操和张绣角力的时候。当时曹操特别着重强调了纪律，然而他在无意中触犯了自己立下的规矩，于是"割发代首"，对自己做出了惩罚，结果集团上下无不悚然。

一个集团、企业的纪律应该对所有人都有约束力，特别是对于企业的高层掌权者，更是当以楷模、榜样为之，如果因为权力而形成免责的特权，那么企业的纪律和威信力会大打折扣，最终影响到企业制度的运转。

曹操演的这出戏，实际上不仅在当时起到了严明纪律、收获人心的效果，而且给曹魏集团的企业文化带来了很大的影响。在曹魏集团内形成了一股强调制度、强调公大于私的企业文化。而这种企业文化让曹魏集团受益良多。

曹操在并购东吴集团失利之后，遭到孙权的反扑，为此曹操设立了合肥大区，抵挡孙权的攻势。当时曹操遭受重创，市里的资源不多，分派到合肥的资源就更少了。为

此,曹操特别任命了张辽、乐进和李典三个副总监级别的销售经理共同经营合肥市场,张辽为合肥大区 CEO,乐进、李典为副手。但是,张辽、乐进、李典第三个人平日里并不和睦,矛盾很多。但是,当孙权来犯的时候,三个人严格遵守集团的纪律,抛下个人的私怨,公事公办、相互配合,一举粉碎了孙权的进攻,并且使之遭遇重创。

CEO 提点

企业的纪律应该对所有人都有约束力,特别是对于企业的高管,更是当以楷模、榜样为之,如果因为权力而形成免责的特权,那么企业的纪律和威信力会大打折扣,最终影响到企业制度的运转。

“戕”忤逆者许攸

许攸帮助曹操打败了袁绍,但是许攸这个人生性傲慢,当着众人的面忤逆犯上,曹操为了维护 CEO 的尊严,不得不干掉许攸。

许攸这个人,死得有点憋屈。

原本,许攸为曹魏集团立下大功,可以安享富贵,但是他犯了一个任何 CEO 都不可能原谅的错误——忤逆。CEO 必须要有领袖的威严,这样才能维持其影响力。任何有损于 CEO 威严的人和事情,都会被 CEO 视为“大逆不道”,挥刀斩之。

曹操、袁绍、许攸自小就相识。许攸是个智囊型人物,到东汉集团之后,就在故交袁绍的手下任职,做了袁绍的市场顾问。

大区 CEO 袁绍这个人有个特点,就是但凡对他有利的意见他都听不下去。许攸在为袁绍打工的时候,为袁绍出过一个类似于曹操的创业模式:回到总部,从总部获取更多的资源,再加上袁绍家族“四世三公”的号召力,定能无敌于天下。但是袁绍觉得自己的实力已经够强大了,用不着挂着总部的那些虚名,没有听许攸的。

许攸直摇头，私下和手下人说："我们老板还是不懂，有时候这软实力要比硬实力管用的多啊！"

意见没有被采纳，许攸很是郁闷，因此也沉寂了一段时间。

随着东汉集团北方局势的不断变化，代理 CEO 曹操和大区 CEO 袁绍的矛盾日益激化，终于闹得不可开交。袁绍对曹操十分不满，对自己的高管们说："曹操这人不自量力，以为做个代理 CEO 就了不起了么，这年头终究是要靠实力说话。我手下冀、青、幽、并四个公司，人力、物力、财力远胜于他。哼哼，这次我非要把他拉下马。"

实际上，曹操这个人是很难对付的，这一点许攸很清楚，毕竟是一起从小玩到大。如今看到袁绍轻慢曹操，不禁皱了皱眉，决定不再沉寂，应该帮着袁绍出出主意。

不久，曹、袁冲突正式爆发，两人在官渡地区争得不可开交。许攸给袁绍出了个主意："曹操的实力远不及我们，如今能在官渡这和我们相持，定然是将他所有能调用的资源都用上了。这样一来，他的后方肯定空虚。我们这时候若是去抢占他身后的市场，然后再在集团总部、董事局里使点手腕，那么曹操就完蛋了。"

许攸这个建议是很毒的，如果袁绍采纳了，曹操基本上就完蛋了。但是如之前所言，袁绍这个人，大凡对他有利的建议统统不采纳，结果曹操免遭于难。

此次谏言被拒，许攸很是伤心，觉得老板袁绍有些不靠谱。

没多久，冀州分公司发来消息，许攸的家人因为贪污，被袁绍的总监审配和逢纪开除出公司。这下子许攸火了，心里暗骂袁绍，现在都什么时候了，生死存亡的关键时刻，你不听我的意见就罢了，还叫人在背后整我，索性老子不跟你干了。

许攸发了个 Mail 给袁绍，提出辞职，然后领着行李，直接投奔曹操去了。许攸这一招对袁绍的打击太大了。曹、袁商战正在最关键的时刻，许攸作为袁绍集团的高层，手里掌握着袁绍集团的很多机密，现在突然倒向曹操，对曹魏集团是大大的有利。结果曹操利用许攸对袁绍集团的了解，蛇打七寸，一举击败了袁绍集团，奠定了一统北方市场的基础。

这使得许攸成为了曹操的大功臣，为此曹操也没有亏待许攸，加之两人还是发小，就授予了许攸地方大权。

但是许攸由此却居功自傲，变得十分嚣张狂妄，根本不把曹魏集团的其他总

监、经理们放在眼里，而且在开会的时候，还经常拍着老板曹操的肩头，直呼曹操的小名说："小瞒子，要不是我，你能有今天吗？"

曹操表面上嘻嘻哈哈地点头称是，心里却十分恼怒：许攸你什么意思，咱俩谁是老板；你是有功，但你把我置于何境地，没有你这么干的。你给我等着，看我怎么收拾你！

这天，总裁办要借用许攸的会议室开会，曹操让自己的保卫处处长许褚去和许攸协调。实际上这就是曹操给许攸下的套。通常联系会议室这种事情应该是由秘书处负责，结果曹操把保安处的许褚派了过去。

许褚是个粗人，头脑简单、脾气暴躁。结果许攸很不识时务地又居功自傲起来，把许褚损得一文不值。许褚腾一下子就来气了，抡起拳头给许攸一顿猛揍。事后，曹操对许攸说，你别介意啊，许褚就是个粗人，我已经骂过他了，你别放在心上。

结果，就算许攸想不放在心上，但是架不住许褚天天在许攸办公室门口，握着拳头。许攸是个聪明人，知道自己犯了忌讳。对于忤逆者，一切的才能、功绩，都会被忽略掉。现在曹老板容不下自己了，他便自动从东汉集团消失了。

CEO 提点

对于一个 CEO 来说，在涉及到领导尊严、权威的时候，是绝对不可以退缩的，否则受到损失的将是 CEO 个人的领导力和权威感。

"缢"吕布，不忠者不可留

曹操摆平了吕布，解除了后顾之忧。走投无路的吕布希望和曹操合作，但是刘备的建议在先，曹操最终拒绝了。

如果 NO.1 的老板联手 NO.1 的销售总监，后果会怎样？曹魏、巴蜀、东吴三大集

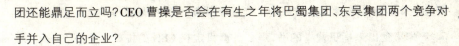

团还能鼎足而立吗?CEO曹操是否会在有生之年将巴蜀集团、东吴集团两个竞争对手并入自己的企业?

当然,这只是一个假设罢了。

曹操曾经有机会和吕布联手,而且决定权在曹操之手。但是,在CEO的权术里有一条,那就是:不忠者不可留。

吕布的不忠在当时可是出了名的,频繁跳槽,游走于各个老板之间。以至于后来都没有什么文化的"销售狂人"张飞给吕布送上了很贴切、很调侃的绰号"三姓家奴"。

吕布最初上位是在并州分公司。老总丁原发掘了吕布在销售上的才华,让他做了并州分公司的销售经理,而且时常把他带在身边以示器重。

东汉集团董事局发生变动,刘宏从董事长的位置上退位,集团内部也引起了一连串的人事变动。总监财务和市场销售的何进上位主持集团事务,并且邀请丁原到总部任职,帮助自己进行整顿集团事务。结果,何进触动了许多既得利益者的利益,总部发生内讧,何进被赶下台。董卓趁机进入总部,成为了新任CEO。

董卓在CEO位置上的表现人所共知,他把原本已经乌烟瘴气的东汉集团搞得更加残败不堪。对于董卓的专横,丁原并不买账,当着众人的面就与董卓顶撞。董卓想要搞掉丁原,但是忌惮于吕布,始终没有下手。

董卓手下的销售经理李肃和吕布是同乡,对吕布很是了解,董卓直言吕布贪财。董卓笑了,这就好办了。

董卓派李肃去挖吕布,李肃去了直入主题:"只要你能搞掉丁原,跳槽到董卓手下,那么东汉集团销售总监的位置就是你吕布的,而且薪水会巨幅增加。"

吕布当即就收集对丁原不利的资料,用最快的速度搞掉丁原,投奔董卓去了。可见,吕布脑子里根本就没忠诚这二字的概念。

吕布在销售上确实很有才华,凭借这一点,他成为了董卓身边的大红人,甚至与董卓父子相称,一时间亲密无二。

有了销售业绩做保证,董卓更加肆无忌惮地在东汉集团胡搞乱搞。集团内的一些老资历的高管实在忍无可忍,财务总监王允和一些经理商议扳倒董卓的事

情。有人提议说,扳倒董卓最好的人选就是吕布,一来他是董卓的亲信,知道的内幕多,如果他出来指正董卓的话,那么董卓肯定在 CEO 的位置上干不下去了;二来,吕布这个人不忠,只要给他好处,他就会跳槽,所以把他拉来很容易。

于是,王允使了一招美人计,离间董卓和吕布,然后又对吕布说:"吕总,你现在做到总监这个位置了,是不错,但是你终究不是老板啊,还是要听董卓的。说实话,你比董卓有才多了,你看他现在把集团搞成这样,四下里怨声载道。你现在要是把他整下去,大家绝对会挺你做 CEO。"

吕布觉得王允的话有道理,结果又玩了一次背叛,干掉了董卓。但是,董卓和丁原不同,董卓家业大,势力盘根错节。扳倒董卓后,吕布还没来得及主政,董卓的两个亲信总监李傕、郭汜就趁其立足未稳将他赶走了。

此后,吕布到各个分公司应聘、打工,而且频繁地跳槽,哪的待遇好就在哪,毫无职业操守,即使干掉自己的老板能获利的话,吕布也从不手软。这一时期,吕布先后在袁术、袁绍、张扬的分公司任职销售总监,随后跳槽到刘备那里,趁机还干掉了刘备,自己成了分公司的老总,其不忠之名在业内已经传遍。

吕布成为徐州分公司总经理后,和集团 CEO 曹操的矛盾日益激化。结果,胳膊拧不过大腿,尽管吕布在销售上才华卓著,但是无论是企业实力还是领导手腕,他都不是曹操的对手,最后被曹操搞垮了。

吕布被撤职后,找到曹操,显得诚意十足的样子跟曹操说:"曹总裁,你的智慧、管理手腕,天下没人能比得上。我吕布在销售这一块,也没有人能再比我强。你要是用我的话,你是老大,我给你开拓市场,咱俩在一起就没人是咱们的对手了。"

对于吕布的市场才能,曹操是很欣赏的,吕布的这一番话也确实说到了他心坎里了,便让吕布先回,说自己需要想一想。

吕布走后,曹操和时任豫州分公司的老总刘备通话,说了吕布这件事。刘备嘿嘿一笑:"老板,当初的丁原、董卓可都是这么想的吧,你再看看吕布是怎么对他们的,你觉得吕布的话可信吗?"

随即,曹操在发给自己统辖下各个总监的信函中加了一个附件:对于吕布,永不录用!

诚然,吕布的才华是不容置疑的,在市场上他所向披靡,攻无不克、战无不胜,这让吕布无论到哪里都会受到重视。但是,没有忠诚心的人,永远不会受到老板的待见。

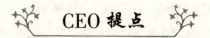

CEO 提点

评定一个员工的能力,他的忠诚度也应该在考验的范围内,而且应该是很重要的。一个对企业不忠诚的员工,不会百分之百地为企业贡献力量,甚至会带来危害,这样的人能力再强也不堪大用。

"斩"杨修,恩威难测

杨修是曹操的秘书,很能揣摩曹操的心思。曹操觉得留这样的一个秘书在身边,太"危险了",索性找个理由开掉了杨修。

东汉集团总裁办秘书,这是杨修职场生涯中最高的一个职务,也是最后职务。随后,杨修就被他的老板曹操干掉了,理由是擅权——假借 CEO 之名,擅发指令。

杨修和袁绍一样,出身"四世三公"的名门之家,到东汉集团之后,曹操见杨修才气不凡,就把他留在总裁办,做自己的秘书。

对于自己钦点的这位秘书,曹操还是很赞赏的。曹操的事业处在草创时期,事务繁杂,但是杨修都能够帮助曹操打理得井井有条,而且杨修悟性很好,对于曹操的意思理解得很透彻,很多时候有些话不用多说,杨修都能把它办得很到位。对于这样的秘书,任何 CEO 都会感到喜欢,因此曹操对杨修很是亲近,杨修的地位因此也显得格外尊贵,很多经理、乃至总监一级的要员也都很敬重、甚至讨好杨修。

然而,有一点是杨修没有理解到的,就是尽管任何一个 CEO 都希望自己的秘书贴心,能够体会到自己的用意,但是他们绝不愿意自己完全被秘书彻底地拆穿、

看透。作为一个 CEO，本来就应该是高高在上、恩威难测的，本来就应该让人搞不清，摸不透，这样在心理上才会有安全感，但是杨修却把这种对老板的了解变成了一种宣扬，让别人以为只要巴结好了杨修，就能够掌握老板曹操的心思。

曹操第一次对杨修心生疑虑是"花园事件"。

曹操新买了一套住宅，装修过后，工匠们请曹操验收。

工匠问曹操："曹总，您觉得怎么样啊？"

曹操转了一圈，不说话，当即在院子门上写了一个"活"字，然后很潇洒地离开了。原本，曹操想写个哑谜戏弄戏弄这些工匠。

过后，杨修跑过来告诉工匠："门里面加个'活'字，就是门太阔了，你们把门修得窄一些。"

等曹操再次来到院子的时候，发现门窄了，自己戏弄工匠的目的破产了。曹操弄清楚事情原委，表面上夸杨修贴心，实际上对杨修心生不满。

此后不久，曹操的客户送给曹操一盒土特产——酥。在开早会时候，曹操把这盒酥拿了过去，在上面写了三个字"一合酥"。曹操当时正是意气风发，想要展示一下自己在智力上的优越感，当看到手下的总监、经理们不明所以时，曹操心里很是得意。谁料，这时候杨修又站了出来，把这盒酥给众人分了，而且点破了曹操的用意：一合酥三个字拆开就是一人一口酥，意思就是把这盒酥分给大家。

曹操想自己出出风头，结果风头被自己的秘书抢了，心里自然不悦，更重要的是，杨修给众人留下了能可以"体察上意"的印象。曹操不禁觉得杨修在身边，自己有些"不安全"。

由于杨修可以"体察上意"，很多人开始结好杨修，并且试图从杨修这里窥测老板曹操的心思。实际上这时候，如果杨修聪明的话，就应该低调些，装得傻一些，所谓韬光隐晦。但可惜，杨修非但没有如此，反而更是张扬。终于曹操忍无可忍了，决定找个借口干掉杨修。

在曹魏集团开发汉中市场的时候，曹操的机会来了。当时的汉中市场，是巴蜀和曹魏两个集团相争，由于大区经理夏侯渊的指挥失当，局面对曹魏集团很不利。

这时候，销售总监夏侯惇找到杨修："杨秘书，你说我们在汉中这就这么耗着也

不是个事啊,你看老板到底是什么打算啊。"

杨修故作高深地笑了笑:"今天中午吃饭的时候,我听见老板念叨'鸡肋'。鸡肋这东西,食之无肉,弃之有味。这汉中就是鸡肋,我看那,咱老板吃不着这肉,不久就会收手,你还是叫销售部的人准备撤吧,别到时候白忙。"

结果,销售的人真的开始做撤出汉中市场的准备。曹操了解到这个情况后大怒,找来夏侯惇质问。

夏侯惇一脸无辜:"老板,是杨修说的啊!"

曹操脸一绷:"杨修说的?我问你,是杨修说的算,还是我说的算,这里谁是老板!"

夏侯惇见曹操发火了,不敢说话了。曹操让夏侯惇把杨修叫来当场对质。杨修顿时没话说了。

曹操冷哼一声:"杨秘书,你行啊!连堂堂的销售总监都听你的啊,够威风的!我问你,我什么时候说撤出汉中了,谁让你传话了,谁给你的权力,谁给你的指令?"曹操越说越气,"今天你假传命令,明天你还想干什么,要不要我把位置让出来给你!"

就这样,杨修在东汉集团的生涯结束了。杨修的失败,不在于才能不济,而在于不了解 CEO 的权术之道。

作为 CEO,首先要树立威信,要有自己的威风,风头是自己的,功劳也是自己的,被一个小小的秘书抢了威风,是绝对不可原谅的。其次,CEO 希望自己的属下能够体会自己的心思,更要忌讳属下擅自揣摩自己的心思,更忌讳属下擅自做主,因为这是对 CEO 的一种挑战,一旦纵容,时间久了就很可能被架空。对于曹操这样集权型的 CEO,这种情况万万不允许出现。

CEO 提点

管理者最忌讳的就是被下属猜透心思,这样一来下属往往会投其所好,管理者容易被麻痹,而看不清正式的状况,最终使企业陷入危境。

曹氏集团，继任的那些高管们

守成的 CEO，曹二代

　　曹丕和曹植都是曹魏集团 CEO 接班人的有力争夺者，曹操本来更喜欢曹植，但是曹植的心机太浅，最终曹操还是选择了曹丕。

　　曹丕，作为典型的开拓型 CEO 曹操的接班人，是一个典型的守成者。

　　从性格上讲，曹丕更求稳妥，换一种说法，就是缺少激情。这一点，曹丕同当初与他争接班人之位的曹植相比而言大相径庭。曹植更张扬、更飘逸，而且一度在接班人之争中建立了优势，但最终还是被曹丕算计了，见恶于曹操，在接班人之争中失势。

　　曹丕能够上位，归功于身边的谋臣。这充分说明了一点，一个人成功的后背，往往是支撑他的团队的成功。当时围绕他身边的司马懿、吴质等没少为曹丕接班出谋划策：一方面设法使曹丕迎合曹操的心意；一方面使伎俩打击曹植。

　　曹植文人气质重，率性而为，但在心机上远不如曹丕。曹丕躲在暗处韬光隐晦，时不时放暗箭的时候，曹植还在那里张狂地给曹丕当靶子。

　　曹操决定确立接班人的时候，曹操找来了贾诩，问贾诩有什么看法。贾诩是个有大智慧的人，深明接班这种事不是自己这种打工仔好谈论的，于是他很隐晦地说了这么一句："老板，我想起了被咱们干掉的荆州刘表，冀州袁绍。"

　　贾诩的回答实际上是很厉害的，蕴含着很明确的指向性，表面上什么都没说，实际上说得清清楚楚。刘表的幼子刘琮接班，最终刘琮坐拥荆州而不能守。袁绍让幼子袁尚接班，结果大儿子袁谭不满，闹起内讧，被曹操趁机一举搞垮。所以，贾诩是什么意思，曹操自然清楚。

曹操是一个有主意的人，不会盲从于贾诩的意见，而且袁绍、刘表当时的处境与现在也不同。但是，贾诩的话让曹操想到了另一点，就是这两个人的心机。曹操权衡，如果选择曹植接班，那么曹植能应付得了这帮心智极深的大臣么？答案是不能！

以往，曹操并不是很中意曹丕，曹丕沉稳的性格曹操是知道的，就是因为太沉稳，开拓性不强，曹操预料到曹丕未必能够打垮孙、刘两家，实现曹魏集团的全国性大垄断。而曹植，生性张扬，有侵略性，用曹操的话说，曹植是自己的儿子们中"最可定大事"的一个。

而从这一刻起，曹操突然意识到，曹植虽然有攻击性，但实在是不善权谋，恐怕连手下的这一班大臣都搞不定。如果安内都做不到，如何能攘外呢，集团接班人的人选在曹操的心中清晰了起来。最终，长幼有序，曹丕得以成功接班，尽管整个过程并不是一帆风顺。

曹丕是一个沉稳的人，他为曹魏集团设定的经营策略也是沉稳为主，先扎好篱笆，然后再图发展。接班以来，曹丕首先和人力资源总监陈群推行了一套当时最先进的人才管理体系"九品中正制度"。而后，曹丕将曹魏集团从东汉集团这个空壳子中脱离，自成一体，登上了曹魏集团董事长兼CEO的位置。与此同时，曹丕开始回收各个大区老总的权力，使各个大区的老板们不再享有独立的财政、人事权力，一切都归集团总部统一调配。这也是曹丕对于管理松松垮垮的东汉集团的一种矫枉。

可以说，曹丕是一个行政主导的CEO，他注意曹魏集团内部的员工教育，重修孔庙，封孔子后人为宗圣侯；重视集团内部文化的创建，修复洛阳，营建五都，推广儒学文化；采取战略防守，恢复生产，与民休息。

在曹丕的治理下，曹魏集团成了一个制度先进，生产领先，手里拥有庞大现金流的企业，虎视眈眈地审视着东吴和巴蜀集团，随时有可能实施吞并。但是，这样一个曹魏集团最终还是缺少了些侵略性。

在与巴蜀集团的交锋过程中，曹丕为集团制定的是主守战略。无论是启用司马

懿还是曹真负责市场，很少主动对巴蜀集团发起进攻，相反，要时不时地抵挡来自巴蜀集团 COO 诸葛亮的进攻。

可以说，CEO 曹丕的曹魏集团不仅在侵略性上较前任 CEO 曹操的时代有所下降，扩张能力也大幅降低。虽然曹魏集团曾向当时相对积弱的东吴集团发起进攻，但都是草草收场。而且，在曹仁和张辽两个出色的大区经理过世之后，曹魏集团的扩张能力进一步下降。结果曹丕在有生之年终究没使曹魏集团有实质性的飞跃。

如果单纯的作为一个守成的 CEO，曹丕无疑是十分出色的，他在管理集团内务上面能力非凡，为集团的长期发展打下了一个坚实的基础。但是，CEO 曹丕所处的是一个大并购时代，时代的主流是扩张，这样一来，曹丕的表现就显得有些让人失望了。一个 CEO，最主要的就是让自己的企业的发展顺应时代的脚步，做不到这一点，就算他在其他方面做的再出色，也不能算是一个优秀的 CEO，而这正是在行政上有着卓越才华的曹丕被人所诟病的原因。

CEO 提点

选接班人不是选道德模范，并不是越高尚的人越能管好企业，企业管理最终靠的是内外兼并、谋略和扩张力。

睿者不睿的曹三代

曹叡是曹魏集团第三代 CEO，在他的领导下，曹魏集团四平八稳，波澜不惊，但他一定不会想到自己临终的一个决定，会让曹魏集团陷入万劫不复之地。

曹魏集团的第二代 CEO 曹丕去世的时候，把接班人曹叡托付给了四大总监：曹真、司马懿、陈群、曹休。从曹丕指定的托孤人选上来看，除了陈群是内政的高手之外，剩下的三人司马懿、曹真、曹休无一不是极具侵略性的人物。按照曹丕的意思，他希望曹叡能够开拓进取，实施积极的战略，一举吞并巴蜀、和东吴两大集团。

上一代领导者如果有自己未尽的事业，往往会将希望寄托在自己的接班人身上。曹丕一生专注于曹魏集团的内部治理，高砌墙、广积粮，但是始终在外事上没有什么进展。魏、蜀、吴三大集团鼎足而立的局面没有任何变化。

如今，曹魏集团的积累已经足够，是到该实行扩张的时候了。

曹叡一上任，就表现出了不错的能力。巴蜀集团的 COO 诸葛亮，东吴集团的 CEO 孙权都认为曹魏集团领导人更迭，会带来大的人事变动，出现管理上的松动，反应和决策能力会大大的下降，因此都选择了这一时期向曹魏集团发起进攻。

先是东吴集团率先发难，孙权趁曹叡刚刚上位，对集团环境尚还陌生，突然开始掠夺曹魏集团在江夏的市场。江夏区域的经理和孙权抵死相拼，局面相持不下。集团内的高管们都建议应该驰援江夏，曹叡摇摇头，他有自己的判断。曹叡认为孙权这次应该是袭击江夏市场，一击不中必然会收手。曹叡的判断是正确的，这次曹叡展现了作为一个 CEO 良好的判断能力，孙权不久就如曹叡所料，收手了。

东吴集团袭击江夏没多久，巴蜀集团又有动作了。李严暗中拉拢曹魏集团坐镇新城的大区经理孟达进行策反工作。原本，孟达是巴蜀集团的人，后来因为工作上的失误，害怕遭到责罚，跳槽到曹魏集团。当时曹魏集团的老板曹丕对孟达还是很看重的，任命他为新城大区的经理，主管房陵、上庸、西城的业务。孟达在李严的诱惑下，决定倒向巴蜀集团。

不料这件事被泄露了出去，曹叡的能臣司马懿当机立断，在未通知老板曹叡的情况下，连夜赶到孟达所在的上庸关，将孟达拿下，平息了叛变。事后，司马懿才把这件事上报给曹叡。孟达身为大区经理，如何处置本是重大事件，按理应该由曹叡作出决定，司马懿才有权利采取行动。如今，司马懿由于事出突然，所以先斩后奏，越权行事，曹叡得知情况，并没有责罚司马懿，相反表扬司马懿的临机决断，行动果决。在这一点上，曹叡表现出了一个 CEO 的雅量和宽容。

由于 CEO 的连番更迭，曹魏集团对巴蜀和东吴集团的控制力的确有所下降。特别是巴蜀集团，CEO 刘备悍然发动了对东吴集团的并购之战，结果大败而回。这本是巴蜀集团的不幸，但对诸葛亮来说却是大幸。一来，唯一能压制自己的老板刘

备不久心力交瘁、去世了;二来,向来制衡自己的董事会集团,也就是关、张系统,在这次进攻中也消耗殆尽,保持中立的黄忠也去世了。而自己系统的人则完好无损,这给诸葛亮实行独裁统治创造了便利条件,诸葛亮抓住机会,独揽大权,以市场为导向,积极准备对曹魏集团宣战。

曹叡针对内外环境,制定了一攻一防的企业战略,对积弱的东吴集团施行进攻,以期获得更大的市场。对巴蜀集团施行积极的战略性防御,消耗巴蜀集团的实力。无疑,这一次曹叡做对了。巴蜀集团的势力终究不如曹魏集团,打消耗战的话,绝对不是曹魏集团的对手,何况进攻方的消耗要比在防守一方的消耗更大。

在曹叡的主导战略下,东吴集团前途危如累卵,始终没有得到一个好的稳定的发展环境,而巴蜀集团则被消耗得由盛转衰,江河日下。

如果我们只看上面曹叡的表现的话,曹叡应该是一个英明的CEO,何来"睿者不睿"之说?

问题就出在曹叡的身后事上了。一个真正合格的CEO,不光是要在任期内经营好自己的企业,更是要安排好接班的事宜,让企业能够在自己离任后获得很好的发展。

曹叡英年早逝,只能选择幼子继位实属无奈,但是他错就错在托孤大臣的选择上,一个司马懿,一个曹爽。对于托孤权臣的选择,有一个原则是CEO必须遵守的:各种势力相互之间能够相抗衡,实力要在伯仲之间,形成相互制约。但是曹爽的实力显然要比司马懿强,最后曹爽打压司马懿独掌大权。接着,司马懿又设计干掉了曹爽一家独大,将曹魏集团接班的小CEO掌控在手中,变成了自己的傀儡,曹魏集团无奈地重演了当初东汉集团败亡的那一幕。

CEO 提点

CEO在给接班人挑选辅政班子的时候,一定要照顾到各个势力之间的平衡,以及他的持久性。一旦这个平衡不能形成或者骤然断裂,就会出乱子。

贾诩,从职场达人到市场部老大

贾诩前半生漂泊,在经历了年轻跌跌撞撞的情况之后,后半生变得低调,且沉稳老辣,"老而不死是为贼"就是对贾诩最好的评价。

贾诩这个人,或许是当世最聪明的人了。贾诩的聪明不在经天纬地,不在治国安邦,而在保全自身,让自己实现利益最大化。这一点,看看那些和贾诩同期权谋人物的结局,就可见一斑:郭嘉远征途中病逝,荀彧被老板逼死,荀攸受猜忌抑郁而终,只有贾诩熬到市场总监的高位,而后得以善终。

和荀彧、陈群这样的名流不同,贾诩出道的时候没有什么名气,属于实实在在的草根,曾经一度得到东汉集团储备干部的职位,但是由于一场大病,丢了工作。在回家的路上,贾诩遇到了一群打劫的,他泰然自若地捏造自己是当地驻军司令的亲戚,劫匪被贾诩蒙住了,没敢动贾诩,和贾诩通行的其他人则无一幸免。这就是贾诩的生存智慧。

贾诩真正出名是在总监李傕、郭汜内乱的时候。当时董卓给吕布搞下台,作为董卓的亲信,李、郭二人打算引咎辞职。贾诩说:"现在你们两位是过街老鼠人人喊打,免职是早晚的事,咱们光脚的不怕穿鞋的,为什么不去和吕布争权呢?失败了大不了还是免职,但是若成功了,东汉集团就是你们掌权了。这可是只赚不赔的买卖啊!"结果李、郭返回总部,赶跑了吕布,将东汉集团又祸害了一番。而贾诩就是因为这么一个馊主意一炮走红,名满天下,这也正是贾诩出这个主意的目的,拿李傕、郭汜为自己操作,使自己能够从草根一夜变成红人。

李傕、郭汜把持东汉集团不久,两人内讧,贾诩从中脱身,跳槽到段煨的公司。段煨知道贾诩的才能,但是又很忌惮贾诩,表面上敬重,私下里提防。贾诩是个明哲保身的高手,自然看出段煨的心思,没多久就向段煨辞职,跳槽到张绣的手下。

在张绣手下时,贾诩帮助张绣重创曹操,最终在袁绍和曹操的双向选择中,引

导张绣投靠了曹操。贾诩给张绣分析：曹操行代理 CEO 的职权，名义上是东汉集团的总裁，我们投靠他不叫投降，而是听从总部号令，名正言顺；曹操当时的力量不如袁绍，如果帮助曹操就如同雪中送炭，因此会得到曹操的重视；另外，曹操此时正在收买人心，投靠他，他会不计前嫌。

张绣听从了贾诩的意见，转投曹操旗下，至此，贾诩几经辗转进入了曹魏集团。要说贾诩劝说张绣倒向曹操完全是出于为张绣考虑，这点恐怕没人相信。特别是曹操，一眼就看穿了贾诩的用意。所以曹操才会一边拉着贾诩的手，一边说："你劝张绣投靠我，是帮我成全美名呢吧。"实际上，曹操是在告诉贾诩，你假公济私、拍我马屁我是知道的，你我都是明白人，在我这混你得老实点。

果然，在收到老板曹操的警告后，贾诩一收之前的张狂，他知道自己的过去并不光彩，所以开始夹着尾巴做人，一直韬光养晦，轻易不发一言。除了在曹操和马超的冲突中，贾诩策划了马超和韩遂之间的内讧，其他并无什么有实质性影响的建议。但总体上看，他淡出江湖的意味正日益明显。

特别是在贾诩的晚年，当时荀彧、荀攸这两位总监都已不在了，换成一般人定会认为该是轮到自己出场了。但是贾诩的做法正相反，他更加地低调了，闭门不出，谢绝交游。为了杜绝他人猜疑，处理儿女婚嫁之事，他也力避攀附名门。贾诩知道，这是最凶险的时候，因为曹操也老了，不得不考虑"身后事"，这时候张扬，定会被曹操干掉。

尽管贾诩极力避免麻烦，但麻烦还是找上了门。什么麻烦呢？就是前面讲到的曹操询问贾诩接班人的事情。听到贾诩的话，曹操笑了，曹操的笑一方面是因为在接班人的人选上，自己已经有了主意，另一方面是对贾诩表现出的畏惧感到满意，贾诩通过了曹操的考验。

曹丕接班后，贾诩提升为市场总监，要知道以往这个职位都是由曹家的人担任。曹丕任命贾诩这个职务，一方面肯定了贾诩的材质和资历，一方面还是感激贾诩对自己的"拥立"之功。贾诩就是靠着门不张不扬的功夫，爬到高位，善始善终。

也许，会有人疑问，对于这么低调一个贾诩，曹魏集团的 CEO 何必要厚待之。实际上曹操心里最有数，像贾诩这样的人，最不为竞争对手所用，这就是最大的好处。

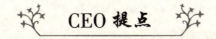

> 对于一些危险的人才，即便不去重用他，就是花高价把他供起来也是值得的，也许在供养他的时候会觉得这是浪费，但当他帮助别人对付自己的时候，那是多大的一笔开支。

从擅权到篡权的曹爽

曹魏集团实际上是毁在曹爽手里的。曹爽最初是一个很谦和低调的人，但是后来随着权力的提升，野心越来越大，终于犯了众怒，惨淡收场。

曹魏集团的覆灭，最大的罪人就是这位 CEO 曹爽先生。

曹爽是曹魏集团创始人曹操的孙子，前任 CMO 曹真的长子，和曹魏集团的董事长兼 CEO 曹叡的关系很好，以哥们相称。曹叡临死的时候，把这位好哥们叫到身边，拉着手对曹爽说："哥们，我不行了，你侄子曹芳我就托付给你了，你帮我好好带带他。咱都是自家人，你办事我放心。"

曹爽点了点头："你放心吧，咱俩谁跟谁啊，我还能亏待自己侄子吗？"

听到曹爽的话，曹叡眼睛一闭，放心地去了。曹爽叹了口气，心想："能亏待咱侄子吗？能！还真能！"

由于继任曹魏集团的董事长曹芳年少不更事，CEO 的职位就交给了曹爽和司马懿，当时的曹魏集团施行的是双总裁制。

一开始，曹爽凡事皆与司马懿商议，不敢专行，司马懿也觉得曹爽这个人很能干，和自己协调配合得很好。但实际上，曹爽是个极有野心的人，他只不过是先摆出一个姿态，获取集团上下的信任而已。

在赢得集团上下一致的好评之后，曹爽开始执行自己的擅权计划了：

第一步:在要职上安插曹氏族人做自己的亲信。对于这一点,另一位总裁司马懿是没有办法的,因为曹爽"名正言顺"。曹魏集团本身就是曹家的家族企业,现在总裁曹爽要在企业内安插曹氏中人,扩充曹氏的势力,作为外姓的总裁,司马懿是不好说些什么的。

第二步:明升暗降,架空司马懿,削去司马懿的实权。在要害部门安插曹氏中人,司马懿自然会看出曹爽暗中排挤自己的用意。接着,曹爽又拟定将司马懿的亲信升职,但是新的职位往往没有实权,实际上就是架空司马懿。由于此前,曹爽通过在企业培植曹氏势力,赢得了董事会的好感,所以董事会对曹爽的这次动作也默许了。

第三部:用自己的人去填补司马懿的人升值留下的空缺。当曹爽下这一步棋的时候,曹爽的野心已经大白于天下了。但是有了前两步的积淀,即使被识破,也没有人有能力去阻止曹爽了,曹爽大可简单、粗暴地执行这一步。

这样,曹叡定下的双总裁制名存实亡,对于曹魏集团的一切事情,曹爽根本不跟司马懿商议,大多是权衡轻重后再询问司马懿,尔后甚至连询问司马懿的看法都免了,开始了专权统治。

可以说,之前曹爽打压司马懿的手腕是极其高明的,也充分证明了曹爽确实是个人物。但是权力的腐化作用也是惊人的,没有了司马懿的牵制,独揽曹魏集团大权的曹爽开始了任意妄为。

好大喜功是独裁者的通病,这一点无论是曹操,还是诸葛亮都难免于此,何况曹爽?为了彰显自己的名声,曹爽重新提出了对巴蜀集团发动攻击的议案。司马懿提出异议,认为巴蜀集团在蒋琬、费祎两任CEO的治理下休养生息,已经从诸葛亮扩张政策的损耗下缓了过来,这时候对巴蜀集团发动市场攻势没有意义。但是曹爽哪里会听司马懿的话,最终这次行动以曹魏集团失败而告终,曹魏集团损失不小。

这次失利让曹爽认识到,目前曹魏集团尚不能实施扩张政策,曹爽的注意力随之转移到了内政上来。哪知,这对曹魏集团来讲是更大的灾难。

将精力放在集团内部的曹爽横行霸道,一方面侵吞集团的财务为己有,一方面无视董事会。原本,曹魏集团是属于曹芳的,曹爽虽然是曹氏中人,但终究是客而非

是主。但是曹爽这时候想的却是如何把曹魏集团的所有权归在自己的名下。

曹爽的所作所为引起了集团上下的一致不满，就连曹爽的弟弟COO曹羲对此都甚为忧虑，多次劝谏，但曹爽根本不听。老谋深算的司马懿觉得机会来了，他表面上装作生病，不理事，暗中开始联系销售总监蒋济等人，打算推翻曹爽。

所谓盛极必衰，这是任何一位CEO都要时刻铭记的道理，在自己最辉煌的那一刻，也许下一步就将跌落到深渊。在CEO位置上优哉游哉的曹爽多次带着自己的亲信出行，旅游度假。曹爽的财务总监桓范提醒曹爽，最好不和COO曹羲一同离开公司外出，以免公司出现变化。但是曹爽不听。这时的曹爽骄横到了极点，已经是无所顾忌了。

这次，董事长曹芳带着CEO曹爽、COO曹羲到高平陵祭祖。被曹爽打压已久的司马懿立即召集自己联系好的高管们在洛阳召开集团大会，商讨罢免曹爽CEO和打击曹爽集团的会议。由于之前董事会对曹爽的作为也已经忍无可忍，曹芳去高平陵之前已经授权董事会做出任何决议，结果很快就出了结果，董事会决定将曹爽免职，由人力资源总监高柔接替曹爽的职务。

曹爽的财务总监桓范连夜跑到曹爽那里，跟曹爽说了事情的始末，并且提出意见：毕竟现在我们手中还有一定的职权和资源，而且董事长也在这里，我们可以凭此和董事会那边对抗。

但是，曹爽毕竟是曹家子孙，知道一旦搞如此大规模的内耗，曹魏集团就完了，最终还是接受了董事会的决议，引咎辞职。至此，曹魏集团的大权旁落到了司马氏的手里，曹氏的末日不远了。

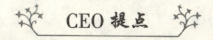
CEO 提点

任何时候、做任何事情都不能做得太绝，一定要有分寸，否则把人逼急了，穷则生变，最终自己难免不受损失。

最危险的总裁,司马懿

　　司马懿并不是一个篡权者,事实上他对曹魏集团可以说是忠心耿耿,他扳掉曹爽也适应曹魏集团的形势,为公不为私,只不过后来的作为让司马懿不得不带上这个"篡权者"的帽子了。

　　司马懿是曹魏集团继曹操以来最有能力的总裁,而正是司马懿卓越的才华造就了曹氏家族最终的不幸。

　　司马懿的出身虽然算不上显贵,但也非平常人家,家里多位长辈在东汉集团身居要职。年少时司马懿便颇有名望,由于他的哥哥司马朗恰在曹魏集团供职,曹操听闻此人,便提供了份职位,想聘司马懿为己用。但是,起初司马懿并不看好曹操,所以就拒绝了。后来曹魏集团的实力逐渐变大,曹操再次聘请司马懿。在曹操的"威逼利诱"之下,司马懿决定出山了。

　　但是最开始,司马懿在曹魏集团的发展很不顺利。曹操在面试司马懿的时候觉得这个人才华绝对没有问题,但是野心太大,一旦这两样东西结合在一起,就很难被管制了。实际上,曹操自己就是这样。

　　所以在最开始,曹操刻意地去压制司马懿,司马懿的日子过得很委屈。既然曹操这个老板指望不上,司马懿只好另找棵大树依靠,结果他选中了曹丕。

　　司马懿豪赌曹丕会成为 CEO 曹操的继任者,事实证明,司马懿赌对了。所谓跟对人,站对队,司马懿傍着曹丕,从而飞黄腾达,一举成了 CEO 曹丕治下的曹魏集团炙手可热的人物。

　　可惜曹丕命不长,在 CEO 的位置上做了五年就病逝了。曹丕临死的时候,任命四大总监共同打理曹魏集团,其中就有司马懿,余下的三人中,一个是曹魏集团的创业元老 CHO 总监陈群,另外两个是曹氏宗族的曹休和曹真。

　　在 CEO 曹叡时期,司马懿的工作主要是抵制巴蜀集团 CEO 诸葛亮的扩张战略,而且收到了不错的效果。尽管在此期间,司马懿受到了曹氏家族的排挤,但他还是凭借能力,取得了CEO曹叡的信任。曹叡去世之前,指定司马懿和曹爽共同辅佐继任老板曹芳。司马懿三度成为了"托孤大臣",这是很罕见的。

但是这一次,司马懿的工作可没有以前那么轻松了,因为这一次他的对手是曹爽。曹爽的野心和手腕是很厉害的,在初期,司马懿被曹爽打压得很惨。但是司马懿有一个优点,就是能忍。能忍的人,是危险的,而且忍耐力越强的人,越是危险。

针对曹爽的打压,司马懿使出了一招欲擒故纵:妥协退让。司马懿这么做是有目的,就是使曹爽越发地嚣张跋扈,最终在曹魏集团离心离德,多行不义必自毙。

司马懿算定,曹爽的权力欲望的膨胀是无极限的。因为曹爽的身份不同,他本身就是董事会曹家的人。当他的权力膨胀到极点的时候,必然会想取曹芳而代之,把曹魏集团的所有权记在自己名下。而这时,就是他众叛亲离的败亡之时。

所以,当曹爽剥夺司马懿的权力时,司马懿予以配合;曹爽将司马懿的人明升暗调,司马懿也无异议。最绝妙的一招就是装病。司马懿装作恶疾缠身,寿命将尽的样子来迷惑曹爽,让曹爽认为自己彻底被打垮了。

曹爽果然被司马懿迷惑了,认为司马懿彻底完蛋了,在曹魏集团之内,没有人能够成为自己阻碍。当一个人的权力达到极点而无所制约的时候,往往会有种种倒行逆施的表现,曹爽也不例外。在打垮了司马懿之后,他犯下了一个让他万劫不复的错误:把下一个对手换成了老板曹芳。

而此时的司马懿,实际上在暗中结党,凝聚力量。司马懿的结党方式很高明,不仅仅是联络自己的老部下,而且尽可能地扩大阵营,包括一些原来在曹爽、司马懿阵营之间的中立者,甚至连看不惯曹爽做派的曹家人都团结了起来。

就这样,很奇妙的一件事发生了。曹魏集团的董事会居然支持一个外人司马懿去对付同样是自己家族的董事局成员曹爽。司马懿集团和曹爽集团的力量已经发生了大逆转,而这一点,由先前谨慎低调变成如今飞扬跋扈的曹爽丝毫没有感觉到。所以在高平陵,曹爽得知自己已经被司马懿主持的董事会炒掉的时候一点反抗都没有,束手就擒了。

司马懿搞掉了曹爽,曹魏集团进入到了司马家执掌大权的时期。凭良心说,

CEO 司马懿对曹氏家族是忠诚的，但是这种忠诚并不能保证司马懿和他的小集团不做出损害集团利益的事情。一旦一个独裁的 CEO 失去了集团对他的约束和权力上的制衡，那么发生变异是很容易的。

司马懿在退休之后，把大权交给了自己的两个儿子司马师和司马昭。这两位对曹魏集团可没有司马懿忠诚，最终司马昭凭借自己手中不被约束的权力，让曹魏集团重复了东汉集团的故事。

❧ CEO 提点 ❧

隐忍是一种高深的智慧，在 CEO 身上是极难体现的，所以才愈见珍贵。身处逆境，只有忍常人之不能忍，最终总会拨云见日的。

CEO 刘：
没落贵族的白手起家

草根起家,借着名望寻风投

创业,你得有个噱头

> 刘备是个没落的贵族,但是又不甘心于没落,一次,刘备在大街上瞎忽悠,居然骗来了两个人愿意跟自己创业,反正是花别人的钱,玩玩就玩玩吧。

刘备这个人,不一般。

刘备的祖上据说是超级企业东汉集团的拥有者刘氏家族的本家,当然这都是祖宗十八代以前的事了,想考证也不是那么容易,何况后来刘备愣是攀上了这门子亲戚,所以就姑且算是豪门之后吧。

小时候,刘备家里很穷,而且他很早就没了父亲,在叔父的帮衬和照料下长大。和很多成功的创业者一样,刘备的学历不是很高,但是胆大、敢干。

尽管家境不好,但是刘备向往奢侈的生活,音乐会、奢华的时装、座驾、宠物都是刘备喜欢的,除了读书。那时候,刘备很羡慕东汉集团老总的那辆座驾,他跟叔父说,早晚他要开上那辆车。刘备的这句话把他的叔父吓了一跳,没想到自己的侄子有这样的志向,此后叔父对刘备更是精心照料。

从小时候的性格来看,刘备很有当年西汉集团创建者刘邦的个性。至于后来刘备温和的形象,大概都是因为角色需要,演给别人看的。

刘备长大之后,不甘于平庸地混日子,为了满足自己对奢华生活的向往,他打算创业,更希望坐到东汉集团大老板的位置,拥有那辆让他童年时期梦寐以求的座驾。

那时候东汉集团日薄西山，在市场上的控制力每况日下，一些民企，像黄巾集团如雨后春笋纷纷冒出来。混乱的形势给了刘备创立一番伟业的可能。

创业需要本钱，可是刘备一穷二白。要钱，刘备可没有；贷款，刘备也没有抵押担保，刘备唯一的出路就是找风投。

找风投这种事情，说白了就是全凭忽悠。你得有个好的噱头，能够打动投资人。以往，那些去找大风投的人，无一不是拿着权威的认定机构证明，去忽悠投资者，比如，许邵事务所、孙盛事务所、郑玄认证机构等的鉴定。

像刘备这样，既没实力，又没学历，得到这些机构的认定是很难的，要想去忽悠那些大的、资深的投资家，基本没有可能，所以他也放弃到那些著名的风头机构去引资。刘备把目光放在了那些小的、刚创建的、门槛较低的，甚至比较"傻"的投资者上面。

刘备的这种策略很精明。纵然，从大的风投机构拿到钱是一件很有面子的事情，但是面子没什么用，大风投给的钱和小风投给的钱没什么不一样的，都是钱。对于需要找风投的创业者来说，重要的是拿到钱。

就这样，刘备把引风投的对象定位在小的创业投资者。不久，他的目标就出现了，土财主张飞。严格的意义上来讲，张飞算不上是一个投资者，他从来没有做过投资。张飞本是个杀猪卖肉的，在生意上很有策略，所以买卖越做越大。张飞看到东汉集团日薄西山，各个地方的山寨作坊纷纷而起，隐约地觉得这里可能有新机会。但是自己单干的话，又没有项目，心里也没有底，所以他想要做创投。

结果，命运就这样巧妙地把刘备和张飞这两个人联系到了一起。

张飞虽然没有做创投的经验，但是能成为土财主也是需要一定智慧的，要让他心甘情愿地往外掏银子，也不是那么简单的事。

这关键就看刘备的忽悠能力了。刘备见到张飞时，一上来就把张飞唬住了："我是刘备，是东汉集团刘氏家族的人，我的祖上是'中山靖王'。"

刘备的开场白一下子就把张飞唬住了，在那样一个社会环境中，这样的名头确是很有价值。刘备看到张飞被自己蒙住了，赶忙趁热打铁："我的创业项目就是时下里最火爆的'争天下'，相比于其他创业者，我的优势我想张老板你一定能看

得出来，就是我非同一般的身份。我背后是庞大的人脉资源和别人所不具备的舆论优势。"

张飞完全被刘备征服了。因为这一点在当时的创业环境下，确是很核心的两个成功要素。有钱的人很多，但是这种庞杂的人脉网络和与生俱来的对舆论的影响力不是谁都具备的。张飞被刘备忽悠的热血沸腾，也顾不上去核查刘备此言的真实性和有效性，当即决定和刘备合作。

在刘备和张飞商讨创投事宜的时候，又一个人加入了，这个人就是关羽。关羽和刘备一样一穷二白，但是关羽很有能力，这一点在与关羽的谈话中，刘备、张飞都感觉得出来。所谓人才难得，当即刘备、张飞决定把关羽也吸收进来，组成刘、关、张三人创业团队。

经过三人的磋商，刘备凭借自己的"软实力"拿到了更优厚的条件：刘、关、张合伙创业，刘备以渠道等"软价值"入股，关羽以技术等"软价值"入股，张飞以现金入股，在股权分配上，刘备控股并担任企业的董事长。

就这样，原本一穷二白的"没落贵族"，靠着玩噱头的本事，空手套白狼地忽悠来了创业的启动资金和所必需的人才，开始了自己为之奋斗一生的"争天下"的事业。

✿ CEO 提点 ✿

> 不管做什么事，最好能找到一个噱头，噱头的本身没有什么意义，但是往往能激发人的斗志和激情。

哥们儿够意思，合伙立山头

刘备知道自己忽悠不了别人多久，要尽快地和关、张建立感情才是权宜之计。于是刘备想到了拜把子，反正自己年龄比这两人大，最后肯定是自己占便宜。

一个成功的企业，在其创业初期必须要有稳定、和谐的创业团队和权力构架，这也是刘备在忽悠关羽、张飞入伙创业之后最先考虑的问题。

刘备心知肚明，关、张的加入，最主要的因素就是自己利用"汉室宗亲"的身份给了关、张一个美好的企业发展，忽悠了他俩。这种忽悠可以在很短的时间内起到效果，却不具备长期的效力。随着时间的推移和彼此了解的加深，关、张一定会看出来自己在忽悠他们，到时候这个创业团队就会有分崩离析的危险。

为了避免这种情况的出现，刘备决定以"感情维系"代替这种"利益维系"，培养团队感情，到时即便自己被识破了，关、张也拉不下脸来对自己横加指责，相反还有可能表示理解，这即是情感的非理性力量。

相比于精英曹操走的"利益维系"路线，刘备实在拿不出什么实在的利益去吸引他的两个合伙人。曹操有技术、有资金，这些人跟着曹操干能够得到他们单打独斗所得不到的利益和前景。但是刘备不行，刘备要技术没技术、要钱没钱，就有一个"贵族"的噱头，还不顶用，至少在创业初期很难带来现实的利益。

刘备的自身条件决定了他无法像曹操那样走高端的"精英模式"，他创业只能靠走"江湖"路线。所谓江湖路线——坑蒙拐骗！当然，这种坑蒙拐骗是有道德界限的，不能背离主流的价值、道德观念，最讲究的就是情义。而关羽、张飞这两人本身就是江湖气息很浓重的人。张飞杀猪卖肉，干的就是半江湖生意，关羽则是犯了案子，一直在江湖上漂。

于是，创业团队成立之后，刘备把全部精力放在了和关、张二人培养感情上面，带领两人在桃园祭天祷告，结拜成了兄弟。刘备成了大哥、关羽是老二、张飞是

三弟。自此，刘、关、张的创业团队由风投入股的理性模式变成了哥们创业的感性模式。

这种江湖模式的最大好处就是"集体主义"。所谓的"集体主义"就是哥们之间，不分你我，你的是大家的，大家的也是你的。

相对于关、张，刘备在创业团队里的投入是最少的。张飞出资金，关羽出技术，刘备出渠道，这里边张飞的资金和关羽的技术都是实实在在、货真价实的。唯有刘备的渠道关系，这是他忽悠来的。所以刘备是很乐于宣扬这种集体主义给关、张洗脑的。因为只有突出哥们义气的集体主义，才能解决这个问题：既然成了哥们，就别谈什么"钱不钱"的了，钱都是大家的，提钱伤感情。

刘备最出格的是提出了"兄弟如手足，女人如衣服"的论断。这是一个很江湖、很哥们义气的口号。刘备喊出这么个口号，实际上就是给关羽、张飞下的一个套：咱们是江湖哥们，兄弟义气最重要，你看我，老婆孩子都豁得出去，咱也就别计较什么钱不钱的了，不管你的、我的，都是大家的。

这句话若是张飞提出来还合情合理，但是你刘备这么讲，就相当于伸手往人家口袋里抢钱一样。因为在整个创业团队成立的过程中，刘备实在是没有什么实质性的投入。

而且还有一点，这句话虽然听起来很有鼓动性，但是实际上根本不靠谱。"兄弟如手足，女人如衣服"，要是让刘备把"衣服"给"手足"穿，你看刘备干不干，非得跟兄弟玩命不可。

这种江湖模式的好处就是奉行"老大模式"。所谓的老大模式，就是谁年龄大谁就是大哥，小弟必须无条件服从大哥。这一条是刘备从股权分配上考虑的。刘备清楚自己的控股地位并不稳固，只有借助这种"老大模式"，自己才能成为这个创业集团的当家人。

在这里，刘备又体现出了他的博弈智慧，他算定关羽一定会站在自己奉行的"老大模式"这边。我们知道，在最初的创业团队体系中，刘备控股，张飞出资金是二股东，关羽出技术是老三。但是按照"老大模式"，关羽一下子变成了二哥，唯一利益受损的人就是最"江湖"的张飞。人数上二比一，刘备的江湖创业体系就这样奠定了。

一穷二白的刘备用哥们够意思的"江湖"模式确立了自己在创业集团中合法的控股地位，更用"义气"二字收买了人心，以至于以后尽管经历了无数的艰辛与坎坷，关、张二人都对刘备不离不弃。

CEO 提点

> 情感是创业团队初期最有效用的黏合剂，而且还辅助自己的管理。创业CEO可以多使用"感情轰炸"。

创业初期，不怕没钱，就怕没生意

刘氏创业集团建立后，尽管刘备东奔西跑，却没有多少生意，公司经济收入甚微，CEO刘开始体会到创业的艰辛。

创业型企业最怕的是什么？不是不挣钱，而是接不到单子。

创业团队很少在初期就能够赚的盆满钵盈的，相反大多数是宁愿赔钱也要拉生意。钱这个东西，可以先赔后赚；但是生意这东西，一旦路子没了，就彻底玩完了。刘备的刘氏创业集团就处在这样一个处境。

公司成立起来以后，尽管市场很热闹，但是没有人搭理刘备，这让刘备很郁闷。摆在刘备面前有两条路，一条路是成为山寨企业，和东汉集团抢市场；另一种是和东汉集团合作，成为东汉集团的代工企业。最初，刘备就是这么忽悠关羽和张飞的："我们给东汉集团代工，生意不是问题，我是刘氏家族的人，还怕弄不到生意单吗？"

可事实是，真弄不到生意单子。而山寨这条路，刘备是不可能走的，且不说山寨没前途，一旦走上这条路，他的"汉室宗亲"的噱头非但起不到"利好"的作用，还会起到负面影响。

刘备的唯一出路只能是隐忍、让利和寻找机会。

黄金集团的蓬勃发展给刘备带来了机会，东汉集团幽州分公司为了降低成本、扩大生产，挤压黄金集团，大批量地谋求代工企业。刘备借此机会和东汉集团拉上了关系。

刘备这个人，虽然学历较低，但是做事还是很认真的，再加上关羽、张飞的支持，所以刘备的企业很具有市场竞争力。经过这次合作，幽州分公司的老总很看好刘备的创业集团，打算长期跟刘备进行合作，派手下的经理邹静来和刘备谈长期合作事宜。

东汉集团主动派人前来接洽，刘备大喜过望，隆重地招待了邹静。酒过三巡，邹静提出了合作的条款。刘备皱了皱眉，利润很低。

邹静是在这个圈子里摸爬滚打多年的老手了，看到刘备嘴角一动，就知道刘备想要说什么，当即抢先开口："刘老板是觉得这份合同条件差吧？"

刘备点了点头："的确如此，按这个合同我们根本挣不着什么钱。"

邹静表示同意："看得出来，刘老板是个爽快人，所以我也就有话直说了。的确，我们开出的这份合同，你们挣不到什么钱，但是也不至于赔钱，应该说能够保本。"看了看刘备，邹静继续说下去："单就这份合同来说，接下它挺没意思的，不赚钱白忙活。但是，结合贵企业眼下所处的环境，这份合同可就意义非凡了。"

刘备拱了拱手："愿闻其详。"

"贵公司处在草创阶段，最大的困难就是没有稳定的商业关系，而我们东汉集团是这个圈子里的垄断者，和我们建立起合作关系，你们就可以依托东汉集团庞大的关系网，迅速弥补商业渠道的匮乏；同时，同我们合作还能提高你的知名度，起码在业界能混个眼熟，为以后的发展打下好的基础。另外，接下这个单子起码能保证你的企业有事可做，不会让你团队因为业务匮乏而停工，维系好员工的心气。"

刘备思考了良久，决定接受合作。因为刘备实在没有什么讨价还价的资本。东汉集团是这个行业里的垄断者，整个市场完全由东汉集团说了算。现在能跟东汉集团搭上关系就已经很不错了，有不少人想搭都搭不上呢。

对此，三老板张飞表示异议。张飞毕竟是个土财主，现实利益看的比较重，如今这笔买卖不赚钱，他很不满意。刘备给关羽使了个眼色，让关羽去开导张飞。反正现

在刘备是大老板了,这种麻烦事交给手下做就好了。

和幽州分公司搭上关系之后,刘备的日子好过多了。至少看自己的创业团队忙活起来,他的心里也有了点底。实际上,对于刘备这样的"三无"——没技术、没资本、没渠道的草创企业,最关键的就是先活下去再说,至于利润,还是这句话,能活就行。所谓多年媳妇熬成婆,想靠自己去打拼,就得经历这个苦熬的阶段。

由于东汉集团管理混乱,各个大区、分公司各自为政,都想壮大自己。没多久,刘备给幽州分公司代工的消息传到了青州那边。青州分公司的老总龚景给刘备发了一份电文,邀请刘备赴青州商谈合作事宜。

在青州那里,刘备得到了一份更优厚的合同,刘备拿着这份合同回到幽州,又找到邹静,要求重新谈判。一开始邹静不同意,但是刘备出示了青州方面的价码。邹静不想失去刘备这个仍然廉价的代工商,最终答应了刘备提价的要求。

如此一来,刘备的公司无论从业务量上,还是利润率上都有了进一步的提升,刘氏"三无"企业在艰难中趋步前行。

CEO 提点

对于初创的企业来说,这个时候完全是买方市场,只有客户有选择权,而你没有资格选择客户,唯一能做的就是接受、接受、再接受,因为生存是第一位的。

该低头时就低头

刘备的小企业搞出了点名堂,东汉集团派人来洽谈并购的事。面对强势的东汉集团代表,刘备拒绝装孙子,最终收购流产了。

随着自己的小企业一点点的壮大,实力一点点的做强,刘备不满足于这么小打小闹,决定主动出击,寻找更重量级的客户。

考虑良久后，刘备决定去抱卢植的大腿，卢植可以说是唯一能使刘备跟东汉集团搭上关系的人。卢植与刘备是老乡，且刘备小时候曾在卢植门下求学，有师生之谊。此时的卢植在东汉集团身居高位，正忙着和张角黄金集团交手。见到学生来投，卢植自然很高兴，在他的推介下，刘备企业加入到了东汉集团对黄金集团的商战中。这场商战最终以东汉集团的胜利而告终，张角的民营企业完全被打垮了。

在机缘巧合的促成下，东汉集团决定收购刘备的企业，他们决定派一个总裁办的秘书，跟刘备进行前期的接洽。这对刘备来说是一个千载难逢的好机会。在"争天下"这个行当里，没有比依托东汉集团更好的路子了。

刘备把两个合伙人关羽和张飞叫了出去，大撮了一顿。他很兴奋地跟关、张二人说："这次咱们被东汉集团收购，可以说是咱们事业的转折。要知道，东汉集团就是这个"，刘备边说边伸出大拇指，"而我们就是这个，刘备又伸出了小拇指。"

"加入东汉集团固然是好，但是我们毕竟是草根出身，没有什么显赫的身份，你说他们能信任和重用咱们吗？"关羽是个有水平的人，看问题看得也很透彻。

对于这一点，其实刘备也不是没考虑过，他心里也没底。但是刘备实在不满足于三个人办个"三无"企业小打小闹，而且作为一个企业掌门人，刘备这时候必须得给手下的人打气，他显得自信满满地说："这个你不用担心，大家都是凭本事吃饭。和黄金集团的这次较量我算是看透了，东汉集团的技术实力也就那么回事，咱们肯定能打出一片天。"

张飞吃着肉，咧开嘴说："咱就别在这瞎担心了。咱们的企业和其他企业可不一样，咱们老大可是和东汉集团刘氏的本家，自家人能不照顾自家人吗？"

张飞说者无心，刘备听者有意。"汉室宗亲"这件事有多不靠谱，刘备自己心里清楚。自己在外面拿这个噱头吹嘘、招摇撞骗还可以，现在真的要去"认亲"了，刘备心里也是七上八下的。他当即没有说话，而是喝了一口酒，抬起头正好和关羽的眼睛对上了。关羽正盯着自己看呢。

刘备放下酒杯，伸了伸胳膊腿："老三这句话说的对。自家人回自家的企业，有什么好担心的呢？我也是正宗的刘家人，同是东汉集团的创始人刘邦先生的后人，血浓于水啊，有这层关系在里面，没问题的。"

关羽吃着菜,不发一言。刘备也觉得话谈到这个份上,挺没意思的,就不再说什么。

过了很久,东汉集团总裁办的秘书终于出现在刘备办公室的门前。刘备很热情地接待了这位秘书先生,但秘书先生很高傲,在刘备的企业里转了一圈,指点指点这个,批评批评那个,又对着刘备一顿指手画脚。很明显,这秘书就是仗着东汉集团总裁办的名头到这里来耍威风了。

刘备心里很不爽,心想老子帮你们搞定黄金集团的时候,你还不知道在哪干嘛呢,原本的热情瞬间蒸发掉了,他脸色一暗,说道:"对不起,我还忙,我的两个合伙人现在不在,等他们回来了我们一起再谈吧。"就这样,把那位秘书先生给撂那了。

秘书先生本来讲得眉飞色舞的,突然间被刘备挫了,十分恼怒,心里暗想:行,小子,你个山寨小老板也敢跟我叫嚣,你等着。嘴里却说:"那也好,等关、张两位老板回来我们再谈。"

晚上,刘、关、张悉数到位,对话正式开始。由于秘书先生之前和刘备发生了不愉快,所以故意刁难刘备。如果是在私下里,刘备或许还能忍,但是当着关、张的面,刘备脸面上就过不去了。他清了清嗓子,拿出杀手锏:"我是'刘氏宗亲',我回归东汉集团理所当然,阁下为何要设置重重障碍呢。"

以往,刘备这一手屡试不爽,可是这位秘书根本不吃刘备这套:"刘老板,不能说因为你姓刘,你就是东汉集团刘氏的宗亲,你有证据么?你打着祖上十八代是一家的广告牌子,我觉得这样很没意思。按你的逻辑,往上再推个几百、几千代的,大家的祖宗都是猴子,岂不都是一家了。"

秘书的话一语点中了刘备的死穴,点破了刘备实际上就是个骗子,他骗关羽和张飞和自己搭伙创业,更骗来了大股东的身份,而这一点现在在关、张二人面前被拆穿了。刘备恼羞成怒,挥起拳头,把秘书先生猛揍一顿。张飞和关羽在一旁冷眼旁观,事已至此,就是被刘备忽悠了,也无法挽回了。

刘备打了东汉集团总裁办的秘书,不但收购的事情黄了,刘还得罪了东汉集团总裁办。总部下令,幽州、青州分公司立即停止和刘备的生意往来。

刘氏集团鲜明的企业文化

刘备去投靠公孙瓒，在那里遇到了郁郁不得志的赵云。刘备想把赵云挖过来，但是心里又没有底，所以决定让赵云感受一下自己团队的气氛，而后徐图之。

刘备的团队是一个很有朝气的团队，很能吸引草根才俊。因为刘氏集团尚在草创阶段，一切都尚未成型，对于高端人才吸引力不够，只能吸收那些才华横溢、心怀抱负，没名气，在大企业难以迅速窜红的草根人才。这是刘备的一种经营策略，也是草创企业的唯一的壮大方式。赵云就是被刘备团队的这种氛围所吸引过来的。

刘备因为一时的不冷静，得罪了东汉集团总部的人，结果不仅收购搁浅，连原本的东汉集团分公司的业务也丢了，刘备只能另谋出路。

困境中的刘备听到了一个好消息，东汉集团幽州分公司的CEO换人了，换成了一个叫公孙瓒的人。刘备一下子乐了起来，公孙瓒和自己是同学，都是卢植的学生，而且当初两人的关系还很不错。刘备决定去抱公孙瓒的大腿。

公孙瓒见到刘备，果然很热情，刘备也不跟公孙瓒绕弯子，把自己目前的困境和公孙瓒讲了一遍。公孙瓒沉吟片刻，跟刘备说："刘老弟，这么跟你讲吧。现在的东汉集团基本上快要完了，中央领导不了地方。总部那边的话，各个大区、分公司愿意听就听，不愿意听就当总部放了个屁，你在我这干，我罩着你，没问题。"

刘备和公孙瓒商量妥当，刘备的团队实际上就成了公孙瓒的一个子公司。但在名义上二者是没有来往的，在业务方面，公孙瓒派了一个叫赵云的人负责和刘备联系。

这个赵云可不是个平常人物，尽管出身草根阶层，但是很有才气。赵云最初在袁绍的大区任职，但是由于袁绍是豪门出身，看人、用人时往往有歧视，出身世家大族的人即便能力平庸也往往会得到重视，但是像赵云这样的草根人才，受到挤压。赵云觉得在袁绍的手下很难有出头之日，就跳槽到了公孙瓒这里。

赵云跳槽的时候，正是袁绍和公孙瓒达成合作意向的时候。实际上，袁绍和公孙瓒合作根本就是袁绍的一个阴谋。袁绍想要冀州这块地盘，但是冀州拥有者韩馥是袁绍家族的故人，袁绍不好明着开口，就和公孙瓒签了一个"枪手合约"，表面上让公孙瓒去收购冀州，然后袁绍假装去帮助韩馥对付公孙瓒，里应外合，拿下冀州，两人平分。可事实是，韩馥请来袁绍帮忙，袁绍直接趁机把冀州的地盘搞定了，让公孙瓒白忙活了。公孙瓒也不是好惹的，反正自己就是奔着冀州这块地盘来的，不管他现在归谁，我是要定了！旋即，两人产生了强烈的冲突。

所谓知己知彼百战不殆，由于赵云是从袁绍那边过来的，对袁绍的情况比较了解，尽管在冲突中公孙瓒局势不利，但是赵云表现的很活跃，几次救公孙瓒于危难之间。赵云本以为自己会被重用，可是没多久，赵云又失望了，他没想到跳槽跳到了一个迂腐老板手里。原来，公孙瓒用人倒不是像袁绍那样看出身、看学历，而是论资排辈，看工龄。赵云是新来的，自然没有资历。

被公孙瓒派去负责与刘备的团队协调联系时，赵云带着满腹的怨气去见了刘备。说心里话，赵云一开始还真没瞧得起刘备，一个山寨企业的小老板，能有多大能耐？可是见到刘备本人，见到刘备的企业，赵云的观点完全改变了。

参观刘备的企业时，赵云发现刘备的团队虽然很小，但是整个氛围非常活跃。刘备在一旁也着重强调了自己的理念，就是"仁"。所谓"仁"，"仁者爱人"，首先就是要体现在对人的平等上，不管出身如何、资历如何，大家的机会都是均等的，只要表现出相应的能力，即使你是新人也会得到提拔和重用。而且刘备是"没落贵族"出身，从小家境贫寒，因此没有那种高高在上的狂傲之气，待人很是亲切、和善。

赵云一下子被感染了，特别是对比自己之前效力过的袁绍公司、公孙瓒公司，更是对刘备的团队心驰神往。赵云对刘备的态度也从一开始的冷漠、甚至带有一点点鄙夷，逐渐转变为欣赏，甚至是有些敬畏。

赵云态度的转变,刘、关、张都看得出来。关羽对刘备说:"赵云这小子好像对我们企业很感兴趣啊?我看这小子能力挺强的。公孙瓒是什么样的人,老大你心里有数,他在那干的肯定憋屈,不如咱们把他挖过来吧。"

刘备摇头晃脑:"赵云是个人才,但是现在挖他的时机还不到。他对我们感兴趣,是因为我们的企业文化好、氛围好,能吸引他。但是我们的硬件条件还很差,未必能满足他这样的人才,再等等吧。等一等,他会来的。"

CEO 提点

企业文化是一个企业的无形资产,它的力量是巨大的,CEO有必要适当地用企业文化来吸引人才。

怎么赚钱我怎么干

刘老板借本儿做生意

曹操和陶谦不睦,想要吞并陶谦的徐州公司,陶谦托孔融向刘备求援。其实刘备早就有去徐州的打算,现在陶谦主动邀请,鱼儿自己上钩了。

借本儿做生意是做企业经营的常态,完全靠自己的资本进行经营,不去充分吸收外来的资源,会影响企业前进的速度。

在借钱这一点上,刘备做得就很大胆。别人都是兜里揣着一百万,外面借来二十万,刘备倒好,兜里不到二十万,外面能借多少借多少!

负债经营有危险,这一点刘备比谁心里都清楚,但是非常时刻就要有非常的气魄,这样才能抓住非常的机会。现在,一个非常的机会就摆在了刘备面前,就等着刘备伸手去抓了。这个机会就是"东汉集团徐州分公司"。

事情的起源是兖州的老板曹操因为私怨和徐州的老板陶谦闹翻了。曹操很生气,后果很严重,扬言要抢了徐州的地盘,干掉陶谦。这位曹操在当时可不得了,是东汉集团风头正劲的一个分公司老总,年轻、火爆、胆大、心狠、有手段。

曹操放出风去,要收拾陶谦,陶谦是真怕了。陶老板急得像热锅上的蚂蚁团团转,手下的人出主意说:"我听说那个'刘氏宗亲'刘备在平原,现在和公孙瓒、孔融都有业务往来。这个人是个厉害角色,当初卢植卢总监围剿黄金集团的时候,雇佣过他的团队,起到的作用不小啊。总部那边一度想收购他的团队,后来因为一些原

因，不了了之了，咱们要是能请得动他的话，曹操也不能把咱们怎么样。"

陶谦觉得有道理，自己跟孔融很有些交情，孔融又能跟刘备说的上话，便求孔融从中帮忙，请请刘备这尊大佛。当即，陶谦就派手下去跟孔融接洽。

说来也巧，此时的刘备不在平原，正在北海，在孔融设的饭局中"联络感情"。陶谦的人找到孔融，跟孔融说了陶谦的请求。孔融皱眉，心想，曹操可是个很棘手的的人物啊，还真得用刘备帮忙。

刘备看到孔融皱眉，举起酒杯："孔老板，酒宴正酣，猝然皱眉，因何事而烦心啊？"

孔融眼珠一转，说道："还不是为你们刘家的事操心？兖州分公司的曹操想要抢徐州的地盘。说句不好听的话，现在的东汉集团已经乱套了，你们刘氏大老板说的话根本没人听。现在徐州的老板陶谦请我出面，替他打抱不平。"

孔融的这一番数落弄得刘备很难看，怎么说自己也是刘氏的人，现在徐州出了问题，陶谦不找总部解决，只能私下里请孔融帮忙，充分说明了刘氏的无能。

孔融看刘备的脸色变了几变，趁机说道："老刘啊，怎么说你也是刘家的人，东汉集团的事也是你的事。要是你不知道曹操无理取闹，找陶谦的麻烦也就算了，现在既然知道了，你也不能不出面管管吧？"

刘备叹了口气："孔老板啊，不是我刘备不仗义，实在是——你看，我现在这点家底你也知道，实在是帮不上什么忙啊！"

"刘老板，我打算帮陶谦，并不是因为我和陶谦私交不错，是因为我看不惯曹操的无理取闹，说白了吧，我是因为'道义'。刘老板和我一样，向来标榜道义，没想到事到临头却……"

"孔老板，你别说了。我这就回去，找我老同学公孙瓒帮忙，就算管他借人、借钱，陶谦的这个忙我是帮定了！"

从北海返回幽州的路上，张飞就问刘备："老大，咱们真要帮陶谦啊，而且还要管公孙瓒借资本？"刘备笑而不语。

张飞直摇头，对刘备说："老大，你不是傻了吧，那孔融激你两句，你就上当了，很明显，他是要拿我们当枪使啊！"

刘备哈哈地笑出声来，说："老张啊，你真以为我是被孔老板激的？咱们做买卖的，利不走空。我既然决定管公孙瓒借钱做这笔买卖，就是因为这里面有巨大的利益。我之所以在孔融面前装作推脱，是因为他看不出来这里面的好处，我若是积极了，反倒是提醒了他。"

"这里面有好处？"

"当然！徐州公司经营不善已经很久了，陶谦早就想找个得力的帮手。现在咱们去，只要咱们势力足够大，陶谦就很可能为了借助我们的管理能力，把我们合并到他的公司。你知道陶谦现在年龄不小了，过两年等他一退，到时候徐州公司就……"

"老大，我明白了，你这一手真够老辣的。"

"所以，现在的关键就是，要让陶谦瞧得起我们，所以我要管公孙瓒借钱，我要赌把大的。"

刘备在公孙瓒那里筹到的资金，带着他的团队去了徐州，而且帮陶谦赶跑了曹操。陶谦看到了刘备集团的实力和强大的管理能力，决定全盘吸收刘备集团，壮大徐州分公司。刘备一下子从一个善哉老板成为了徐州分公司的副经理。

没过多久，陶谦身染重病，办了病退，徐州分公司的大权完全落在了刘备的手里。刘备以小博大，靠着借来的本钱，通过周密的运作，不仅使自己轻松进入了东汉集团，而且掌握了徐州的实权，成为了徐州公司的老板。

CEO 提点

运作能力是体现一个CEO水准的重要凭证，CEO要具备在市场中发现机会的能力，更要有把机会运作成利益的能力。

谁牛就和谁合作

刘备在徐州经营不善,需要找个实力雄厚的企业做靠山。这时候的曹操正是风头正劲,刘备主动投靠曹操去了。

在商场上,没有永远的敌人,也没有永远的朋友。CEO 曹操和 CEO 刘备就是如此。

刘备在徐州分公司总经理的位置上没做多久,就被吕布赶下了台。刘备原来就是个山寨老板,手里没有多少资源,这一下台可好,突然之间就一贫如洗了,要是赋闲两年,恐怕都要吃不上饭了。再说了,吕布赶自己下台的手段也不合法啊!所以,刘老板决定带着自己的一套班子去投奔东汉总公司。

说是去投奔总公司,其实说白了就是去投奔曹操。刘备明白,曹操现在掌握着董事局,董事长刘协这个小毛孩子什么都得听曹操这个 CEO 的。再者说曹操现在打着"来者不拒"的旗号招揽人才,自己好歹也有些名望,不怕曹操不收留自己,而自己进入总公司之后怎么说也是离权力核心又近了一步,也有利于自己积攒一些有用的资源。

刘备念念不忘地想要夺回徐州分公司,徐州分公司本来就隶属于东汉总公司的旗下,分公司的总经理历来都是由总公司来任命的。只要曹操肯给自己撑腰,那么收拾吕布可以说是易如反掌。

投奔曹操,这件事进行得还算顺利,对于刘备来说,不管曹操安的是什么心,毕竟还是收留了自己,而且还给了自己一个名义上的"豫州分公司总经理"的职位,算是承认了自己的名分。更让刘备高兴的是,董事长刘协亲自接见了他,而且查了家谱,认他当自己的叔叔。这样一来,以后自己就可以打着董事长叔叔的旗号出去招摇撞骗了。这个旗号可比当年的什么"董事局宗亲"牛多了——这是董事长亲口承认的。以后不管到了哪,只要那个地方名义上还是总公司旗下的地盘,管事的就得卖自己几分面子。

后来，曹操还真的整垮了吕布。不过，曹操整吕布并不是要给刘备撑腰，而是为了要把徐州分公司收归总公司旗下。现在吕布虽然垮了，自己的徐州分公司却被并入了总公司，成了曹操的地盘，刘备心中的郁闷可想而知。但是刘备郁闷归郁闷，他是多有心机的一个人啊，表面上可从来没显示出来过。虽然说在总公司只是挂个闲职，他还是天天领着关羽、张飞两个嫡系手下在办公室闲呆着，一句怨言都没有。

人太闲了是不行的，所以刘备没有工作做就在办公室里养花。聪明人学什么都快，没过多久，刘备的办公室简直成了一个大花房，弄得关羽、张飞都有点看不过去了。关羽说："大哥，你怎么忽然迷上养花了呢？这是老爷们儿干的事儿吗？你当初说要跟我们一起创业争天下，我们认你当大哥，结果现在公司也搞垮了，资金也搞没了，我们天天在这闲着，看你养花，这算什么事啊！"

刘备对他这俩合伙人太了解了，只要他一打感情牌，关羽、张飞准没话说。所以刘备说："我养花自有我养花的目的。公司垮了可以再建，资金没了可以再赚。牛奶会有的，面包会有的，一切都会有的。咱们三个人风风雨雨这么多年，你们俩还信不过老哥哥我吗？你们埋怨我养花，你们知道吗，就是因为咱们的公司也垮了，资金也没了，所以我才养花。你们想过没有，咱们现在一穷二白，要想东山再起，资金从哪来？还不是得从曹操那来。我养花就是为了让曹操觉得我胸无大志，这样他才可以放心地用我，把资金交给我啊！"

既然刘备这么说，关、张也就没话说了。

机会来得很快。淮南分公司的 CEO 袁术闹独立，自称要脱离东汉公司自立门户，而且自己还当起了董事长。这是对东汉公司赤裸裸地背叛，更是对曹操这个东汉公司代理 CEO 赤裸裸地挑衅。刘备知道按照曹操的性格，绝对忍不了这事，于是他主动说："曹总，袁术这人忒不是东西，拿着公司的钱，用着公司的资源自立门户，这事咱们要是不管的话，以后下面那些分公司还不有样学样，个个都这么办？所以咱们必须要把袁术这小子收拾了，让人们知道背叛东汉公司，背叛您曹总的下场！要不咱们这么办吧，您让我成立一个专门的项目组，拨给我专项资金，我去帮您把袁术那小子收拾了？"

曹操一听，不置可否。

当天晚上，曹操请刘备去家里喝酒。在酒桌上，曹操称赞刘备种花种得好，刘备说："那不是没事闲的吗？就当消遣消遣罢了。"忽然，曹操话锋一转，问刘备："刘总，你觉得这个世界上谁能做成现在最火的那个'争天下'项目？"刘备说："那个项目虽然挺难挺复杂，但是袁术、袁绍、刘表、孙策这些人都是可以的。"曹操却说："我看啊，他们都不行。这个世界上有可能做成这个项目的只有你我二人而已！"突然，外面打了个大雷，刘备装作吓了一大跳，惊得把筷子都扔了。正赶上这时候关羽、张飞一看要下雨，开着车来曹操家接刘备，刘备也就告辞出来了。

刘备这番戏演的不错。第二天他一上班，任命就下来了。项目组和专项资金，这正是他昨天提案里面的内容。任命一下来，刘备当天就收拾收拾带着关羽、张飞，拿着支票动身去淮南筹建项目组了。关羽张飞问刘备："我说，咱至于这么急吗？"刘备回答说："你们不知道，曹操这人多疑，我昨天演了一场戏，好容易骗来了这个机会，弄到这些资金。现在不走，明天曹操要是反悔了怎么办？"

CEO 提点

"傍大款"是很适合小企业的发展模式，从"大款"那里，小企业可以学到更先进的理念、技术、和运营方式等，有助于小企业的快速发展。

机会不到不下手

刘备从曹操那里跑出来后，投奔了荆州公司的刘表。刘表年事已高，看刘备是个人才想让刘备接班，刘备犹豫许久，最终还是拒绝了。

话说刘老板成了荆襄集团旗下新野分公司的CEO，依附于荆襄集团董事长刘表的手下。刘表这个人，在当时很有名。但是他有名却不是因为他的销售才能而是因为他的管理能力。荆襄集团在刘表的管理下占据了荆州这片市场，而且在荆州拥有绝对的垄断地位。

但是刘表这个人有一个致命的缺陷——魄力不足。当时市场那么乱，刘表的荆襄集团的资金又极其充裕，但他就是不愿意向外扩张，只想维持荆襄集团现有的规模。这跟他对自己的商战能力缺乏信心也不无关系。

刘表这人还有一个大缺点，就是怕老婆。对于他现在这个续弦的妻子蔡氏怕得要死，而且言听计从。当然，他自己是从来不肯承认自己怕老婆的。刘表怕老婆所造成的最直接的后果就是蔡氏的各种亲戚朋友全都在荆襄集团里面身居要职，尤其是蔡氏的弟弟蔡瑁，更是做到了荆襄集团的市场部总经理的高位。这种情况在刘表身体健康的时候不是什么大问题。但是刘表的年纪一天大过一天，精力也渐渐衰退，结果就导致荆襄集团的权利渐渐落在了蔡家人，主要是蔡瑁的手里。

刘表不是一个能够和曹操、刘备相提并论的超级CEO，但是这并不代表刘表是一个笨人。他也发现了蔡家在荆襄集团内部的壮大，但是当他发现时，这个问题已经很难被彻底解决了。而且，要是他亲自着手解决，老婆那一关他就先过不去。于是，他请来了当时又一次走投无路的刘备。

刘表也知道刘备是一个什么样的人。但因为刘备是一个有才能的野心家，而且还是一个名声非常好的野心家，所以对于刘表来说刘备的到来就是一剂治疗荆襄集团那处名为"蔡氏"脓肿的良药。

刘表非常热情地接待了刘备，让他在荆襄集团旗下成立了新野分公司，为的就是让刘备来制衡蔡瑁，以便在荆襄集团内部达到某种平衡。"蔡氏脓肿"已经到了不得不治的地步了，以至于刘表虽然知道刘备是一个什么样的人，但也不得不饮鸩止渴，让他一跃成为荆襄集团的高层。

如果说刘备加入荆襄集团在开始的时候还只是想要寻找一个安身之所，就像他当初投奔曹操一样的话，那么诸葛亮这个懂行的COO的到来让刘备这个有野心没办法的CEO彻底知道了自己该怎么做。那就是夺取荆州，然后以荆州为跳板夺取西川，最终建立自己的企业航母。

刘备的"觉醒"对于刘表来说无疑是一场噩梦。但是刘表这个时候已经马上就

要退休了，他现在最大的烦恼已经不是蔡瑁和刘备，而是到底该把董事长的职位传给谁的问题。大儿子刘琦虽然已经成年，但是才能平庸；二儿子刘琮虽然聪明，但却是一个不折不扣的毛孩子。但实际上，这些都不是最重要的。最重要的是刘琮是蔡夫人的亲生儿子，刘琦不是。如果自己把董事长的位子传给刘琮的话，那就无异于把整个荆襄集团亲手交给蔡氏。所以刘表别无选择，他只能把董事长的位置传给刘琦，然后让刘备辅佐刘琦，以抗衡蔡氏的势力。当然，刘表事先也试探过刘备，不过刘备还是用当初忽悠老曹的老办法糊弄过去了。

但不巧的是，刘表的这个决定还没在董事局内公布，他本人就病倒了，然后很快一命呜呼。刘表一病，蔡瑁自然就成了荆襄集团的代理一把手，刘表一死，他自然就把自己的亲外甥刘琮扶上了董事长的宝座，自己则理所当然地成了荆襄集团的 CEO。

刘表去世对于刘备来说也同样是一个好机会。诸葛亮就曾经劝他去跟蔡瑁竞争一下，如果扳倒了蔡瑁的话，那么刘备自己就成为了荆襄集团的 CEO，在整个荆州的范围内大权在握。

但是刘备最终没有这么做，他承认了蔡瑁的 CEO 地位。虽然刘备也很想当荆襄集团的 CEO，但是他认为时机还不成熟。他认为蔡氏在荆襄集团内部已经是根深蒂固，蔡氏的地位不是自己这个立足未稳的外人所能撼动的。如果自己在权利争夺中失败了，那么自己不仅会失去现有的一切，而且会彻底撕破自己苦心维持了多年的伪装。毕竟，谁当董事长是人家的家事，蔡瑁是刘琮的亲舅舅，人家蔡瑁有资格管这事。你刘备只是一个小小的分公司总经理，虽然也姓刘，但却是外人。人家家庭内部在决定董事长人选，你刘备跟着瞎掺合什么？是不是想要鸠占鹊巢啊？刘备担不起这个名声。

CEO 提点

要把握时机，时机不到，就不要出手，否则非但得不到好，还有可能遭受巨大的损失。

企业规划就是生产力

刘备经人推荐,去南阳请诸葛亮出山,帮助自己打理企业。诸葛亮权衡再三,答应了刘备。刘备创业生涯的新阶段开启了。

在刘备遇到诸葛亮之前,刘备只是一个有野心,但是没有发展规划的创业者。

刘备不是没有才华,也不是没有能力,但前半辈子混迹商场却混成了"流窜犯",二老板关羽,三老板张飞都是销售的一把好手,但却始终做不出业绩,在商战当中总是一触即溃,主要就是因为他虽然既有志向也有谋略,但却不知道自己该怎么发展,自己的公司该往哪个方向走。

刘备前半辈子在事业上最大的体会就是走投无路,放眼望去,谁都比自己有实力,自己谁都争不过。刘备用自己的亲身遭遇证明了一个道理,没有清晰而明确的发展方向,企业就只能像无头的苍蝇一般,忙活半天,没有丝毫的成就。

诸葛亮这个人是个自学成才的草根精英。他既没文凭也没经验(所以后来他出道之后根本就没人认识他,后来名满天下之后,那些"主流文化圈"也喜欢管他叫诸葛村夫),但是他既不屑于去考文凭,也不乐意找一份工作去积累经验。

其实,诸葛亮有自己的想法和志向。一方面,他深知自己有什么样的才华,也想要用自己的才华来成就一番事业。但同时,他又不愿意去那些成型的大公司(比如曹魏集团和东吴集团)里面做杂事,混资历。他想要一步登天,能给他这样的机会的也就只有那些小公司,但是一般的小公司他自己也看不上眼。他需要的是有雄才大略的老板、而且人才匮乏能够给自己足够空间的小公司。找到这样一个公司谈何容易啊,所以他就只能等,不过好在他有等的资本,他年轻。

直到有一天,打一枪换一个地方的老板刘备流窜到了新野,在机缘巧合之下听到了有关诸葛亮"秀才不出门,能知天下事"的传闻。刘备对诸葛亮这个人产生了浓厚的兴趣,有意把他挖过来。

对于刘备是怎么样的一个老板，刘备的公司是怎么一个情况，诸葛亮还是有一定了解的。实际上，诸葛亮在暗中观察刘备企业很久了，认为这家企业确实符合自己出山的标准。但是诸葛亮不打算主动送上门，他要玩点策略，让刘备主动找自己，这样才能把自己卖个更好的价钱。

于是乎诸葛亮花大价钱让当时天下知名的猎头公司老板司马徽替自己去刘备那里打广告炒作自己，让刘备能够注意到自己，并且能来主动拜访自己。

司马徽可不是个拿了钱不办事的人，他不遗余力地向刘备推荐诸葛亮。终于，刘备动心了，亲自登门拜访。诸葛亮虽然心里也期待得不行，但却矜持得像个小姑娘似的装不在家，闭门不见。他是想试试刘备的耐性，看他到底是不是那种干大事的人。结果刘备果然没让他失望，前前后后来了三回，终于见到了诸葛亮。

其实诸葛亮在决定见刘备的时候已经认定刘备就是自己一直在等的、可以让自己一展才华的领导。所以刘备一开口，他只是稍微谦逊了几句，就把心中早已经盘算过许多遍的为刘备度身定做的战略谋划说了出来。

刘备虽然自己做不出这样的战略谋划，而且之前也没人为他像荀彧为曹操，鲁肃为孙权那样做过如此细致的战略谋划，但是刘备毕竟也在商海里混了那么些年，好坏还是分得清的。跨有荆益，外结孙权以抗曹操，建立巴蜀集团和曹魏、东吴两大财团形成鼎足之势这样的战略谋划让刘备茅塞顿开。

刘备知道天体力学中有一个大难题叫做"三体问题"。三体问题说的是在三维空间中给定N个质点，如果在它们之间只有万有引力的作用，那么在给定它们的初始位置和速度的条件下，它们会怎样在空间中运动的问题。这个问题已经困扰了数学家们上百年，却从来没人能取得大的突破，因为两个点之间的一切都是简单的，一旦在两个点之间加入第三个点，问题就将变得复杂起来。

这下，刘备终于明白以后的每一步该怎么走，自己心里很快就有了大致的设想。既然自己从正面没有办法和两大财团进行竞争，甚至东吴财团也没有实力和曹魏财团进行竞争，那么就要做曹魏集团和东吴集团之间的第三个点，从而彻底搅乱市场。只有这样，自己才有趁火打劫，乱中取胜的可能性。

于是，诸葛亮成为了刘备的COO，迈出了实现自己理想的第一步。在后来刘备

异军突起占据荆州、益州、汉中建立巴蜀集团,成为"市场搅拌机"的道路上作出了不可磨灭的贡献。

CEO 提点

> 一个企业的成功必然是建立在一个合适的战略规划上,没有规划的企业很难有平稳且长远的发展。

眼泪,属于"大杀器"

曹操在成功收购了荆州公司之后,刘备在荆州已经无法容身,按照诸葛亮的意思,先转到江夏,然后和东吴集团建立战略联盟,略微地喘息一下。

"企业并购达人"曹操在打败了最大对手袁绍之后成功吞并了袁绍的地盘,从而把整个中国北方市场全部纳入了曹魏集团的势力范围当中。当然,这还不是曹操的最终目标,曹操要"争天下",又不是要"争北方",所以曹操在消化了袁绍的河北集团的资本和势力之后就开始南下。

由于原本在曹操南面的张绣、吕布和袁术所领导的那些小公司早已经被曹操吞并光了,所以曹操这次南下的第一目标就是收购刘表的荆州集团。而要想收购荆州集团,就得先过刘表找来给他把门的新野公司这一关,也就是刘备。

曹操这次南下可以说是备足了资金。在他手里可以动用的收购专项资金足足有 50 个亿,可谓财大气粗。像刘备的这种小公司,虽然有诸葛亮这样的神人在运营,旗下也有关羽、张飞和赵云这样才华横溢的销售经理,但毕竟还是刚刚起步的小公司,根本没有财力来进行反倾销。所以曹魏集团的产品一登陆,刘备的小公司就被挤兑垮了。

再说荆襄集团那边。本来荆襄集团的老董事长刘表就重病缠身不能管事,结果

这边曹操刚刚宣布启动收购计划,刘表那边就死了。刘表死的时候心里已经定了继承人,但是嘴上还没来得及说,再加上刘表一死就是市场部经理蔡瑁掌握实权,因此蔡瑁的外甥刘琮就顺理成章地被扶上了董事长的宝座,蔡瑁在原本市场部总经理的位置上又加上了 CEO 的头衔。

这边曹操一宣布收购,蔡瑁那边首先想的不是怎么带领荆襄集团进行反收购,而是怎么保证自己家族的利益不受侵害。在蔡瑁心里,曹操那边备好了大笔资金来势汹汹,志在必得,自己这边老董事长刚死,自己刚上位,人心不稳。再加上荆襄集团本来也不是曹魏集团的对手,这样一来岂不是更加没了指望?所以对于组织反收购的事,蔡瑁根本连考虑都没考虑,他直接向董事长刘琮提交报告,建议刘琮主动向曹操提出把两家集团进行合并,荆襄集团今后将以曹魏集团的一家子公司的面目进行重组。

蔡瑁这么做的原因很简单:他蔡瑁现在是荆襄集团事实上的"掌门人",两家合并之后蔡瑁仍然可以是新的"荆襄分公司"的 CEO,蔡家的利益不会有太大的损失,至于刘琮还能不能当董事长,这可不在蔡瑁的考虑范围之内。

刘琮原本是个毛孩子,什么都不懂,再加上蔡瑁、傅巽、蒯越、王粲这几位公司高管一起忽悠,刘琮糊里糊涂地也就答应了。可怜这时受到曹操恶意倾销冲击的刘备还想跟荆襄集团总公司请求支援呢,没想到人家那边早就投降了。

事情成了这样,新野公司就只能破产。不过诸葛亮还留了一手,他和刘备把公司的资产给转移了,并且准备拿转移出来的这些资产去和刘表的长子刘琦所管理的江夏分公司进行合并。江夏那边的消费者还是比较忠于荆襄集团的,刘备和刘琦还想再抵抗一下。

曹操成功收购了新野公司本来是件挺高兴的事,但是没想到刘备在新野欠了一屁股债,现在可好刘备跑了,曹操你不是收购了新野公司了吗?那么刘备欠的债你来还吧!曹操的心腹曹仁刚刚进驻新野公司,就有一大帮债主上门讨债。没办法,曹操只能调集资金去替刘备还债。

刘备诸葛亮这一手可够阴的,曹操虽然财大气粗,不把这点小钱放在心上,但是也实在觉得心里憋屈。他准备把自己这一腔怒火全都发泄在刘备身上。你刘备不是把公司的资产都转移了吗？好，那我起诉你，让司法机关来调查新野公司巨额资产去向不明的事。

曹操这一手也够厉害。如果检察机关真的拿到了刘备转移资金的真凭实据的话，那刘备就完了，不仅仅毕生心血毁于一旦，而且他本人作为公司法人恐怕也免不了牢狱之灾。这样的话，什么争天下，什么抢地盘，什么创办属于自己的集团公司的宏伟志向就都成了空想。

不过既然是"如果"，那就意味着检察机关最终没能查到真凭实据，而是认定新野公司原本就债台高筑，所以这次才会很快破产。也就是说，曹操这次吃了个哑巴亏。为什么会这样呢？当初新野公司在曹操的大规模恶意倾销之下库存越积越多，刘备直接就慌了，赶紧忙着转移资产。不过这么办事明显不够严密，所以才给曹操留下了把柄，让司法机关介入了进来。好在刘备的手下赵云心很细，在刘备慌不择路的时候留下来给他擦屁股，先后七次销毁了刘备转移资产的证据，这才没让检察机关顺藤摸瓜地追查下去，把刘备本人给牵出来。

刘备知道这个事之后那眼泪是哗哗地流啊，把赵云感动得不行。其实换了任何一个员工，要是他的老板搂着他的脖子哗哗淌眼泪，嘴里还说："兄弟，要不是你的话老哥哥我这次可就完蛋了！"任何一个员工也都会像赵云一样感动，然后在心里发誓这辈子一定拼尽全力跟着老板干的。

说实话，在这个世界上，眼泪这东西往往是最不值钱的，但是在刘备那里就能成为笼络人心的"大杀器"。为什么呢？这还得从刘备的企业文化说起。刘备的企业文化宣扬的是感情，而眼泪恰恰就是感情的产物，所以眼泪在曹操那就不值钱，到了刘备这里就特别值钱。再加上刘备本身的社会形象就是一个正人君子，正人君子都有恻隐之心，感情也都比较丰富，眼泪自然也就比较多了。

刘备爱哭是出了名的，可以说，刘备每哭一次鼻子，公司里员工跟他的感情就深一分。他每哭一次，环绕在他身上的那层叫做"正人君子"的光环就强一分，刘备个人的人望也就越高。

CEO 提点

    CEO 的眼泪是激励员工的绝佳手段,实际上当强势的 CEO 偶尔流露出弱势的神情,往往更能抓住员工的心。

CEO 刘，"谦和"的野心家

搞联盟：小企业叫板大龙头

在曹操的压力之下，蜗居在江夏的刘备集团和东吴集团建立了战略联盟，共同对抗曹魏集团，面对气势汹汹的曹操，大战一触即发。

曹操对于荆襄集团的收购已经基本上完成了，只有刘备和刘琦还在依托江夏分公司进行最后的抵抗。虽然说江夏那边的用户忠诚度很高，用户忠诚度也是一家企业最重要的资本之一，但刘备和刘琦对江夏分公司能不能抵挡住曹操的销售攻势心里还是一点底都没有。毕竟，老百姓都是图便宜的。对荆襄集团的产品再忠诚，也不可能长期抵挡住低价优质的曹魏集团的产品诱惑。而曹操恰恰就是有资本跟刘备打长期价格战的那个人。

刘备没办法，荆襄集团已经被曹魏集团收购了，江夏分公司是自己的最后一片阵地。不过好在江夏分公司的刘琦没什么本事，容易被自己控制，而且对自己也还算恭敬。但即便如此，刘备还是觉得自己应该有一个长久之计。当然，刘备的 COO 诸葛亮已经在考虑这个问题了。诸葛亮是有能力，但是他毕竟不是神仙，没办法凭空给刘备变出反收购的资金来，所以他现在考虑的也还是比较现实的问题。

同时，作为一个极有能力的超级 CEO，曹操是不会长时间被愤怒蒙蔽住双眼的。虽然在收购新野公司的时候刘备和诸葛亮摆了他一道，而且新野公司的资产诉讼案最后也不了了之了，但冷静下来之后的曹操仍然以卓绝的战略眼光看破了当

前的形势：虽然负隅顽抗的江夏分公司急切之间还拿不下来，但是很明显，他们也已经给自己构不成什么威胁了。因此，曹操果断决定启动了他这次南下的第二阶段收购计划，把矛头指向了东吴集团。

接到了曹操下的战书，东吴集团的董事长兼 CEO 跟刘备一样急起来。毕竟吸收了荆襄集团的资金之后，曹魏集团用于收购东吴集团的专项资金已经达到了 100 亿之多！这样严峻的现实，不由得孙权不害怕，不着急。

于是，孙权赶忙派遣心腹鲁肃借着给刘表开追悼会的机会前来拜访刘备。和诸葛亮见面后，鲁肃在象征性地问过曹操的虚实之后首先提出了东吴集团想要跟刘备合作共同抵制曹操的收购意向。实际上这并不是孙权的意思，而是鲁肃自己的意思。孙权派鲁肃来见刘备只是想在于曹操正面交手过的刘备那里探听点曹操的虚实。

不过对于诸葛亮来讲，无论是谁的意思对于他来说都足够重要，因为他给刘备设计的下一步的出路正是与东吴集团结成战略伙伴关系，组成企业联盟，共同向曹操这个风头正盛的业界龙头叫板，这是刘备止住前一阵子颓势的好机会。所谓"敌人的敌人就是朋友"，无论是鲁肃还是诸葛亮，都非常明白这句话中的含义。

俩人的意见一拍即合，于是诸葛亮辞别了刘备跟鲁肃来到了东吴集团总部所在地建业，以江夏公司执行总裁刘备的特使的身份全权负责起跟东吴集团协商合作的事宜。

前面说过，谈合作这件事并不是孙权的意思，因为东吴集团内部对于到底是拿出全部家底跟曹操拼到底还是效仿荆襄集团那样直接让东吴集团成为曹魏集团的分公司还存在争议。

虽说荆襄集团的凄惨下场应该已经给东吴集团的上上下下带来了前车之鉴，但是有些人还是愿意相信比荆襄集团更大、更有实力的东吴集团不会被曹操一口吞下，换句话说就是他们相信曹操还没有实力像对待荆襄集团一样对待东吴集团——一口吃掉，连骨头都不吐。而这些人里面声望最高，在孙权面前说话最管用的，就是东吴集团的对内行政一把手——张昭。

不过，孙权不是刘琮，刘琮是个什么都不懂的小毛孩子，而孙权则是当时唯一

有资格也有实力和刘备、曹操这两大知名 CEO 掰手腕的的人,这样的人自然不会轻易被人蒙蔽。于是,孙权在分别和鲁肃、诸葛亮以及主张跟曹操展开大规模商战的销售总监深谈过之后,做出了一个在整个东吴集团历史上可以说是最重要的决策——联刘抗曹。

这个决策的做出不仅仅直接促成了后来震动全世界的赤壁大商战,为曹魏集团的无限制扩张画上了句号。对于孙权本人来说,这也是他从继任富二代彻底进化为超级 CEO 的最重要的蜕变。

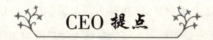
CEO 提点

> 结盟是市场上小企业对付大企业常用的一种策略,结盟的关键就在于双方找到共同的利益点,同时各自也要做出适当的退让。

既得的利益,谁也甭想拿走

刘备和孙权的联盟奇迹般地在赤壁掀翻了业内老大曹魏集团,但是接下来的问题就来了,就是两家企业如何"分赃",这个问题关系到联盟的走向。

赤壁商战打败曹操,孙刘两家谁出的力多?毫无疑问是孙权。赤壁商战打败曹操之后谁得的利大?毫无疑问是刘备。刘备人生中的转折点在他遇到诸葛亮的那一刻,而刘备在事业上真正步入正轨,从一个山寨小老板迅速发展为盛极一时的巴蜀集团的董事长兼 CEO 的转折点则是赤壁商战。

赤壁商战让曹魏集团遭到了重创。曹操在赤壁商战中投入的 83 个亿的资金几乎血本无归。尽管曹魏集团财大气粗,也承受不起这么重大的损失。要知道,这笔钱几乎是整个曹魏集团 70% 的资金储备。因此,在赤壁惨败之后,曹魏集团的经营策略不得不由全面扩张转为全面收缩。不仅如此,就连刚刚被划入销售版图的原荆襄

集团的那一部分市场也在江夏公司和东吴集团的反攻之下变得岌岌可危。

缓过一口气的刘备终于开始了他占荆州—占益州—争天下的"三步走"战略的第一步。这时,刘备开始名正言顺地在荆州抢地盘了——刘备向来称曹操是架空东汉集团董事局权力的"小偷",现在的荆州是曹操的地盘,自己又是东汉集团的宗亲,在外人看来讨回荆州自然是情理所在。

因此,对于跟曹操争地盘,刘备表示自己压力不大,并且没有任何心理负担。刘备唯一的压力来自他们在赤壁商战中的合作伙伴东吴集团,在荆州问题上,两家公司重新成了竞争对手。

为了帮助刘备尽快夺取荆州,诸葛亮力压关羽,在自己COO的头衔后面又加上了一个CMO,全权负责对于荆州市场的重新占领反面的工作。没错,就是"重新"。至少在刘琦看来是这样。

作为一个搞行政、搞战略策划出身的CMO,诸葛亮打商战不玩恶意倾销,不打价格战,他靠的是深沉的商战谋略,玩的是心计,专搞浑水摸鱼,趁虚而入一类的把戏。诸葛亮明知道东吴集团和周瑜对荆州志在必得,而曹操又派自己的心腹,善打硬仗的曹仁镇守荆州,于是他假装大方,让周瑜先去跟曹仁火拼,然后等两边打得精疲力尽之后再趁虚而入,一口气攻占了南郡、荆州和襄阳三大块市场,整个荆州市场最富庶的地区全都被刘备控制住了。

自己费了半天劲,最后反而成全了刘备,东吴集团CEO孙权和CMO周瑜当然不乐意。周瑜派之前始终负责孙刘两家之间的协调工作的鲁肃去见刘备,跟刘备摆事实,讲道理,让刘备主动退出荆州市场,把这片市场让给东吴集团。

还记得刘备是个什么人吗?他是个不折不扣的野心家,虽然外表道貌岸然,像个正人君子,但实际上脸厚心黑,手段厉害着呢。去跟刘备要荆州,这简直就是与虎谋皮,要不是刘备还要顾及自己的高大品牌形象,他这只虎简直就要咬鲁肃两口了。荆州肯定是不还的,但是拒绝也要讲方法。刘备和诸葛亮一致认为自己的公司还不够强大,远远没到有资本和东吴集团翻脸的时候。

因此,在接见鲁肃的时候,刘备抛出了刘琦这块挡箭牌,而且还振振有词:"谁说荆州市场就应该是你们东吴的?你们还记得当年的荆襄集团吗?荆州市场是人家荆襄集团的,当年只不过是被曹操强占了去罢了。现在这家公司你别看是我管事,其实真正的老板是刘琦,我只不过是个打工的罢了。人家老爹的基业人家儿子自己去收回来,关你们东吴什么事啊?我知道你们东吴集团很想拓展市场,但是咱们是盟友,你们该去曹操那抢地盘,跟我这抢算什么本事啊?"

这番话把鲁肃说得哑口无言。对呀,荆州原本就是姓刘的嘛,只不过姓的是刘琦的刘,不是刘备的刘。当然,鲁肃也不是傻子,见不到刘琦他是不会走的。于是,刘备发话了:"孔明啊,上刘琦!"结果诸葛亮就叫人把刘琦抬了上来。鲁肃一看,这刘琦,这不是快死了吗?算了,说也说不过你,那干脆就等刘琦死了再说吧,反正看这模样估计是肝癌晚期,活不过半年了。

就这样,刘备总算赖过去一次,算是稍稍放了点心,派诸葛亮领着关、张、赵云等销售主力一举并购了武陵、长沙、桂阳、零陵四家地处荆南的小公司,企业规模迅速壮大起来。

但是没过半年,不出鲁肃所料刘琦真的死了。鲁肃又一次登门拜访。这下刘备又头痛了,挡箭牌没了,还不能跟东吴集团翻脸。怎么办呢?刘备又拿出了他的"大杀器"——哭。这次跟鲁肃一见面,只要鲁肃一提荆州的事,刘备就开哭,边哭还边说:"子敬你说我这人怎么这么倒霉啊?堂堂东汉集团董事长的叔叔,混迹商海大半辈子,到头来连自己的公司都没有,这好容易有了家公司,还让自己的盟友挤兑来挤兑去的,弄得最后都没有容身之地了,唉!"

堂堂东汉公司董事长的叔叔竟然张嘴就哭,鲁肃哪受得了这个?这要是硬要让刘备退出荆州,那还不成了往死里逼自己盟友的坏人?刘备名声那么好,自己还不得让人给骂死?自己怎么样还不是最主要的,要是让人觉得东吴集团不仗义,破坏了企业形象,那东吴集团在荆州可就呆不消停了。

见鲁肃一迟疑,刘备赶紧趁热打铁:"子敬啊,我也知道你们东吴集团在赤壁上出力多,而且损失也不小,我特别体谅你们想要在荆州拓展业务的想法。要不这样你看行不行?过几天我就带人进川,去益州拓展业务。只要我能在益州站住脚,有了一个容身之地,那么到时候我就把荆州还给你们东吴集团可以吗?"话说到这份上了,鲁肃只好答应。

总而言之，能不还就不还，能不给就不给，进了我的口，你们谁也别想轻易掏出来。

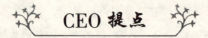

CEO 提点

> CEO 要奉行这样有一个原则，只有没吃到嘴里的才可以拿出来谈，已经吃到嘴里的，对不起，我已经咽下去了。

低调，是因为有资本高调

赤壁之后，刘备管孙权借来了荆州，按照诸葛亮战略，益州公司就是下一个目标。恰好这时候益州公司的老总刘璋向刘备发出了邀请，你瞧瞧，这真是想啥来啥啊！

CEO 曹做什么事情都很高调，CEO 刘做什么事情都很低调。曹操做事高调是因为他的资本雄厚，刘备做事低调是因为他手里根本就没什么资本，他不能也不敢高调。但是现在刘备尽管有了资本，行事依然低调。

在占据了荆州，实现了 COO 诸葛亮制订的"三步走"战略的第一步之后，刘备开始着手走第二步——夺取向来被称为"天府之国"的西川，也就是益州那片广阔市场。在刘备的眼睛里，益州集团的董事长刘璋根本就不配占据这么好的一片市场，只有自己才配。当然，他的这些想法是不会说出来的，他嘴上说的是："东汉集团被曹操这个权力小偷给架空了，而且现在真正心里还想着东汉集团的人越来越少了，对于这一点，我很伤心。益州集团的 CEO 刘璋跟我一样，都是东汉集团董事局的亲戚，这个世界上除了我，估计也就只有他还想着东汉集团了，所以如果他有难，我一定帮他。"

刘备为什么要说这番话？因为益州集团真的有难了。刘璋的益州集团跟张鲁的汉中集团是死对头，为了争夺市场，两家企业已经掐了很多年。但是最近，刘璋给刘

备发了封电子邮件,里面说汉中集团的市场做的太厉害了,我们益州集团销售部的人都不是他们的对手。听说老哥哥您手下有的是能人,那么看在咱们都是东汉集团董事长的亲戚的份上,能不能拉兄弟一把?

这封电子邮件对于刘璋来说叫引狼入室,对于刘备来说则是天赐良机,因为他正找不到入川的借口呢。不过刘备这次入川,同样秉承了自己行事低调的一贯传统,看看他带的这些人。

黄忠:一个 60 多岁的销售老油条,虽然业绩一直不错,但毕竟年纪摆在那里。

魏延:刘备的贴身亲信,尽管能力没问题,但是并不为外人所知,就像对刘备一战成名之前的陆逊一般。

庞统:在擅能用人的孙权手下如此不受待见。这样的人能有多大本事?

再看看刘备手下那些公认的猛人,诸葛亮、关羽、张飞、赵云,这些人他可是一个都没带。够低调了吧?但是太低调了也是不行的,你毕竟是去帮人家的啊,要是净派些小鱼小虾的过来,那岂不是太不给刘璋面子了?所以,CEO 刘备亲自带队。这下够给你面子了吧?

按说刘备已经有资本了,他现在坐拥荆州。为什么他还要如此低调?一方面原因是荆州是自己的老家,不把手下的精兵强将留在荆州,他自己不放心。另一方面原因是他可不是帮刘璋收拾张鲁去了,他是去收拾刘璋的!按照刘备一贯的作风,这种事情能不做就尽量不做,如果不得不做了,也要尽量做得低调才好。

上面那些关节可不是刘璋能够想得明白的——他根本就是一个心宽体胖的人。这样的人怎么可能在激烈的市场竞争当中立足呢?于是他不仅给了刘备收拾自己的机会,还给了刘备收拾自己的各种反面,就相当于花钱找打一般。

刘备图谋刘璋的公司,玩的手段也极为低劣。表面上刘备和刘璋一起吃吃喝喝,兄弟之间讲情义。可刘备转脸就不认人了,手里挥舞着钞票开始行贿,收买刘璋团内的要员,什么法正啊、张松啊,都被刘备搞定了。可惜的是,一个不小心,这件事让刘璋发现了。刘璋说:"好呀,刘备。原来你拿我当傻子耍啊。真是没想到,你我同宗,你居然比张鲁还狠毒啊!"

这时,刘璋才意识到刘备入川根本就是心怀鬼胎,便把和刘备有联系的人全都

开出公司。但是,刘备怎么办呢?"请神容易送神难",刘备是自己请来的,现在想让他走可不容易了。

于是,刘璋和刘备的摩擦越来越多,最终升级成了全面的大规模冲突。其实这一点正是刘备所乐意看到的,要是刘璋始终对自己恭恭敬敬的,刘备反而不知道怎么办。

现在刘璋率先撕破了脸皮。那刘备可就不用再顾忌名声和面子的问题了。对待敌人,要像严寒般冷酷。刘备也不玩低调了,他一口气从荆州调来了诸葛亮、张飞和赵云,现在的刘备是能多高调就多高调

以刘璋的势力根本就已经招架不住刘备的攻击,三下五除二,刘备抢占了刘璋的地盘,顺理成章地兼并了益州集团。兼跨荆益的巴蜀集团的主体已经形成,刘备把市场搞成"三体问题"的计划也已经初见成效了。

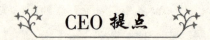

CEO 提点

用姿态为目的打掩护,这是 CEO 的一个惯用手法,或是高调,或是低调,或是进攻,或是退缩,虚虚实实掩人耳目,以免暴露企业的目标、计划。

眼光,是一个 CEO 的撒手锏

刘备得到了益州公司引起了曹魏集团的警觉,曹操和孙权达成了默契,一个对荆州虎视眈眈,一个对汉中张牙舞爪,刘备一心不可二用,只能"割肉"了。

现实和设想总是会有出入的。虽然诸葛亮这个巴蜀集团的 COO 是个惊才绝艳,号称算无遗策的卓越战略家,他也仍然不可能预知未来。因此,当刘备已经基本达成了"三步走"战略的前两步,巴蜀集团正式建立之后,诸葛亮和刘备却发现当初他们所设想的一旦曹魏集团内部出现什么问题的话,就从益州和荆州同时对曹魏

集团展开攻势的设想根本就行不通。

为什么呢？这是因为当时诸葛亮在进行妙算的时候算的都是刘备应该如何与曹操进行博弈，结果却漏算了一个十分重要的点，那就是东吴集团。原来的东吴集团守成有余而进取不足，可是当东吴集团在赤壁商战中获胜之后，他们的实力也有所增强，进而拥有了一定的向外扩张的资本。

二老板关羽坐镇的荆州分公司地处三大集团的交界之处，这片市场的资源和实力太好了，是人人眼红的富庶之地，哪家公司占据了那片市场，都可以获得丰厚的利润回报。东吴集团的历代 CMO 们想荆州简直想疯了。

如果荆州分公司的关羽有朝一日调集荆州的资源向曹魏集团发动攻势的话，谁又敢保证两家企业间的同盟关系可以抵得过荆州市场对于东吴集团的诱惑力？一旦关羽在荆州有所动作，东吴集团很可能就会在背后捅关羽一刀，到了那个时候，不要说进攻，整个荆州分公司都有被搞垮的危险。

至于东吴集团到底会不会做出这种事，诸葛亮心里没底，刘备却几乎敢肯定东吴集团是会对荆州下手的。因为每一个野心家的心，其实都是相通的。曹操是野心家，刘备是野心家，孙权也是。

这样一来，也就是说诸葛亮当初隆中对时所制订的"三步走"计划尽管已经走完了两步，但两路出击的钳形攻势还未展开就已经"半身不遂"了，第三步很有可能再也走不出去了。

而这个时候，两件需要做出决策的事基本上在同一时间摆在了刘备和诸葛亮的面前。一件事是在刘备西进并购了益州集团的同时，曹操也在稍后向西并购了张鲁的汉中集团。益州和汉中是邻居，对于曹操并购汉中集团这件事，身为巴蜀集团 CEO 的刘备是不可能不表态的。

另一件事是当初的荆州旧事。刘备当初赖在荆州不肯走，跟东吴集团的口头协议是说等自己并购了益州集团之后就把荆州让给东吴集团。市场这东西，虽然不是随便就可以拿来拿去的物件，但自己毕竟还是要就这件事给东吴集团一个回应，而且东吴现在又派人来了。

这两件事看起来互不相关，但实际上却是一件事。就像曹魏集团没有能力应付

巴蜀集团和东吴集团的联手进攻一样，刘备的巴蜀集团也不可能同时得罪曹魏集团和东吴集团。如果刘备决定对曹操并购汉中集团这件事持强硬态度的话，在荆州那里就不得不割让给东吴一些利益。如果刘备拒绝放弃荆州的话，那么巴蜀集团也就再没有多余的精力和资源去跟曹魏集团争夺汉中市场的控制权了。

汉中和荆州，刘备必选其一，这件工作任何人也替不了他，这个决策只能他自己来做。而最终，刘备选择了可以以之作为向曹魏集团发起进攻的桥头堡的汉中而部分放弃被牵制在那里动弹不得的荆州。

事实证明，这一决策的做出充分展示了刘备作为一家大企业的 CEO 的眼光和魄力，也是我们说刘备是一个和曹操处在同一水平线上的超级 CEO 的凭证之一。

CEO 提点

舍弃是企业经营中一门高深的学问，CEO 要懂得舍弃，而且还要找准哪些可以舍弃，在什么时候舍弃，以什么方式舍弃，这都是在考验 CEO 的眼光。

亲疏之间，合资集团的
权力构架

不能放权的 COO 是不称职的

诸葛亮是鞠躬尽瘁死而后已的劳模代表，但是实际上巴蜀集团就毁在了他的鞠躬尽瘁死而后已上面了。

诸葛亮，巴蜀集团的年度风云人物，可谓是名满天下。

刘备能从一没落贵族到创建巴蜀集团，与曹、孙三分天下，大半是诸葛亮的功绩。由此，诸葛亮坐上 COO 的位置也是理所当然。

诸葛亮对于巴蜀集团的最大功绩，就是在隆中为 CEO 刘备设计了以荆州、益州为根据地，坐等时机以谋发展的战略。也正是这一点，才使得刘备肯花大价钱把诸葛亮这个一没文凭又没经验的老农聘为公司顾问。

说到诸葛亮没有实际工作经验，这个很好理解。在出山之前，诸葛亮躲在南阳的简易房中，一面读书，一面务农，未曾出仕。但要说诸葛亮没有文凭，会有人要说，孔明被称为"卧龙"，怎么能说是没有文凭呢？

其实，"卧龙"这个称号是司马徽给起的，知道、认同这个名号的仅仅就那么几个人。"卧龙"在大范围内根本就没有影响力，属于自己办的假文凭，并未经过权威机构认证和主流学术界的认可。所以，诸葛亮又有"诸葛村夫"之称。

刘备花高价请来了一个老农当顾问，他的两个合伙人关、张二位老爷就不干了。张老爷头脑相对要简单，他觉得自己是老板阶层的，应该是他管别人，凭什么找个打工的来管自己。而关老爷的头脑就要复杂得多，他知道老大刘备还是很会看人的，既然花大价钱请来这么一个老农，那么这个老农必然有真本事，势必会对自己在企业中的权势和地位有所挤压，索性自己拿着张飞当枪使，以诸葛亮无根基、无学历、无经验的"三无人员"和老农身份为由，采取不合作的态度。

诸葛亮的脑子多聪明，一眼就看穿了关、张二人的深浅，张飞好收拾，应付关羽，难！诸葛亮的当务之急，就是要立威。只有立威才能有资本摸到权力，只有把权力摸到手里，才能够驾驭得了这位关二老板。

于是，上任伊始，顾问诸葛亮就向刘备提出希望能够在销售上有所建树。诸葛亮这一提及是比较狠毒的。在当时，刘备集团的销售权力完全是掌握在关、张手里。诸葛亮提出要主抓市场，一方面在销售方面出业绩见效快，因为这方面的业绩最为直观，用数字说话也最有说服力，便于诸葛亮立威；另一方面，正相当于从关、张二人手里分权，可以削弱二人的力量，在权力斗争中获取实利，可谓是一举两得。

最终，诸葛亮如愿以偿，不仅拿到了销售权，而且首战告捷，给关、张一个下马威。诸葛亮的动作不止这些，在接管销售的同时，他还在销售系统内培植势力。销售部的神人赵云就被诸葛亮拉了过来，成了他的嫡系。至此，诸葛亮对关羽形成了权力上的优势：诸葛、关主管销售，但是销售部的市场战略由诸葛亮制定，诸葛亮成了关羽的隐形领导。

不过诸葛亮心里清楚，关、张和刘备是合伙人的关系，自己则是给大老板刘备打工的关系，所以不能因为这一个小小的胜利就翘尾巴，自己要抓到更大的权力。于是，诸葛亮把目标放在了行政权上面，而抓权的手腕就是倡导孙刘联盟。

诸葛亮主抓孙、刘联盟的事比任何人都有优势，因为他哥哥诸葛瑾是东吴要员，正所谓朝里有人好办事。而东吴也很配合诸葛亮，帮助诸葛亮抬高身价。东吴这方面，凡是涉及联盟的事，只和诸葛亮谈，诸葛亮身价倍增。

要在权力斗争中取胜，除了自己要争取一切可能获得的权力，同时也不要放过打压对手的机会。在华容道，诸葛亮很潇洒地摆了关羽一道。诸葛亮料定关羽会念

记旧情,放曹操一马,最终还是把关羽派到了华容道。

结果关羽犯错了,这个把柄成了诸葛亮压制关羽的撒手锏。但凡关二老板对诸葛亮有不满之处,诸葛亮只需略施提点,关羽就无话可说了,毕竟都是明白人,毕竟自己的小辫子在人家的手里。

压制住了关羽,刘备公司里就没有能和诸葛亮相抗的人了。诸葛亮顺其自然地成了巴蜀集团的COO。但是,早期的权力斗争给诸葛亮留下了一个心理阴影,就是把权力抓在自己的手里。后来关、张两个老板相继去世,诸葛亮权力斗争的对象转移成了以李严为首的和巴蜀本土高管的时候,诸葛亮还是事事亲历亲为。

事实上,巴蜀本地的高管总还是有些能人的,譬如李严就很有才华,但是刘备去世前交代好了,诸葛亮总督巴蜀集团一切事物,诸葛亮乐不得大包大揽,以劳模的姿态出现在世人前。"把权力交出去,我是真不放心啊",诸葛亮如是说。

结果就是,诸葛亮这位大权独揽的COO,一方面在市场上和曹魏集团展开了惨烈的竞争,消耗了巴蜀集团大量的资源;另一方面,诸葛亮的大包大揽严重地抑制和阻碍了巴蜀集团人才的成长。

呕心沥血,操劳过度,诸葛亮还没熬到退休的年纪,就病逝了,而这样一个声威卓著的COO留下的,是一个既无人力、又无财力的巴蜀集团。

CEO 提点

管理者和执行者完全是两个概念,管理的主要任务是协调和督导,非为躬亲而为,管理者必须要区分开两者的差别。

荆州子公司的关二老板

关羽是刘备市场销售系统的老大，因为和诸葛亮斗争失败，主动申请外放，但是这似乎不足以保全自己，向来高傲的关二老板就栽在他的高傲上了。

巴蜀集团中，声威最盛的除了模范COO诸葛亮，就要数荆州子公司的关二老板了。和打工者诸葛亮不同，关二老板是股东，在巴蜀集团里是有股份的，当初刘、关、张桃园创业，这些都是写在合同里的。

二老板关羽原本是个江湖混子，跟着刘备开始创业。和张飞一样，之所以为刘备所看重，是因为其出色的销售才华，占领市场、攻城略地，皆"万人敌"。关羽还有一个优点就是"忠诚"，对老板忠诚的人，老板都喜欢。

刘、关、张先是成立了一个山寨厂为东汉集团代工，打压当时的民企黄巾集团。后来因为成绩斐然，入职东汉集团，又是各地飘零。老大刘备失势的时候，关二老板流落到曹操集团。曹老板对关羽礼遇有加，想要将关羽收为己用，但是关羽谢绝了。在得知刘备的消息后，关二老板又跑了回去，这件事让大老板刘备很是感动。在创业初期，三个老板之间的关系还是很融洽的。

后来，为了改变现状，刘备踏上了求贤之旅，找来了让关二老板郁闷一生的诸葛亮。刘备对诸葛亮很是敬重，给了诸葛亮很大的权力。关羽感到很不爽，他感觉到了诸葛亮对他这个二老板的威胁。三老板张飞是个脑子简单的人，关羽索性把他拉到自己的阵营，让他充当炮灰，抵制诸葛亮。但诸葛亮何其聪明，根本就不和关、张正面交手，而是抱紧大老板刘备的大腿，暗中培植势力，拉拢在刘备集团很有人望却无靠山的赵云，而后等待时机。

终于，诸葛亮成功地缔造了孙、刘联盟，一举将曹魏集团赶回北方，并且趁机吞占了荆州市场，因此成了公司里的红人。接下来，关羽又被诸葛亮在华容道算计了。对于放走曹操，集团很生气，后果很严重，关羽不得不在诸葛亮面前矮上一头，夹着尾巴做人。

幸好,这时候集团开始了开拓西川的计划。在西川市场,刘备集团受到了重创,指挥拓展西川市场的总监庞统引咎辞职。刘备立刻调诸葛亮入川,接替庞统主持工作。这给了关羽喘息的机会。关羽写信给刘备,要求成立荆南子公司,自己以二老板的身份全权处理子公司的相关事宜。

很明显,关羽是想把荆州变成个小独立王国,自己当土皇上。刘备思量许久:庞统已经离职了,现在诸葛亮声望愈隆,没有人能够牵制他,这时候有必要把关羽挺起来。关羽是自己人,万一有什么不测,还是值得信赖的,索性就成立荆南子公司,但是这个公司的规模实力不可太大,要让关羽和诸葛之间可以相互制衡。就这样,荆南子公司挂牌成立了,关羽成了公司的老板。

荆州有多少家当,关羽心里是有数的,诸葛亮在调入西川的时候,带走了不少资源。关羽明白,诸葛亮自己可不敢擅自调用这些资源,这是老大刘备的意思,目的在于削弱荆州的势力,玩儿制衡。但不管怎样,自己反正算是摆脱了诸葛亮的压制,有了自己的一亩三分地了。

关羽当上荆南子公司的老板后,希望有一番作为,开始筹划拓展市场,扩充实力。关羽把苗头指向了曹魏集团主导的樊城市场,打算对曹魏集团展开攻势。关羽初期很是顺利,把曹魏集团的销售经理于禁教训得很惨,曹魏集团高层震动,关羽声望盛极一时,俨然盖过了刘备和诸葛亮。

按理说,荆州公司隶属于巴蜀集团,荆州和曹魏开战,巴蜀总部应该提供支援。但是大老板刘备和COO诸葛亮考虑到关羽心高气傲,便达成了一个默契:不声援、不支持,坐观成败。

但是,关羽荆州公司的壮大,使东吴集团坐不住了。因为任何强大的公司对东吴集团都是个很大的威胁。结果一向被关羽所瞧不起的孙权乘关羽和徐晃交手不利的机会,指使人在背后捅了关羽一刀,结果就把关羽捅死了。孙权干脆一不做二不休,趁机把荆州市场全抢了过来,荆州公司就这么被东吴集团收编了。

二老板关羽这辈子很是郁闷,本身作为巴蜀集团的合伙人,结果被诸葛亮算计,被一个打工仔打压,好不容易搞出点名堂,就在事业的顶峰的时候,却遭到了毁

灭性的打击,就再也翻不了身了。

汉中子公司的马老板

马超是巴蜀集团高层中和CEO刘备关系最冷淡的一个。但是这也没办法,入职晚,没靠山,索性谋得外放,在一天公司干一天活吧。

刘备的巴蜀集团旗下曾经有三个子公司,一个是关羽的荆南子公司,一个是魏延的汉中子公司,另一个就是马超的"凉州"子公司。可见,在巴蜀老总刘备的心目中,马超的地位还是很重要的。

马超出身销售世家,祖上马援先生在销售界为泰斗级的人物,父亲马腾也是以销售的功绩坐上了东汉集团西凉分公司总经理的位置。马腾这个人,才略虽然差了些,为人还是比较正直的,因为看不惯CEO曹操的所作所为,被曹操赶出了东汉集团。

马腾离职后,西凉分公司的业务由马超来打理,马超替父出气,掀起了一场倒曹操风暴,而且一度让曹操狼狈不堪,差一点把曹操搞下台。但最终还是曹操老谋深算,使了一招离间计,让西凉分公司起了内讧,马超最终以失败而告终。

被曹操赶出西凉分公司,马超跳槽到了张鲁的汉中分公司。当时,刘备正在开拓西川市场,巴蜀分公司的刘璋在自己的地盘上竞争不过刘备,便和张鲁结成联盟。张鲁派马超进入西川市场,帮助刘璋对付刘备。

马超是个很有能力的人,就使负责葭萌西川市场的孟达节节败退,连连向老板

刘备告急。刘备打出自己的王牌——张飞，并且连同诸葛亮亲自到销售一线指挥，局势陷入僵局之中。

往往，市场上不能解决的问题，在酒桌前都能解决；从正面狂轰乱炸打不垮的对手，在背后捅一刀就 OK 了。

诸葛亮就阴了马超一把，他派人暗中行贿张鲁的心腹杨松，要杨松在张鲁面前诋毁马超。杨松贪财，而且本与马超不睦，如果马超立下功绩，杨松的日子也不好过。权衡利弊得失，杨松决定在背后捅马超一刀。

结果，马超很不幸地遭到了杨松的暗算，走投无路，跳槽到了刘备集团。对刘备来说，马超的加入如虎添翼。在西川，马超颇负盛名，刘备得到马超，无形中给自己的竞争对手刘璋施加了巨大的压力。最终，刘璋没能顶住这个压力，缴械投降了。

刘备拥有了冀州之后，正式脱离了东汉集团，建立了巴蜀集团。公司成立，各个创业的功臣的职位就成了很大的问题，其中，最大的问题就是马超。

首先，马超的职位"高不成、低不就"。

马超出身世家，跳槽到刘备集团之前，本就是"封疆大吏"了，而且他心气高，职位给低了，容易出乱子。但是，给马超高职也不合适。创业公司与成型的公司不同，讲究的是资历和论功行赏，不然的话，人家凭什么跟你风里来雨里去的辛苦这么多年。马超到刘备集团的时间不长，功劳也不甚丰，属于空降，在集团内并没有太多的威信。所以，为马超定职，考验 CEO 的时刻来到了。

刘备选用的是矛盾分拆法。就是把矛盾的两方面完全隔开，然后逐条解决。以马超的能力和在蜀地的影响，应该给以高位，于是刘备封马超为"五虎上将"之一，对其能力给予肯定。

而后刘备着手解决马超荣登"五虎"可能带来的矛盾。此次，刘备使用了两个手腕，一个是"定位"，一个是"宽慰"。以刘备指示诸葛亮给关羽的信来说，"定位"就是在信中说，马超的能力和张飞相仿，理应被重视；"宽慰"就是说马超终不如关羽，但需要关羽体谅。刘备的这一招奏效了，关羽嘿嘿一笑，马超的能力很强，虽然不如我关羽，但是赏他个"五虎上将"吧，以示恩典。

再者，马超有可能打破集团内部的权力平衡。

巴蜀集团建立时,公司内部主要有两大势力,一个是关、张为首的"二老板"集团,一个是以诸葛亮为首的"二把手"集团。这两个集团势力平衡,才造就了巴蜀集团内部的和谐稳定。这时候,马超空降而来,无论他站在那一边,势力均衡都会被打破。

对此,刘备玩了一手高职外调。由于马超在西北享有声誉,索性就在西北成立一个子公司,交给马超打理,从而使马超离开成都的权力中心。果然,刘备的这一招又奏效了。马超远赴西北的子公司,成了偏安的老总,直到马超病逝,也没给巴蜀集团上层权力的平衡带来麻烦。这即是刘备,作为一个成功创业CEO的手段。

CEO 提点

企业的平衡和稳定是CEO思维中最优先考虑的,在牺牲人才和牺牲企业的平衡之间,选择牺牲人才永远是最正确的。

托孤的行政大鳄李严

李严和诸葛亮一样,是刘备临终任命的双巨头之一。可惜李严比较倒霉,因为他的对手是诸葛亮。从一开始他就没有机会,被诸葛找个机会就给搞下去了。

刘备去世的时候,将接班人刘禅托付给了两个人,一个是众所周知的COO诸葛亮,另一个就是李严。或许是诸葛亮的光芒太过耀眼,绝大多数人都不再提李严这个人了,但他在蜀汉集团绝对是权倾一时的行政大鳄。

李严最初是在荆州刘表的手下供职,刘表去世后,曹操向荆州扩张,李严为了避难,跳槽到了益州刘璋的手下,分管成都。李严最大的才能是行政才能,在他的治理下,成都被打理得井井有条。由此,深得刘璋的信任和重用。

在得到荆州之后,刘备开始实施诸葛亮的"三步走战略",挺进西川,势如破竹,直逼绵竹，刘璋在生死危亡的时刻启用李严，让他主持绵竹的防御工作，但是李严觉得刘璋这个老板靠不住，就识了一把时务，跳槽到刘备集团。

李严的大名，刘备早有耳闻，更是知道李严在行政上的才华。此前，刘璋的益州分公司纪律松弛，效率低下。刘备正好借助李严的才干，连同诸葛亮、法正等人制定了《蜀科》，作为巴蜀集团公司基本法。不久，李严又被刘备任命为巴蜀集团的行政副总监，和 COO 诸葛亮共同打理蜀汉集团的政务。

李严的上位一方面是因为自己的能力，另一方面更是出于刘备对制衡诸葛亮的考虑。刘备过世前安排诸葛亮升任 CEO，同时李严身兼财务和市场两个显耀部门的总监职务，掌握实权。但是，显然诸葛亮很介意别人跟他分权，非要搞掉李严不可。而李严很悲剧地发现，自己根本就不是诸葛亮的对手。

诸葛亮和李严对巴蜀集团的经营思路不同，诸葛亮主张开拓的经营，以不断开辟新市场作为企业利润的增长点；李严是属于稳守型的，主张在现有市场上精耕细作来实现企业利润放任增长。

但是，毕竟 CEO 是诸葛亮，诸葛亮大笔一挥，开疆辟土，入侵曹魏集团，李严也没办法，而且诸葛亮的理由冠冕堂皇，继承已故老板刘备的遗志，跟曹魏集团对抗到底。结果诸葛亮以经营思路不和为由把李严留在总部搞内政。这样一来，诸葛亮实际上一把就抢过了李严财务和市场销售方面的权力。

不仅如此，诸葛亮又来了一招"请君入瓮"，你李严不是主张在现有市场上精耕细作嘛，那好，我们就各展所长，我在前面开拓市场，你在后方巩固市场。结果诸葛亮一纸调令就将李严踢出成都总部，支到江州去了。而李严在江州市场上的利润则成了诸葛亮开拓新市场的财政预算。李严在财务、市场销售上制衡诸葛亮的企图，三下五除二就被诸葛亮化解了。

对此，李严十分不满，毕竟自己和诸葛亮一样是托孤之臣，凭什么远离总部，发配边疆，李严要求将江州、永安等地区的业务合并在一起，成立一个大区归自己管辖。实际上，李严这是退而求其次的办法，既然在总部无法和你角力，那我就另辟疆土。

诸葛亮是多聪明的一个人啊，一眼就看穿了李严的目的。他"言辞恳切"地劝李

严不要抱怨:你看,我不也是远离总部,出去开拓市场吗,你要是不满意在大后方的话,那你就来汉中,跟我一起开拓市场去。

得到诸葛亮的回复之后,李严鼻子都气歪了。自己若是跑到汉中去跟着诸葛亮开拓市场,那么就彻底成为诸葛亮的从属了,这辈子别想再翻身。李严彻底领教了诸葛亮权术的厉害,所以也就不再提在江州成立大区的事了。

"树欲静而风不止",李严觉得自己折腾够了,想要停下来缓缓,可是诸葛亮却玩起劲来。他以市场开拓不利,集团公司间面临重大损失为由,让李严离开江州,赴汉中商讨解决之道。

诸葛亮这是要下狠手,李严怎么肯引颈就范?诸葛亮自然知道抛出诱饵钓大鱼的道理。他一方面提升李严的儿子李丰接替李燕在江州的业务;另一方面,又许给李严一些在销售和行政的权利。李严无话可说了,只能前往汉中。

到了汉中,李严彻底变成了诸葛亮的一个从属。在那里负责诸葛亮开拓市场的后勤保障工作。如此,李严和诸葛亮的关系由东汉集团共同执政的双总监李傕、郭汜那样子,变成了荀彧和曹操这样的领属管理了。

在汉中的日子,李严并不好过,看人脸色行事。诸葛亮和曹操有一点极为相似,就是对于异己者,绝不心慈手软。没多久,诸葛亮抓到了李严一个把柄:资金未能及时到位导致前面销售部的人在市场上受挫。

就这样,李严被诸葛亮解雇了,此后这位原本被刘备用来制衡诸葛亮的李大总监再也没机会踏入巴蜀集团的大门一步。

CEO 提点

双巨头制的前提是很苛刻的,两方势力旗鼓相当才可采用双巨头制。通常在实力不均衡的情况下,更多的是使用独裁或者三巨头制。

策划和创意总监法正

法正是半路跳槽到刘备手下的。当时，刘备正苦于没有一个能和诸葛亮唱对台戏的人，结果老天把法正送过来了。法正一来，诸葛不再寂寞！

CEO 刘备最为倚重的总监是 COO 诸葛亮，最为亲近的总监却是法正。

法正出身名士之家，有一定的社会地位。法正最初进入到东汉集团是在刘璋的手下做事。但是刘璋是个不会用人的人，法正尽管才华横溢，但是不被重用，日子过得很不顺心。而这一境遇直到遇到刘备才开始好转。

刘璋由于忌惮曹操，听从了张松的建议和刘备结盟，派法正为代表去和刘备接洽。法正见到刘备之后，深为刘备的领导魅力折服，决定跳槽到刘备的旗下。

法正跟刘备说，益州分公司家底厚实，但是经营不善，总经理刘璋是个无能之辈，希望刘备能够收购把益州拿到手里，并且以此为资本。法正的话这实际上就是诸葛亮的"三步走"战略的第二步，刘备因此对法正大加赞赏。

刘备表面上和刘璋结成战略合作伙伴关系，实际上以张松为内应，大肆收集益州公司的种种信息，意图实施兼并。不料，张松商业间谍的身份暴露了，刘备集团和刘璋集团决裂。

按当时的实力情况，刘璋经营不善，市场拼不过刘备，但是"瘦死的骆驼比马大"，论人力、物力、财力，刘璋仍然占绝对优势。刘璋的销售经理提议和刘备打价格战，大不了赔本倾销，仗着家大业大来拖垮刘备。

刘备得知消息，很是忧心，甚至一度准备放弃挺进西川。毕竟拼家底的话，刘备拼不过刘璋。这时候法正跟刘备说："老板你放心，刘璋是个没有魄力的人，这么绝的招刘璋不会使的。"

果然，刘璋没有采用这个办法。刘璋和刘备相争，结果惨败，最终刘备成功入住西川。至此，刘备越发觉得法正颇有谋略，越发地倚重法正。

　　成为益州公司的新任老板之后,刘备准备撤掉享有盛望的经理许靖。许靖名气很大,但实际上才能一般,而且之前作为刘璋所倚重的高管,他在刘璋陷入困境的时候,非但不替老板排忧解难,反倒暗地里联系上了刘备。所以,刘备很是鄙视许靖的为人。

　　对于许靖的人品才华,法正也不看好,同样认为是浪得虚名。但是法正却像刘备建议要重用许靖,因为许靖有名望,若一上任就撤掉许靖会给刘备带来不好的影响,造成益州公司内人心浮动,不利于工作的开展。刘备点头,觉得法正考虑问题很全面,采纳了法正的建议。

　　在刘备入主西川的前期,法正尽心尽力,利用自己这些年来在益州公司积累的人脉资源,为刘备做了不少稳定人心的工作,而这些工作是诸葛亮所无法完成的。刘备意识到,在西川这一亩三分地,单靠诸葛亮是玩不转的,法正在这里要比诸葛亮管用。

　　刘备在西川建立了巴蜀集团,法正名义上归行政部,实际上扮演的就是曹操的CD 荀攸和顾问郭嘉的角色。COO 诸葛亮处理内政,出谋划策的任务由法正来完成。

　　曹操在占领汉中之后,任命夏侯渊和张郃负责打理曹魏集团在汉中的业务,法正当即就意识到以夏侯渊和张郃的才能不足以保全汉中,积极鼓励刘备乘曹操立足未稳,捞上一票。

　　刘备听从法正的建议大搞突然袭击,并且一举重创曹魏团,拿下汉中了。

　　后来,在巴蜀集团的高层中,实际上主要有三股掌权势力:一个是以关羽为首、张飞次之的"二老板集团",一个是以诸葛亮为首、赵云次之的"COO 集团",另一个就是以法正为首、李严次之的"东州集团"。

　　关二老板外调镇守荆州,集团总部主要是"诸葛斗法",诸葛亮的强势刘备是知道的,就连身为二老板的关羽也被其压制,何况半路跳槽而来的法正呢? 所以出于CEO 潜意识搞平衡的心理,刘备自然会更亲近法正一些,而法正的才能也确实配得上刘备的青睐。相比于后来被诸葛亮玩死的托孤重臣李严,法正才是真正能够和诸葛亮分庭抗礼的人。

　　法正这个人有些假公济私,往往对与他有过小恩惠的人施以照顾,对与他有矛

盾的人携私报复。这一点，COO 诸葛亮不是不知道，但法正深得 CEO 刘备的信任，足智多谋、劳苦功高，很多事情上法正的话比诸葛亮还管用，所以向来主导"按制度办事"的诸葛亮也就睁一眼闭一眼了。

虽然是巴蜀集团两个不同势力的领袖人物，但法正和诸葛亮在工作中的配合还是比较和谐的。两个人都是聪明人，都知道在这个集团中，真正执掌生杀大权的是老板刘备，刘备需要的是和谐，不想看到任何一方倒下。只要刘备在，无论怎么搞，都不会搞死对方，而且很可能先挑起事端的人反而死得更快。

CEO 提点

在个性强势的 CEO 的统治之下，他想要什么，我就给什么，这是一种最明智的生存办法。

早夭的顾问庞士元

庞统是刘备集团中最令人惋惜的一个人才，他和诸葛亮恰好互补，至今很多人都在议论，如果庞统不早亡，巴蜀集团会是什么样子呢？

在刘备集团的高管中，供职时间最短的就是庞士元。后来，人们在感叹 CEO 刘备终究没有坐拥西川以成大事，有很大一部分人认为是因为少了顾问庞士元的辅佐。

庞士元就是庞统，在东汉集团的荆襄文化圈内，庞统是颇负盛名的，被认为是"南州士之冠冕"，也就是南边大区的首席人才。

然而，少年便负才名的庞统在仕途并不得意。庞统首次登上东汉集团的殿堂是一个编外人员出场的。当时恰逢曹魏集团和东吴集团在赤壁发生矛盾。庞统用连环计帮助东吴集团戏耍了曹魏集团。曹操大败，庞统因为功绩，就留在了东吴集团。

东吴在打败了曹操之后，任命周瑜为市场总监，驻扎在南郡，庞统就被分派到

了周瑜的手下。庞统对周瑜不是很瞧得起,他认为周瑜格局太小,冲锋陷阵倒是不错,但是没有战略眼光,难堪总监的大任。

庞统对周瑜的评价传到了东吴大老板孙权的耳里,孙权很不高兴。周瑜、张昭是孙权的左膀右臂,同时也是自己的兄长孙策临终时委任的托孤之臣。如今,庞统诋毁周瑜,背后里不是影射自己和兄长无知人之明吗?何况周瑜深得自己信任近期又立下大功,结果孙权很生气地大笔一挥,将庞统革职,永不录用。

庞统离职,东吴的长者鲁肃对此很是惋惜,为庞统写了一封推荐信给刘备,希望庞统的才华在刘备那里能够得以施展。

对于鲁肃的推荐信,刘备将信将疑,虽然东吴集团是自己的盟友,而且鲁肃又素有长者之风,但是在"争天下"的市场上,没有永远的朋友,也没有永远的敌人。同样,没有永远的长者,也没有永远的小人。

刘备决定对庞统进行实际考察,就把庞统派到企业的基层工作。或许是赌气,或许是大才不堪小用,庞统的业绩一团糟。刘备就把庞统给开除了。

这件事传到了诸葛亮的耳朵里,诸葛亮连忙驱车去见刘备,对刘备说:"庞统不是一般人,他不适合待在基层,应该破格提拔。"

刘备听了诸葛亮的意见,亲自召见了庞统,对其进行面试。面试结束后,刘备十分兴奋,正如诸葛亮和鲁肃所言,庞统大才未可小觑,便任命庞统为自己的顾问。

按理说,诸葛亮挺庞统,是在给自己创造一个日后的竞争对手,以诸葛亮的智慧,本不应该这么做。但实际上,诸葛亮已经算过了,庞统只有制定战略的权力,却没有执行的能力,因为庞统不掌兵,手下没有像赵云这样的一线将领。不掌兵就没有执行权,没有执行权,一切都白搭。

庞统在诸葛亮的帮助下升任刘备的顾问,投桃报李,决定帮助执行诸葛亮为刘备设计的"三步走"战略的第二步——挺进西川。

西川天府之国,山势险峻,国民富庶,易守难攻。挺进西川,显然是个费力不讨好的差事,原本这项差事是要落到诸葛亮的头上的,现在好了,有人站出来当炮灰,诸葛亮暗爽不已。

对于挺进西川的困难庞统也是完全知晓的,但是情势赶到这地步了,就算自己不主动请缨，诸葛亮也会有办法把自己支过去，所以干脆主动，顺带着还诸葛一个人情。而且，庞统也有自己的小算盘。他对于自己麾下无大将的弱势自然知晓，所以希望借这个机会争取能在军中培植势力。这从他点的进军西川的将领人选就可见一斑——黄忠、魏延，这二人既不属于关羽系统，又不属于诸葛亮系统，因此大为可用。特别是魏延，始终被诸葛亮打压，如果自己和诸葛抗衡，魏延必然愿意来投。

庞统为刘备挺进西川设计了"里外入手，双管齐下"的战略是一方面在拉拢刘璋的属下，在西川内部瓦解刘璋，另一方面在外部施压，打垮刘璋。这个计划很可行，刘备、诸葛亮两大巨头一致点头通过。但是刘备还有一点疑虑，因为向来刘备都是跟曹操唱反调的，如今主动挺进西川，不是重复了曹操的路子，为西川而失信天下，是否值得？

庞统何尝又不知道刘备的用意。刘备不过是想借他人之口昭告世人，即便我刘备挺进西川，仍然不失为坦荡君子。庞统也乐得跟刘备演双簧，为老板脸上贴金这差事，通常有百利而无一害。

在刘备和庞统的执行下，挺进西川的计划进行得很顺利，首战告捷。但是，人生充满了不测，在挺进雒城时，庞统不幸阵亡了，一代名士，就此陨落。

庞统在刘备集团效力的时间不多，生前对刘备集团的影响并不大。但是庞统之死对刘备集团后来的走向影响是巨大的，如果巴蜀集团能够施行诸葛亮、庞统双 COO 制，或许没有后来诸葛亮的独裁专制，巴蜀集团的命运也许会不同。

❈❈ CEO 提点 ❈❈

企业中的平衡不是先天就存在的，而是靠 CEO 去培养出来的，CEO 根据现实，决定去打破平衡，或是维持现状，亦或是在企业里再注入一股新势力。但不管怎么做，前提是 CEO 要获利。

COO 的嫡系总监:赵云

赵云在巴蜀集团的成功,归功在于诸葛亮;在巴蜀集团的失败,也源自诸葛亮。一句话,原来赵云是诸葛亮的人!

说赵云成功,是因为赵云以一介草根的身份爬到了巴蜀集团"五虎上将"的位置;说赵云失败,是因为赵云终其一生也没有获得坐镇一方的机会。

赵云出道早,算是刘备的创业之臣了。最初,赵云在公孙瓒的公司效力,但是做得很憋屈。一次,刘备到公孙瓒那里谈业务,接触到了赵云,刘备对赵云很是欣赏,就点了赵云的名,负责合作的项目。在与刘备的接触中,赵云觉得刘备是个能成大事的老板,尽管刘备事业正处在草创期,但是他最终还是选择了跳槽。实际上,选老板就跟选老公是一个道理,有时候选择现在不如选择未来。

跳槽到刘备集团之后,赵云逐渐了解到刘备集团的权力构成。赵云发现,刘氏集团的内部结构与自己原来了解的还是有出入,这里的人情味非常浓,派系也很鲜明。以关羽、张飞是刘备集团的合伙人,自成一派;糜竺、糜芳是刘备的小舅子,也是一派;诸葛亮代表着空降的高层经营,自成一派。

面对如此复杂的局面,赵云不得不考虑自己应该如何站队:

一、关羽、张飞属于老板阶层,而且和自己同在销售系统,存在竞争的关系,就算自己想依附这两位爷,恐怕也是热脸贴冷屁股;

二、糜竺、糜芳有裙带关系的优势,但是这两位才智差了点,而且实力只局限在行政的范围,最终难有大的发展;

三、诸葛亮才智出众,位居顾问,顾问这东西,可大可小,老板信任、倚重你,你就是钦差大臣,老板不待见你,你就什么也不是。目前,诸葛亮现在正得势,但是诸葛亮的实力比较薄弱,急需帮手。

赵云分析完局面后,作出决定,倒向诸葛亮。实际上,赵云的这个选择和当初跳槽到刘备集团是一样的，把重注压在潜力股上；等着自己跟着诸葛亮一块升值。后来证明赵云这一赌，赌对了。

对于赵云的主动投诚，诸葛亮甚是欢喜，毕竟赵云的能力是很强的，而且和自己最主要的竞争对手关、张同处在销售系统，如此一来正如雪中送炭。

赵云有了诸葛亮这样的大靠山，好处自然也少不了。诸葛亮在刘备面前得宠，掌握了集团战略制定和行动指挥的权力。结果，在销售系统，但凡难啃的骨头，诸葛亮都指派到关、张的头上；但凡既讨好又不太费力的任务，诸葛亮就尽量摊派到赵云的头上。当然，以诸葛亮的智慧，一定会找到很好的借口：说关、张本为"万人敌"，能者多劳嘛，而且两人是集团的合伙人，忠诚和热情没得说，把重任交给他们，放心；赵云能力虽然强，但终究是新来的，和集团的磨合还有一些问题，所以应该以怀柔为主，拉拢其心，然后才可赋以重任。

于是，赵云在诸葛亮的照应下，业绩一路飘红。在博望，赵云打败了曹魏集团的菜鸟夏侯兰；在荆州，赵云拿下了无甚斗志的赵范；进军西川，张飞打头阵（包括死磕马超），赵云策应；进军定军山则换成了黄忠打头阵，赵云策应；当然，在赵云的业绩中，硬仗也是有的，特别是当阳长坂坡，但这更多是诸葛亮万般无奈下的逼不得已。

由于赵云朝中有人、手里有业绩，因此升迁完全不是问题，刘备的巴蜀集团挂牌上市后，销售系统五大王牌中，就有赵云一个位置。

然而，赵云的职场生涯最终还是再次停滞了。特别是当巴蜀集团决定在汉中成立子公司的时候，当时人人都以为声望颇高且心思缜密的赵云会成为汉中子公司总经理的时候，大老板刘备却破格提拔了人气、势力大不如赵云的魏延。

或许，在巴蜀集团内，大多数人对此不解。但是在诸葛亮和赵云本人那里，心里还是明镜的：这是老板刘备的平衡之术。当时，关二老板坐镇荆州，独霸一方；诸葛亮执政蜀中，掌控中枢；马超拥兵西凉，以靖边境，集团中的各个势力势均力敌。这时候，把汉中交给谁，都会打破势力的均衡：交给张飞，则关、张遥相呼应；交给赵云，则诸葛亮权势倾天。所幸刘备把这个位置给了一个局外人，魏延。

刘备退休后，诸葛亮独揽巴蜀集团的大权，积极地展开市场策略，和曹魏集团

周旋。这时候,巴蜀集团的实力已经萎缩,荆州子公司破产了,其他的子公司也都重并入总公司,以利于凝聚势力。此后,赵云虽然实际上成为了巴蜀集团销售系统的旗手,但最终还是没有晋职,只是集团的王牌销售经理而已。

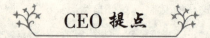

CEO 提点

在企业环境中,老板的高度决定了从属的高度,所以在进入到企业的时候,站好队,挑好老板很重要,不然耽误的就是自己的前程。

隐忍上位的销售部魏总

在刘备的巴蜀集团中,"生前最憋屈,死后最冤枉"的就是那个被称为"脑后有反骨"的魏延了。实际上魏延从没跳过槽,他可是忠得不能再忠了。

魏延真实的出身没人知道,但是魏延随着刘备入蜀的时候,并非在东汉集团挂职,身份是刘备私人雇员,可以说属于刘备的私人亲信。CEO刘备向来有知人之明,想必不会蠢到用一个"脑后反骨"做亲信吧。

魏延跟随刘备施行"挺进西川"的计划,表现不错,立了几次功,刘备让他到自己的蜀汉集团的销售部做了一个主管。没多久,刘备拿下了汉中,汉中是巴蜀集团的门户,有着重要的战略意义,因此CEO刘备在汉中成立销售大区,全权负责打理那里的业务。

当时,巴蜀集团的销售系统中,挂名总监是关羽,同时兼任荆州子公司的CEO;四个经理,张飞、赵云、马超、黄忠。由于巴蜀集团人力资源紧张,经理赵云除了在销售部任职,还要负责一部分行政部的工作;经理马超是新跳槽来的,有待磨合;经理黄忠年岁大了,更多的是起到精神支柱的作用,处理繁杂事务难免精力不济。在汉中的职务,看起来只有张飞了。

但是 CEO 刘备却做出了一个令人惊讶的决定,破格提拔新晋的主管魏延执掌汉中。刘备的这个决定引起了张飞极大地不满,但是刘备有自己的考虑,也顾不得张飞了。

第一,巴蜀集团内部的势力均衡。魏延是刘备的亲信,不在巴蜀集团掌权的三大势力中,出任汉中大区总经理不会加强任何一方的势力。

第二,加强 CEO 对企业的约束力。理由同上,魏延属于刘备的私军,是彻彻底底的自己人。

第三,为蜀汉集团培养后备人才。人力资源匮乏一直是困扰刘备的大问题,不但比不上人才极度浪费的曹魏集团,就连"自古江东多才俊"的东吴集团也不如。所以 CEO 不得不为企业的长久发展考虑。

魏延年少得志,意气风发地对刘备说:"您放心,曹操要是来抢市场,我拒敌于国门之外;要是曹操的派手下来,我干脆把他的手下挖过来。"但是,一切来得快,去得也快。没多久,CEO 刘备去世,诸葛亮上台,魏延的憋屈生涯就开始了。

所谓一朝天子一朝臣,诸葛亮奉行的是独裁统治,而魏延是前任 CEO 的心腹,效忠的是刘备的儿子刘禅,必然不会顺从于自己的意志。问题的关键是,魏延很有才华,这就更引起了诸葛亮的注意,将之列进了自己的黑名单。

诸葛亮奉行的是开拓式的企业战略,魏延这样的打手本应大有机会,但是却处处受到打压。诸葛亮一生六出祁山开拓市场,蜀汉集团销售系统最有名望的魏延,居然连一次单独行动的机会都没有,牢牢地被诸葛亮握在手里。

特别是魏延精心策划了"子午谷"计划,准备给曹魏集团来个措手不及,诸葛亮二话不说,不予批准。诸葛亮的理由看上去很充分,这个计划太冒险了,容易招致失败,使企业受损。

但实际上,"子午谷"计划是奇袭,而且并不需要耗费巴蜀集团的多少资源,就算最终失败,损失也绝不会比诸葛亮在街亭冒险启用马谡而招致的失败大,但是诸葛亮宁愿冒更大的风险重用能力、名望都不及魏延的马谡。

问题就是,诸葛亮不希望非自己系统的人取得成功,一旦魏延成功,那么自己的独裁同时必将受到威胁。于是,魏延只能被诸葛亮压制,只要诸葛亮在位一天,魏

延就很难有出头之日。

诸葛亮总揽巴蜀集团大政,耗尽了心机,结果染疾。蜀汉集团销售系统内职务最高的就属魏延了,魏延理所当然地认为自己会接手销售部。苦盼多年,魏延情绪激动地等待着出头之日。

谁知,诸葛亮在病危时开了一次销售部大会,他把自己的几个心腹蒋琬、费祎,以及销售系统的重要人物都叫了过来,唯独没有通知魏延,而且明确表示让杨仪代理 CMO 的职责。

所以,当诸葛亮去世后,魏延不听"大撤退"的命令,决定继续打击曹魏集团时,代理 CMO 杨仪明正言顺地站了出来,以不服从集团命令、擅权、甚至是私通竞争对手曹魏集团的名义收拾了魏延。

CEO 提点

在企业里最忌讳的就是和大老板唱对台戏。企业是一个等级社会,不是平等的社会,当你触碰强权的时候,必然会不时地遭受打击,而且很多时候是毫不留情,毫无道理的。

放权 CEO——刘总的权术手段

先给自己贴个标签

> 刘备创业成功的杀手锏就是会忽悠,从关羽、张飞、东汉集团,直至整个天下,刘备忽悠个遍,但刘备厉害就厉害在他的确能忽悠出来一片天。

刘备集团的创业成功,是靠品牌推介取得的。

刘备创业的这一生,实在没有什么可以凭借的。创业两大要素:钱、人,刘备都没有。刘备唯一拥有的就是"汉室宗亲"这个祖上十八代留下来的标签。但刘备高明就高明在,他不去和别人比自己没有的东西,而是充分利用自己有的东西,把自己炒起来。说的刻薄一点,刘备起家的根本就是靠这个标签骗来的。

众所周知,刘、关、张桃园一拜而起家创业,本钱都是张飞这个土财主拿的。按照正常的情况来讲,谁出钱谁拿大头,谁就是老大,刘备凭什么让张飞给自己当小弟?

"我本汉室宗亲,姓刘,名备",刘备的开场白很唬人,谁也没问他的出身,他就主动给自己的"汉室宗亲"身份打上广告了。

张飞是个粗人,一下子就被刘备震住了,张飞觉得刘备既然有如此的背景,那么必然容易和大财团搭上关系,自己出的这点小钱也就算不上什么了。

若是张飞知道刘备这个名号只是个幌子,对于东汉集团的高层两眼一抹黑,谁都不认识,不知道张飞还是否乐意让刘备当大股东,自己抱大腿。

另一位更重要的人物关羽关二老板也是被"汉室宗亲"唬住的。关二老板原打算到东汉集团的大招聘里去找找机会，结果被刘备搭讪了，一通闲聊也被刘备忽悠了。关二老板心里想，傍上刘备这棵大树，可要比自己去打拼升职升得快啊，再加上看到张飞又出钱又出人的，关羽就这样上了贼船。

不仅是关羽、张飞这样没见识地被刘备忽悠了，就连当时正牌的"汉室宗亲"刘表，东汉集团的高管朱儁，包括后来领一时风骚的曹操也都统统买刘备的账。有时候，牌子打出去、叫响了，甭管真的假的都是真的了。就好比刘备这个八竿子打不着的亲戚，炒作的多了，结果连东汉集团的董事长也来认亲了，刘备一下子成了名副其实的"刘皇叔"。凭此，刘备创业名正言顺，大张旗鼓。

如果说"汉室宗亲"是刘备的第一支成功的广告，那么"以仁义治天下"则是刘备的第二支成功广告了，就是这支广告，让刘备一举取得了成功。

"汉室宗亲"是刘备用来打响知名度的，但是毕竟当时汉室宗亲还是蛮多的，你可以用标签让市场认识你，但是没有办法让市场认同你。

但"以仁义治天下"这个广告就不同了，它有两大突出的好处：一个是存在差异性，当时和刘备同时代创业的人，都是赤裸裸地抢地盘，自己捞够了再说，管别人死活呢；一个是迎合了主流道德价值观，让人听着顺耳，从心理上产生认同。

所以每当刘备的员工出场，不管自己任职的企业规模多小、实力多差，一个个腰板挺得都倍儿直，拍着胸脯高喊企业的口号，我们是"以仁义治天下"的，这个自豪啊。

刘备确实是个打广告、玩炒作、贴标签的高手，刘备心里清楚，口号这东西就是拿来糊弄人的，暗地里该怎么着就怎么着。从本质上讲，刘备和其他的创业者也没什么分别，能往自己饭碗里划拉的，绝对不让他往外流。

就拿益州来说，刘备口口声声说不忍"同室操戈"，但最终不也是巧取豪夺吗？倒是益州分公司原本的老板刘璋，倒真是如刘备所言"以仁义治天下"，结果博得了暗弱的名声，最终被人取而代之。

至于荆州，刘备假惺惺地不忍夺取，摆出这个姿态一方面是当时刘备的"仁义"标签还不够火，有待于继续炒作，而荆州就是一个很好的炒作契机；另一方面，刘备也是没有把握能够搞定荆州，蔡瑁、张允在荆州经营多年、根深蒂固，自己未必能扳倒他们，弄不好偷鸡不成蚀把米，荆州没拿下，仁义的标签也被撕破了，授人以话柄，这样就被动了。

但是当刘备创业成功后，刘备的嘴脸就彻底露了出来，权术、阴谋、阳谋等一股脑儿地端上来了。和制衡权威日隆的诸葛亮、做掉尾大不掉的关羽，以及好不"体恤民情"的东吴集团大打出手，丝毫不见仁义可言，当然，刘备还是会找到一两个"幌子"来撑门面，比如说为关二老板报仇之类的。

在残酷的市场竞争之下，真正该怎么办么做，CEO的心里要清楚。在这一点上，刘备很好地给人们上了一课。

CEO提点

CEO要学会为自己贴标签，但是自己可别信标签，标签这东西就是给别人看的，说白了就是一把道义上的保护伞而已。

面对劲敌，必除之而后快

刘备在徐州被吕布赶得走投无路，只好投奔曹操。后来吕布再被曹操搞垮后也想投到曹操旗下。吕布求刘备替自己说情，刘备一扭头，"哼，落井下石，我刘备也会。"

在所有的竞争对手中，最让刘备动杀心的就是东汉集团的前CMO吕布，而刘备也做到了。在白门楼，当大老板曹操对如何处置吕布犹豫不决时，向来以"仁义"为本的刘备很犀利地来了个落井下石，而且下的是一块巨大的陨石，结果砸得吕布粉身碎骨，毫无翻身的余地。

在刘备坐镇徐州之前，刘备和吕布的人生轨迹几乎没有什么交集，除了董卓上台把东汉集团搞得乌七八糟，曹操、袁绍纠合各个大区、分公司CEO联合倒董的时

候发生过小的摩擦。

吕布进入东汉集团起点甚高，而且通过连番的跳槽，很快就爬到了 CMO 的位子，但是吕布很不争气地高开低走，从集团总公司 CMO 沦落到四处蹭饭。而刘备则是小打小闹，招摇撞骗，辛苦起家，稳扎稳打，一步一个脚印地爬到了徐州分公司总经理的位置上。

吕布几番漂泊后来到徐州，叩响了刘备的大门，想要在刘备这里谋一份工作。刘备翻着吕布的简历，一边点头，一边叹息："人才啊！要是能安心在我手下做事，我何愁不成大事。"于是，刘备决定聘用吕布。

许都的曹操离刘备很近，很快就知道这件事了。曹操跟手下的人说："刘备这个人，野心不小，且有才略。如果吕布真的被刘备所用，那必定会是我们的劲敌。徐州分公司就在我们身边，别看我现在坐镇总部，但是有了吕布的帮助，刘备随之可能把我拉下马。"

荀彧沉着脸对曹操说："刘备是老板的劲敌，劲敌必除之而后快，否则必为后患。现在我有一个办法可以削弱刘备，就是让刘备和吕布内讧。咱们可以以总公司的名义让刘备开了吕布，吕布必然会反抗，咱们就可以从中见机取势了。

曹操听从了荀彧的意见，但是却被刘备看穿了。刘备笑着对关羽、张飞说："曹总看得起我，所以想搞掉我，挑拨我和吕布内讧。我若是这么容易就上当，岂不是太对不起曹总的。"

曹操的第一波攻势没有起到预想的效果，很快，曹操就对刘备发起了另一波的攻击。按照荀彧的建议，曹操先是以总部名义让刘备准备接手淮南大区，然后曹操又以个人身份告知袁术，刘备有意入主淮南。

淮南大区的 CEO 袁术是一个骄横无脑的人，看到曹操发来的消息，袁术勃然大怒："刘备，你个卖草鞋出身的家伙竟敢在太岁头上撒野！"

袁术和刘备的冲突就这样被曹操挑了起来。刘备知道这是曹操的诡计，但是没办法，淮南袁术已经容不下自己了，刘备只能硬着头皮上。

但是螳螂捕蝉黄雀在后，当刘备准备去应付袁术时，吕布就有机会搞小动作了。吕布这个人是个彻底的利己主义者，只要能让自己获取眼前利益，那就没有什

么不能做的。这也是曹操这一轮攻势的杀手锏。

刘备带着关羽前脚刚离开徐州，吕布就趁机把公司的大权攥到了手里，结果刘备成了光杆司令。刘备垂头丧气地回到徐州，吕布装出一副"好人"的姿态，对刘备说："您看，现在徐州也没您的位置，要不我网开一面，您去小沛那里吧。"

刘备人在矮檐下，不得不低头。但是一山不容二虎，小沛毕竟还是属于徐州的地盘，有刘备在那里虎视眈眈，吕布也不放心，至少在徐州，只要有刘备在，自己就存在被拉下马的可能。还是那句话，面对劲敌，必除之而后快。吕布终于还是把刘备逼走了，赶到了坐镇许都的曹操那里。刘备和吕布的梁子算是彻底结下了。

风水轮流转，不久之后，吕布也被曹操搞垮了。现在，吕布和刘备这对冤家对头又重新聚到了一起。只不过刘备是曹操的"座上客"，吕布是曹操的"阶下囚"。

对于吕布，曹操也产生了和刘备当初一样的想法："若是能收为己用，那么何愁大业不成？"但是吕布的不忠又着实让曹操担心。

曹操问刘备："我聘用吕布怎么样？"

刘备心里咯噔一下子，想：如果吕布投在曹操旗下，自是早晚免不了和自己展开一番殊死的斗争。所谓先下手为强，为了剪除后患，先搞死吕布再说。

刘备故作淡定地对曹操说："想想丁原、董卓的下场。"丁原、董卓都曾是吕布的老板，都被吕布做掉了。除了丁、董二人，刘备心里想到的还有一个人，但是不能说，那就是他自己。

本来，刘备素以"仁义"著称，吕布还指着刘备为自己说两句好话，哪知道刘备伸过来不是援手，而是一支毙命的毒药。

吕布大骂刘备假仁假义，刘备默然不语，心里冷笑："小子。我现在不搞死你，还留着你以后来对付我吗！笨蛋！"

✧ CEO提点 ✧

> 市场是个你死我活的地方，残酷是市场的属性。在市场上摸爬滚打，最忌讳的就是心慈手软，这一次你手软了，下一次说不定自己就人头落地。

不明白不要紧，关键是用明白人

刘备的创业成功和遇到贵人是密不可分的，如果没有"高人"的指点，刘备不会遇到徐庶，更不会求得诸葛亮，那么天下三分也就无从提及了，这就是机缘。

和曹操这样的精英型CEO不同，刘备属于一个外行型CEO，但是外行的刘备创业水准并不比曹操逊色，因为刘备抱定了一个原则：自己是外行不要紧，找个内行上位就可以了。

这条经验是刘备用血的代价换回来的。

事业刚起步时，刘备的起点很低，人才匮乏，除了两个合伙人关羽、张飞之外，就没有什么能用的人了，而且关、张是同一类型的人才，都是打手角色，并不擅长为刘备出谋划策。开始凭借刘备的智慧还可以勉强立足，但当事业逐步做大以后，刘备感到了力不从心，而且事业的发展也不如之前那么顺当，几经辗转，丝毫没有什么进展，而且还要经常承受同行们的打击。

这个时候，两个人拯救了刘备，一个是司马徽，一个是徐庶。

刘备荆州失意，在檀溪附近遇到了水镜先生司马徽。刘备因为之前的广告打得好，已经是名满天下了，因此司马徽识得刘备。

看到刘备风尘仆仆的样子，司马徽调笑道："刘老板一身风尘啊！"

刘备尴尬一笑，忙还口："现在公司业务繁忙，难得出来散散心。"

司马徽摇头一叹："刘老板，你也不用瞒我，我知道刘老板近况不佳，四处奔波啊。"

司马徽一言点中心中事，刘备知道自己遇到高人了，忙上前请教。司马徽不紧不慢，摇着扇子说道："刘老板你走到今天这步，完全是因为你身边没有明白人啊。"

刘备不解："先生的意思我不明白，我身边管市场销售的有关羽、张飞；管行政企划的有孙乾、糜竺、简雍，先生怎么说我身边没有明白人呢？"

司马徽示意刘备不要着急，慢条细语地说道："刘老板缺的是真正懂得企业发展与治理的人。关羽、张飞等的确是销售好手，但是他们却没有好的方案，这就容易导致人才无用武之地；至于孙乾之流，搞搞行政工作还是可以的，但是大局观、大方向的把握，他们没那个能耐。刘老板发展到今天，实际上都是由刘老板您自己掌舵。依我看来，刘老板的优势在于容人、信人、用人，这也是关、张这样的人才能够死心跟着您的原因。但是刘老板在企业战略规划上是外行，如今已经力不从心。所以，您若想要继续做大，就需要聘用这方面的明白人，而且要给予充分的信任。要知道，一个企业的战略是企业发展最顶层的东西，没有充分的权力作为支撑是不行的。"

司马徽的这一席话说得刘备目瞪口呆，他仔细想想，确实很中肯，便很虚心地向司马徽请教："听君一席话，胜读十年书啊。先生能不能为我推荐个这方面的人才？"

可惜司马徽言尽于此，笑而不语。推荐人才这种事情是要冒风险的，弄不好两边得罪人。司马徽和刘备没什么交情，犯不上为自己找麻烦。刘备见司马徽这个态度也没办法，只能自己去寻找人才了。

人才这种东西，真的是可遇而不可求。就在刘备犯愁的时候，人才主动找上门了，这个人就是徐庶。其实，徐庶也是被刘备的"仁德"的标签忽悠了，算是慕名而来。刘备通过面试，觉得徐庶是个人才，留在身边为自己出谋划策。

没多久，徐庶的机会就来了。曹操派曹仁、李典来新野挤兑刘备。曹仁、李典都是曹操销售部数得上的人物，加上曹操集团实力雄厚，刘备自知凭自己这点能耐，怕是对付不了曹、李二人，干脆死马当做活马医，全权授予徐庶，让他来对付。

在徐庶的精心谋划之下，刘备集团不仅成功赶跑了曹仁，而且还趁机一举拿下了樊城市场。刘备终于尝到了"高精尖"人才的甜头，对于之前水镜先生所说的"用明白人，信任明白人"，也有了更透彻的理解。

不久，徐庶因为家庭的原因离开了刘备，但是刘备失去一棵大树，却得到了一片森林。因为刘备已经知道了自己创业受阻的症结之所在，和正确的解决之道。

此后，刘备大肆招揽内行，启用明白人，而自己甘心"退居二线"。在南阳，刘备招聘来了诸葛亮，委任他执掌行政大权；在荆襄，刘备启用了庞统，让其为自己进行商业策划；在巴蜀，刘备礼聘法正、李严，以安抚巴蜀故人；在汉中，刘备收纳了马

超,让他震慑雍凉。

看着自己的事业蒸蒸日上,刘备抚掌而笑,心想,就算我是个外行又如何,只要我能够用明白人,大可垂拱而治,坐享其成,何必像曹操那样每天劳心、劳力、劳神呢!

CEO 提点

> 管理者未必就一定是要内行。CEO 的管理精髓是在用人而非管事,尽管是外行,但是只要能够能维持好平衡,技术方面的东西完全可以交给手下的内行去打理。

选才之道

巴蜀集团的人力资源远远比不上曹魏集团,但是每到关键时刻,巴蜀集团总会有那么几个闪光的人物力挽狂澜,这就说明了人不在于多而在于妙用,刘备用人用在了点子上。

21世纪什么最贵?人才!人力资源总监也就是 HR 在任何一家企业当中都属于非常重要的职务,这也从一个侧面证明人力资源对于企业的重要意义。正所谓事在人为,没有得力的能够做事情的人,再牛的 CEO 也没办法管理好企业。

孙曹刘这三大 CEO 都有自己的用人之道。CEO 曹主张任人唯贤,只要你有能力就能在我这身居高位,其他一概不论。CEO 孙更是把用人之道做到了极致,看看东吴集团前后那几任 CMO,哪个都不是省油的灯,而且江东多才俊,可这些才俊们却一个个都被 CEO 孙管得服服贴贴,这我们不服不行。

唯独 CEO 刘,乍一看他手下的人才几乎都是被他用自己惯用的忽悠加联络感情的方式给拉来的。但是实际上,CEO 刘所遵循的其实是一种相对功利性的选才之道。

巴蜀集团旗下什么人都有。前面说过的 COO 诸葛亮，原本是个既没有文凭也没有管理和销售经验的乡下种地的，可缺乏管理和运营人才的刘备硬是把他请出来当运营总监了，而且人家当得还风生水起的。

还有那个一辈子憋屈的魏延，这家伙也是一个厉害角色，诸葛亮曾经不想用他。但是刘备却觉得这个人不错，于是发话给了他职位。为什么刘备特别看重魏延？难道仅仅是因为魏延让刘备回忆起了自己当年颠沛流离的日子？当然不仅仅是如此。刘备提拔魏延，是因为他想在巴蜀集团内部培植自己的势力。

刘备作为 CEO，还用去培植自己的势力吗？用。因为在当时现有的几位拿得出手的销售达人中，关羽和张飞虽说对刘备死心塌地，但毕竟是老板。老板就是老板，他们再听你的你也不能把他们当员工来对待，因为他们有不听你话的权利。另一个达人赵云是诸葛亮的人，这一点刘备同样深知。于是乎魏延就对了刘备的胃口，他拥有不亚于前面三人的才华和能力，而且不是老板，是员工，更是只忠于自己的员工。要知道，员工就是员工，他们能力再强也没有不听老板话的权利。

还记得曹魏集团的"军魂"夏侯惇吗？其实巴蜀集团也有这样一个军魂，这个军魂的名字叫做黄忠。刘备当年并购长沙公司的时候，作为长沙公司的一员的黄忠实际上已经打算退休了。但是刘备亲自上门，硬是动用感情攻势，把黄忠给请了出来。要说这个黄忠，关羽给他的评价非常贴切，他就是一个老销售员罢了，他没什么过人的才华，但却有一肚子的经验。要知道，他可是从一个小小的销售员做起最终成为巴蜀集团五大王牌销售总监之一的，他这个人的存在本身就是对巴蜀集团那些最底层员工的一种激励。刘备费尽心机把已经年过六十的黄忠给请出来，绝不仅仅是为了他的销售能力。已经退休的人了，就算是发挥余热还能发挥几年？但刘备看中的正是黄忠从底层渐渐成长起来的人生经历，这是他树给巴蜀集团所有普通员工的一面旗帜啊！

巴蜀集团中层干部以上基本上是由两种人构成的。一种是草根，彻彻底底的草根。除了草根之外的那些人基本都是原来刘璋手下益州集团的原班人马。在这当中有一个例外，这个人既不是草根也不是巴蜀集团的旧人。这个人是马超。

要说马超可绝不是一般人。马超出身销售世家，祖上多少代都是搞销售的，马超本人曾经在商战当中把不可一世的曹操打得找不着北,从此更是声名远扬,在企业界,尤其是在西凉市场方面拥有绝对的号召力。就连曹操都说,马超丝毫不逊于当年的吕布。这样的人根本就是精英中的精英。

刘备招揽马超绝不仅仅是因为马超超强的销售能力,更是刘备对自己的创业之路的一种认同——就连马超这样的人都加入我的公司了,看来我是真的牛了。刘备招揽马超加入巴蜀集团标志着巴蜀集团正式作为一支不可忽视的力量与曹魏集团和东吴集团形成了三足鼎立之势,同时也标志着巴蜀集团正式走上了精英化路线。

CEO 提点

把 A 样的人放在 A 样的位置,这才是最高明的用人办法。一句话,用人就是要"功利"一些,量才用人,才能够人尽其用。

当老板的没有不玩制衡的

诸葛亮在巴蜀集团的经历并不向外面传言那样的一家独大,诸葛亮的身边始终都有一个强劲的对手,从关羽到庞统,再到法正,这都是刘备的手笔。

制衡之术是每个 CEO 的必修课,也是 CEO 的基本技能之一。在孙、曹、刘三个 CEO 中,制衡之术玩得最好的就是刘备。

曹操属于强势的 CEO,曹操的管理之道在于威服、压制,由于曹操自身具备强烈的气场,因此他的手下很难产生权臣。君强臣弱,因此他也无需在下属的制衡上投入太大的心思。

孙权的情况比较特殊,他是集团的接班人,权臣当道的时候,他没有能力去玩制衡,当自己羽翼丰满的时候,权臣去世的去世,退休的退休,自己当老大了。

而刘备,由于是外行 CEO,他必须把充分的权力交给内行,但是这样又存在风

险,所以刘备必须依靠制衡来管理自己的下属。

刘备的制衡之道从诸葛亮加入到自己集团时凸显端倪。最初,刘备集团的局面相对比较简单,手下的势力集团也就两个,一个是二老板关羽,一个是新贵诸葛亮。

关羽是个十分高傲的人,不服管,加上二老板的身份,所以有时候他做的出格一点,刘备也不好说什么,这就要借助于诸葛亮了。此时的诸葛亮是个外来者,要想在公司立住脚,必须要依靠刘备。在职务上,诸葛亮名义上是刘备的执行总监,实际上代行部分总裁职责,级别要比关羽高,有足够的力度来牵制关羽。

让刘备没想到的是,这个诸葛亮实在是太有才了,很快就在集团内部建立起了威信,而且把赵云拉到了自己的身边,显然关羽不是诸葛亮的对手。于是,刘备只好把要压制的对象由关羽转移到了诸葛亮,找来了一个与诸葛亮才能相当的人,和关羽一起对诸葛亮形成双牵制,这个人就是庞统。

庞统是诸葛亮的顾问,但是他和曹操的顾问郭嘉不同,郭嘉只负责出主意,庞统不但要出主意,还有执行权。刘备搞定荆州后,在"挺近西川"行动人选的选择上就很耐人寻味:庞统!

刘备选庞统随自己入西川,好处有三:

第一,帮助庞统立威。庞统是新来的,尽管才华卓著,但是要想树立起威信制衡诸葛亮,必须要建立功绩,现在入西川正是这样一个机会。而且刘备只带了魏延、黄忠两个重量级大手,更是为了要凸显庞统的谋划之才。

第二,敲打诸葛亮。刘备这一手是在告诉诸葛亮,你现在和以前不一样了,不是唯一的选择,所以该夹起尾巴做人的时候就把尾巴夹起来,不然的话,出了什么事,自然有人、有能力来替代你。

第三,用诸葛亮看着关羽。敲打完诸葛亮,刘备自然忘不了关羽。在当时,唯一能镇住关羽的人除了自己,也就是诸葛亮,若果把诸葛亮和庞统对调,那么庞统很难对关羽形成牵制。

但可惜,刘备的算盘尽管打得好,但是碎的也快。庞统入川不久就被益州公司的张任干掉了。刘备万般无奈之下,急调诸葛亮、张飞入川。

去了一个庞统,来的却是诸葛亮和张飞,这里面仍然有文章。庞统被干掉了,刘

备敲打诸葛亮的计划非但不能实现,反而起到了负面的作用,如果直接用诸葛亮一对一地替换庞统,就更助长诸葛亮的气势了。现在把诸葛亮和张飞一起调来,一方面是使三老板张飞分掉诸葛亮在西川的功绩,另一方面对舆论形成这样一个交代:并非诸葛亮优于庞统,而是诸葛亮和张飞一起拿下了庞统自己拿不下的任务,也是在打压诸葛亮的威势。

好在不久,刘备又得到了一个制衡诸葛亮的很好的工具:法正。法正和诸葛亮完全是两个类型的人才,诸葛亮善于守正,法正长于奇策。而且法正之前一直在益州公司混迹,算是这里的地头蛇。按照诸葛亮隆中的"三步走"计划,刘备集团的总部是要落户在西川的,这就更增加了刘备用法正制衡诸葛亮的筹码。

刘备的巴蜀集团一开张,刘备就在集团内部形成了诸葛亮主内、法正主外的双巨头权力构架,诸葛亮方面有赵云渗透到销售系统,法正方面也有李严打入到行政内部,两大势力可谓是旗鼓相当。而在巴蜀的地界之外,刘备划给关羽一个荆州子公司,用来牵制诸葛亮和法正。

刘备麾下的三角权力牵制正式形成。从力学的角度来讲,三角形的构架是最稳定的,从权利分配的角度来讲,三角制衡也是最为稳定的。

刘备在设定了稳定的权力构架之后,为了加强自己对集团的控制力,又提拔了一批亲信。这些亲信既不属于三大权力集团,也不是像黄忠、马超这样的中立者,他们原本不在巴蜀集团的系统之内,而是刘备自己的私人团队,这样他们加入到巴蜀集团就会对三大权力集团构成监视和控制作用。

到此为止,授权 CEO 刘备才算完成了对巴蜀集团内部权力的分配,而且也能够心安理得地作壁上观,看着自己的手下们相互争宠较劲。

CEO 提点

对于授权的 CEO 来说,制衡之术是十分必要的,相互间的制衡可以让手下互相监视和控制,不会出现一家独大的独裁统治,从而让企业得到平衡、平稳的发展。

诸葛,我敢让位,你敢上位吗

刘备临终前跟诸葛亮说,要是阿斗扶不起来,就让诸葛亮自己来。诸葛亮可不傻,这种试探岂会看不出来。人人都眼见刘备、诸葛亮创业情深,哪知道两个人也是勾心斗角。

刘备自打搞定汉中、建立巴蜀集团,有了稳定的基业之后,大部分的精力都放在了安排刘禅接班的事情上了。一方面,创业有成,安逸的生活过久了,进取之心会被消磨;另一方面,刘备也老了,感觉自己操劳一生,积劳一身,说不定什么时候就没了,所以身后事要尽早谋划,提上日程。

关于刘禅接班的事,刘备最担心的人有两个,这两个人都是集团公司的肱骨,一个是关羽,一个是诸葛亮。

关羽是集团的合伙人,有权对接班的人选提出异议。当初刘备问诸葛亮关羽集团接班人的事,诸葛亮推脱说,这是董事会的事,我们这些职业经理人不便过问,你和关羽、张飞商量就可以了。可见,关羽在接班人这件事情上是有很大发言权的。

刘备在权衡了关羽对刘禅接班后可能出现的种种表现后,设计干掉了关羽,现在问题就只剩下诸葛亮了。

诸葛亮虽然对谁接班没有发言权,但无论是谁接班,都必须倚重诸葛亮,巴蜀集团的大权,诸葛亮是握定了。刘备担心的是,诸葛亮一旦独掌大权之后,会不会久而生变,会不会重现当年曹操的故事。这倒不是说刘备对诸葛亮不信任、心存猜忌,只不过是权力的力量太过强大,人到了这个地步会身不由己,这与职业经理人的个人品德、素质无关。

要是在以前有法正在,刘备也许不会过于担心,但是刘备在干掉关羽不久,法正就去世了。法正集团的二号人物李严虽然水平不错,但是权术手腕和诸葛亮不是一个级别的,用来限制诸葛亮,恐怕难以持久。这让刘备精心设计的法正、诸葛亮相

互牵制的权力平衡被打破了。将来很有可能出现的情况就是诸葛亮尾大不掉。

手中没有强力的牌可以打，刘备只能进行全方位的准备，玩多方面的制衡。

刘备的第一招是分权。在分权这一招上，刘备倚重的是魏延和李严两个人。魏延分的是赵云的权，李严分的是诸葛亮的权。

诸葛亮掌控巴蜀集团的销售系统，赵云是很重要的一颗棋子。赵云是依托诸葛亮爬上来的，是巴蜀集团的创业老臣，销售部的五大元勋之一，关羽、张飞、黄忠相继过世，马超是跳槽过来的，而且一直在外，中部影响力不大。所以赵云在销售系统一家独大，是部门的核心。

刘备力挺魏延，就是要树立一个年富力强，能跟赵云超对台戏的自己人。这样不至于使销售系统出现单方面倒向赵云、倒向诸葛亮的可能。刘备的这一手是成功的，尽管后来诸葛亮始终打压魏延，但魏延确实在系统内达到了和赵云分庭抗礼的程度，而且不久，赵云也离世而去。

魏延这步棋，刘备下对了，但是在李严这步，完全被诸葛亮化解于无形。

刘备的第二招是攻心。这一手，刘备玩的很老辣。在白帝城，刘备知道自己命不久矣，一个电话，通知诸葛亮把成都总部的总监、经理们都叫到白帝城开会。开会前，刘备把诸葛亮叫到自己的身前，小声和诸葛亮嘀咕："诸葛啊，你的能力比所有人都强，要是我儿子是块材料，你就帮帮他；要是他真的不行的话，你就把他赶下台，自己干吧。"

诸葛亮是多聪明的一个人啊，听到刘备的话，吓得冷汗直流，连忙表态，肝脑涂地地表示一定会尽心辅佐刘备的儿子，不敢越雷池一步。

诸葛亮之所以有这样的表现，是因为他听出了刘备平生第三次动了杀机。阿斗扶不起来，就让诸葛亮自己来。换做别人，或许会认为这是刘备和诸葛亮赤诚相对，但诸葛亮见多识广，当初汉景帝不就是对周亚夫"赤诚以对"，然后转身就把周亚夫干掉了么？刘备前两次动杀机是在吕布和关羽身上，而且都得以实施，现在落到自己头上了，以关羽和刘备的关系，刘备都毫不留情面，自己稍有不慎自然就会被刘备干掉。

刘备的这种心理震慑显然在后来起到了效果，尽管后来的巴蜀集团独掌大权，但是诸葛亮始终没有突破这个心理局限,老板始终是刘禅。

刘备的第三招是监视。这也是刘备最妙的一手,妙就妙在监视诸葛亮的人选是赵云。

赵云是诸葛亮系统的人,但毕竟赵云也是刘备的出力之臣,有诸葛亮做后台,赵云得以连连升迁,但是刘备对赵云也不薄。刘备一眼看穿,赵云是诸葛亮的人,同时更是自己的人,这是赵云的道德底线。他会在企业内部斗争中维护诸葛亮的地位和利益,但是绝对不会帮助诸葛亮干掉刘备。所以,刘备当着所有高官的面跟赵云说:"这么多年走过来,咱们始终一条心,现在我不行了,我走了之后,你要帮我看好孩子啊。"说着,指了指自己的几个儿子。"刘备的用词是"看着"不是"辅佐",这其中差别为妙,"看着"就是保护,就是谁敢动他们,你就把谁干掉。

刘备的这一手,一方面拉拢了赵云的心,一方面又达到了离间诸葛亮和赵云关系的目的,一箭双雕。

实际上,刘备给他的接班人起的名字就很有意思——刘禅,"禅让"的"禅"。也许,刘备的原意是自己做下一个曹操,让刘禅做下一个曹丕,但结果是,诸葛亮隐隐有机会成为曹操第二人。因此,刘备躺在床上看着诸葛亮,心里念叨:刘禅、刘禅,我敢禅位,你敢上位吗?

❧ CEO 提点 ❧

攻心是 CEO 的一个有力武器,很多时候,用很客观的、很现实的手法解决不了的问题上,玩点心理战,问题就会迎刃而解。

巴蜀总公司,高管的更迭

蒋琬,诸葛一脉的 CEO

蒋琬是诸葛亮亲自指定的接班人,原因是蒋琬支持诸葛亮的扩张政策,可惜诸葛亮刚一离世,蒋琬就一概主张地发展内政去了。英明的诸葛亮,悲剧了。

蒋琬和费祎都是诸葛系统的人,蒋琬更是在诸葛亮去世之后,直接接手巴蜀集团行政、销售大权的人,成为巴蜀集团后诸葛亮时代的首任 COO。

蒋琬入职刘备集团的时间不算晚,在赤壁之后,蒋琬就成为了刘备集团的员工。在刘被执行挺进西川战略的时候,蒋琬跟着销售部的人一同进入到西川市场。刘备集团占据西川,建立了巴蜀集团之后,蒋琬在地区分公司做一个小小的行政主管。蒋琬觉得自己不被公司重视,所以心里很憋屈,终日醉酒,不理工作。

也该蒋琬倒霉,这一天老板刘备到蒋琬那里视察工作,结果蒋琬正在办公室里喝得酩酊大醉,不省人事。

刘备大怒,想要把蒋琬开除出公司,诸葛亮连忙上来说情:"蒋琬这个人很有才干的,如果锻炼锻炼至少是总监一级的人才,现在他这个样子,肯定是觉得自己屈才了。"

听了诸葛亮的话,刘备不再好说什么,蒋琬算是保住了在巴蜀集团的饭碗。诸葛亮的这一手,也很自然地把蒋琬拉到了自己身边。在 COO 诸葛亮的照应下,蒋琬升迁得很快。在刘备夺下汉中市场时,他已经升任总部集团的行政经理了。

刘备去世之后,刘禅接任巴蜀集团董事长的职务,COO 诸葛亮则代理行使 CEO 的职权。诸葛亮为了栽培蒋琬,将蒋琬调到了总裁办,这样蒋琬就能够接触到巴蜀集团的核心业务了,并且能够参与到企业的最终决策,这种明降暗升对培养一个人是很有效果的。

当代理 CEO 诸葛亮外出的时候,统筹公司事务的工作都是有蒋琬和张裔来做,张裔去世之后,这项任务就单独落在蒋琬的肩上了。此后,代理 CEO 诸葛亮几次在岐山市场向曹魏集团发起攻势,坐镇后方处理政务的都是蒋琬,实际上蒋琬就是诸葛亮的 COO。对于蒋琬在后方的工作,诸葛亮是比较满意的,很多次,诸葛亮都对人说:"蒋琬这个人是个能挑大梁的人。"

诸葛亮第六次向曹魏集团发起攻势的时候,不幸病故。临死的时候,诸葛亮交代蒋琬与费祎接替自己掌管巴蜀集团,而且当即结束对曹魏集团的攻势。

但是,当时的销售总监魏延却不认同诸葛亮的看法,执意要将对曹魏集团的挑战进行到底。在行政系统素有声望的杨仪则是另有打算,杨仪和蒋琬同出诸葛系统,职位与蒋琬相当,且资历比蒋琬早。杨仪的想法是借诸葛亮遗言之名赶紧结束商战,返回总部,然后再凭借自己的资历压倒蒋琬、费祎,登上 CEO 的宝座。

因此,魏延和杨仪产生了不可调和的分歧,并且为此大打出手。身在总部的董事局主席刘禅向蒋琬、费祎质询情况。蒋琬和费祎统一口径:"是魏延的不对。"毕竟,杨仪是诸葛系统的人,而魏延不是,何况相比于魏延,还是杨仪好对付。

最终,魏延被干掉了,除去了诸葛系统继续主导巴蜀集团的一大障碍。董事局发来委任状,任命蒋琬为 CEO,接替诸葛亮的职位。

蒋琬虽然是诸葛亮一手提拔上来的人,但是蒋琬经理巴蜀集团的理念完全和诸葛亮不同,诸葛亮奉行的是扩张理论,时刻想要扩大市场的范围,向曹魏集团发起攻势,属于鹰派。但是蒋琬认为巴蜀集团应该重视内部治理。前任 CEO 诸葛亮多次对曹魏发动攻势,开支巨大,巴蜀集团的财务状况十分紧张,所以应该修养生息。

蒋琬的主张得到了诸葛系统内费祎、董允等人的支持,在蒋琬执政期内,巴蜀集团几乎没有向曹魏集团发起挑战,仅仅有一些计划,但是也全部都搁浅了。实际上,蒋琬自己还是比较清楚巴蜀集团当时的实际境况的。对内,董事局秘书黄浩等

人时刻准备惹事,巴蜀集团当不具备集中力量和曹魏集团一争业内老大的条件。对外,诸葛亮、魏延等精通市场销售的人去世之后,巴蜀集团实在没有能够在市场上呼风唤雨的人物了。至少,蒋琬自己不能,费祎、董允也不能,向来主战的姜维叫嚣得虽然厉害,但是终究经验欠缺,而且蒋琬也不看好姜维的能力。

所以,安定发展成了蒋琬经营巴蜀集团的指导思想。蒋琬在巴蜀集团 CEO 的位置上坐了 13 年,也是巴蜀集团财政状况最好的一段时间,可惜随着蒋琬身体的原因,蒋琬辞去了 CEO 之位,退休颐养天年去了。

CEO 提点

企业的发展战略要符合企业的实际情况,目标可以是宏伟的,达到的方式可以是曲折回环的,不能因为急功近利而把企业拖垮在一个虚幻的目标上。

萧规曹随的经理人:费祎

费祎是蒋琬真正意义上的接班人,完全沿袭了蒋琬不温不火的管理理念,但是他比蒋琬粗心大意,不小心被姜维抓住机会干掉了,造成了后来巴蜀集团的疲态。

蒋琬从 CEO 的位置上退下来之后,继任者是费祎。

和前任 CEO 蒋琬一样,费祎也是诸葛系统的人,深得诸葛亮的信任和赏识,而且也从诸葛亮那里学来了一套行之有效的管理发展生产的办法。

但是,蒋琬、费祎都没有延续诸葛亮的企业扩张式发展战略,而是主抓内部管理,提升企业效率,靠精耕细作谋求企业发展,这一点蒋琬和费祎倒是和被诸葛亮搞掉的 CMO 李严很相似。

蒋琬在担任巴蜀集团 CEO 时,主要是将集团扩展试的发展模式进行了变革,回归到了"内政"时期,而费祎,与其说是诸葛亮指定的继承人,倒不如说是继承了蒋琬策略，萧规曹随地打理巴蜀集团。费祎这个人，有三个好处和一个缺点。三个好处是品德好、善于平衡、识大体；缺点是无大才。

费祎最初的发迹是在出席巴蜀集团大佬许靖儿子的葬礼。费祎和董允是好朋友，董允的父亲董和在集团内居高位。董允让父亲给他们派一辆车送他们去参加葬礼，结果董和派了一辆很普通的车。对此，董允很不高兴，觉得以自己的家世坐这样的车有失身份，但是费祎毫不在意，泰然自若地上了车。事后，董和与人说："费祎、董允这两个孩子都很聪明，我都很喜欢，但是费祎不爱虚名，将来是个能干实事的人。"

有了董和的推介，向来温良宽厚费祎在巴蜀集团的晋升顺风顺水，也进入到了诸葛亮的眼界。

诸葛亮摆平南蛮，凯旋之际，巴蜀集团整个管理层出动，列道迎接，诸葛亮特意将费祎邀请上自己的专车，拉着费祎的手，以示重视。从这一刻起，费祎一下子从巴蜀集团的中层干部变成了公司的红人，同时也成了诸葛亮的心腹。

费祎真正上位是因为帮助巴蜀集团和东吴集团重新建立战略伙伴关系。原本孙、刘是同盟，但是后来有过一些不快，巴蜀集团和东吴集团闹翻了。但是以当时的情形来看，两方都没有能力独自对抗龙头企业曹魏集团，而且诸葛亮奉行的扩张式发展战略更是需要东吴集团的配合。所以孙、刘再次建立战略合作伙伴关系是十分必要的。

CEO 诸葛亮最终选定派费祎到东吴集团谈判。因为费祎老成、持重，不会因为小事计较而耽误大计。费祎不负众望，带着盟约回到巴蜀集团。此后，费祎正式加入了诸葛亮的决策团队，主要负责处理巴蜀集团和东吴集团之间的业务往来和公关联系。

后来，诸葛亮病重时，对集团董事长刘禅推荐，自己去世之后，蒋琬可以接班，蒋琬之后可用费祎。但是在诸葛亮去世之后，诸葛集团的权利一度受到了威胁，这个威胁就是魏延。

魏延是巴蜀集团销售部的旗帜人物，在集团内享有巨大的声望。诸葛亮去世之后，魏延和当时行代理 CEO 职责的杨仪发生了矛盾。两个人积怨颇深，以往都是靠费祎从中调停化解。但是这一刻，一向温良的费祎为了维护诸葛系的利益做了一件

不忠厚的事,在董事会上污蔑魏延,结果魏延被踢出去了。

诸葛亮去世之后蒋琬上台,一改诸葛亮的发展战略,费祎是蒋琬的帮手。蒋琬去世,费祎上台,走的更是"萧规曹随"的路线。

通常来讲,新官上任三把火,费祎接替蒋琬之后,非但一把火没有少,反而将蒋琬的发展策略照单全收。费祎是个识大体的人,他看得出来在当时的情境下,已经不适合再进行扩张政策。

当时,巴蜀集团每打开一个新市场所花去的成本甚至要大于在新市场上的所得。诚然,开疆辟土能够给 CEO 带来巨大的声誉,但是偏偏费祎就不在乎这个。而且,费祎稳重有余,锐志不足,有大略而无大才,"萧规曹随"把自己的大局观发挥到了极致,同时又避免了因才华不济而贸然革新,使企业遭到失败。

总的来说,费祎执政蜀国的时期,蜀国国内局势是十分稳定的,政治比较清明。相比同期的魏吴两国而言,蜀国确实治理的不错,最终费祎与诸葛亮、蒋琬、董允并称为"蜀国四相"。

本来,费祎的算盘打得很好,"稳守反击",但是费祎的这种经营理念和诸葛亮的另一位得意弟子姜维产生了严重的分歧。在费祎的领导下,姜维没有实现其销售才华的空间,结果巴蜀集团最大的一次内讧爆发了,姜维暗中找人干掉了费祎。

费祎,巴蜀集团以来最温和的一个 CEO,结果以一种最不温和的方式下了台。

CEO 提点

对于平庸的 CEO 来说,最好的管理策略就是萧规曹随,平平稳稳,无功亦无过,即便是遇到不顺,也有上一任的经验好拿来借鉴。

被高估的姜家小伙子

诸葛亮从曹魏集团将姜维挖过来，精心培养，希望姜维能够接自己的班，但是从后来的发展来看，或许姜维才是扶不起的"阿斗"。

姜维本是曹魏集团的底层管理者，诸葛亮第一次发动对曹魏集团的市场攻势的时候，姜维因为不被曹魏集团信任，无奈之下跳槽到了巴蜀集团。

COO诸葛亮见姜维才思敏捷，对他十分喜欢，有意把他纳入自己的势力圈内。没过多久，姜维就被提升为销售经理，这在往常是不可思议的，姜维跳槽前职位不高，在巴蜀集团又没有做出业绩，仅凭COO的赏识，就连升数级，身居高位，这不能不说是诸葛亮独裁专制的结果。

姜维被诸葛亮破格提拔，对诸葛亮很是感激，自然归顺到了诸葛亮的势力范围之中，而诸葛亮也把姜维视为自己的接班人。

诸葛亮生前在祁山市场对曹魏集团发动了六次攻势，姜维跟在诸葛亮身边，目睹了COO一次次的失利，寸功未立。诸葛亮病逝，姜维因为受到诸葛亮生前的倚重，与蒋琬、费祎等诸葛系人共分了诸葛亮生前手中的权力。其中，姜维接管巴蜀集团的销售部，成为巴蜀集团开拓市场的第一"打手"。

在蒋琬、费祎相继离任之后，姜维成为了巴蜀集团的实权人物。姜维的一生受诸葛亮的影响很大，在诸葛亮的手下做事时也深得诸葛亮的信任和提携，而且，诸葛亮将其扩张企业的发展战略也一股脑儿地灌输到了姜伟的脑子里。所以在姜维的意识里，巴蜀集团就应该扩张、扩张、再扩张。

姜维的最大失误在于在不恰当的时间和条件下，一而再、再而三地奉行了不恰当的企业战略。一个优秀的CEO，他的进取心和大局观应该是并重的，要在合适的条件下积极进取，在不合适的情势下收拢自己的野心，姜维正是因为没有做到这一点最终导致失败。

　　如果说前两人CEO蒋琬和费祎是有大略而无雄才，那么姜维就属于有雄才而无大略。在诸葛亮去世之后巴蜀集团的两任CEO，都一改诸葛亮的战略，由攻转守，这种对诸葛亮扩张计划的矫枉过正，却让姜维"英雄无用武之地"。

　　以小企业集团实施猛攻战略吞并大企业集团的案例实际上并不少，但是这需要一个前提，就是大企业集团自身存在一定的问题，而且这种问题已经严重影响到了自身的决策、反应能力，最终造成"小蚂蚁吃大象"的结局。

　　诸葛亮笃信巴蜀集团这是小蚂蚁可以吃掉曹魏集团这只大象，但是他忽略了，曹魏集团这只大象并没有病入膏肓，它的决策层依然有很灵活的反应能力。因此，以小博大，兼并曹魏集团的时机并没有到来，诸葛亮强而为之，为其之败。

　　蒋琬和费祎意识到了诸葛亮以小吞大的失策，但是没有意识到诸葛亮为什么而失败。蒋琬完全否认了以小吞大的可能性，而改走企业内部构建的发展道路；费祎则是进取心不足，凡是以大局为重，以稳为主、拒绝冒险。总之，蒋、费两人都是具备大局观的人，他们判断出吞并曹魏是很困难的，是要承担风险的，所以求稳。

　　可是实际的情况是，在蒋琬和费祎的任期内，曹魏集团的企业内部管理是极为混乱的，上层权力斗争激烈，人心浮躁，诸葛亮终其一生没有等到的时机其实已经到来了，结果巴蜀集团却采取了收缩防御的战略，错过了时机。

　　等到姜维上台，姜维体现出了他的雄才与大略的不匹配。他不甘心就这么放弃对曹魏集团扩张的想法，于是在既不得天时，又没有人和，更不占地利的情形下，对曹魏集团发动攻势，最终招致失败。

　　一是，姜维上台时，曹魏集团的权力斗争已近尾声，司马氏一家独大，之前混乱的局面已经不在了。但是姜维在大局观上的能力缺失使他无法意识到，时过境迁，机会已经失去，现在再重拾扩张战略并不能起到趁乱一击、一举打垮曹魏集团的效果，相反只会和曹魏集团陷入消耗的恶战当中。毕竟，巴蜀集团在曹魏集团面前还很弱小，此时扩张无疑是在自取灭亡。

　　此时的姜维重拾扩张战略还有一个致命伤，就是他没有得到集团百分之百的支持。实施扩展战略，以小博大而取得成功，最根本的一点就是集中一些力量，毕其功于一役。但是姜维在集团内部意见尚未统一的情况下，贸然实施对曹魏集团的扩

展,加之姜维对巴蜀集团控制力很差,以至于出现了自己在外面打拼,内部有人掣肘的现象。这从根本上注定了姜维必将失败。

扩张战略是一种消耗战略,这种战略一旦失败的话,对企业自身的影响是巨大的,巴蜀集团就是这样。最终,面对曹魏集团的恶意并购,被姜维掏空了的巴蜀集团仅仅只撑了几个月,就被彻底吃掉了。

CEO 提点

CEO 做出的决策,要符合时代发展的趋势和市场的规律,单凭意气用事,只会将企业陷入一个尴尬的境地。

董事会的大红人黄皓

说黄皓是奸佞,其实是有偏颇的。至始至终黄皓都没有做出对不起老板的事,只不过在当时畸形的环境下,黄皓只能作出对得起老板,对不起企业的选择了。

提起黄皓,让人想到的就是"臭名昭著",没有他的弄权,或许巴蜀集团就不会完蛋得那么早。但实际上,刘禅对黄皓的依赖很大程度上是前任 CEO 诸葛亮造成的。

在诸葛亮时期, 巴蜀集团的一切事务, 包括重要职务的任命完全被诸葛亮架空,刘禅就是一个摆设。按理说,当刘禅长大时候,诸葛亮应该还政于刘禅,但诸葛亮就是握着手里的权力不放。

一开始,刘禅还能忍一忍,毕竟自己的老爹刘备临走的时候把自己托付给了诸葛亮,而且嘱咐自己要把诸葛亮当父亲一样对待。但是随着时间过去,刘禅已经成人,权力依旧被诸葛亮掌控,换是谁也受不了啊。毕竟巴蜀集团是自己的,自己说了不算,这又算怎么一回事啊。

对于一个老板来说,最失落的莫过于手中权力的丧失。没有权力,就没有威严,

一个没有威严的老板，就没有尊严。刘禅并不是个傻子，总感觉很不好受。刘禅也暗示过诸葛亮，应该把权力还给自己了，不能总是这样子，"庙堂"的事归自己，"朝堂"的事归诸葛亮，但是诸葛亮完全无动于衷。

刘禅很苦闷，只能把自己的这种苦闷和身边的人说，可是自己身边的人大多都是诸葛亮安插的，更过分的事还派了一个叫董允的人，董事会的一切活动都要向他报告，刘禅只能把这种苦闷压抑在心里。这时候，黄皓出现了。

黄皓是刘禅身边的一个小助理，没有什么实际权力，诸葛亮和董允也懒得把他拉拢到自己的阵营。但是，黄皓这个人是有野心的，他不甘心于就这么平淡地过一辈子，他是想要掌握权力的。而恰好他所处的位置——董事长助理是有机会获取权力的。既然诸葛亮瞧不起自己，那不如就倒向刘禅。而且刘禅正处在一个最苦闷、脆弱的时期，自己正好可以趁虚而入，获取董事长刘禅的信任。

黄皓一共做了三件事来获取刘禅的信任。

第一件事是充当了刘禅的听众。

前面说了，此时的刘禅正处在一个极其苦闷的时期，心里好多的委屈无处倾诉。黄皓主动找到刘禅，跟刘禅谈心。刘禅难得找到一个能说话的人，肚子里的苦水一股脑儿地全都倒了出来。黄皓一面听刘禅的倾诉，一面安慰刘禅，这样几次下来，黄皓和刘禅之间建立起了深厚的"友谊"。对于身边这个唯一能理解自己苦楚的人，刘禅自然把他当成自己人。

第二件事是向刘禅表明立场。

如果只是成为刘禅的"自己人"，这还是远远不够的，黄皓要让刘禅知道，自己是敢于表明立场和诸葛亮作对的，是可以替刘禅做事的人。黄皓决定拿诸葛亮安插在董事会的"线人"董允开刀。

在一次董事席会议上，董允一如既往地对刘禅不理不睬，结果黄皓当面直斥董允对董事长刘禅不够尊重。董允已经习惯了对刘禅的忽视，现在突然有人站出来指责自己，董允毫无思想准备，一时间竟不知道该说什么好。刘禅看到现在有人为自己仗势，也鼓足了勇气，指责董允。董允一下子懵了，没想到原本的"隐形人"刘禅居然敢这么做，瞬间不知所措。看到董允的惊慌，刘禅心里感到很满足，潜藏在心底多

年的权力欲望一下子复活了,而且对黄皓也另眼相看:原来这小子不仅仅是能做我的一个小跟班,还真能替我做事啊。

第三件事是帮助刘禅制衡诸葛亮。

如果是仅仅停留在能为刘禅做事的这个层面,还是不能满足黄皓对于权力的渴望,因为刘禅手里没权。黄皓要帮助刘禅收回权力,收回权力的主要途径就是打压和掣肘诸葛亮。在叫板诸葛亮的过程中,黄皓还能得到一个好处,就是让刘禅知道自己不但能做事,而且能做大事。诸葛亮独揽大权一个最根本的手段就是扩张战略,侵吞曹魏集团的市场。所以黄皓就要千方百计地从中阻挠,不让诸葛亮成功。而一旦诸葛亮失败,他的个人声望必然下降,这也就是刘禅回收权力的最佳时机,结果黄皓成功了。

在诸葛亮去世之后,新任 CEO 无论是蒋琬,还是费祎,都不具备诸葛亮那样的声望,都无法施行诸葛亮那样的独裁管理。刘禅趁这个时机,开始回收权力。对黄皓来讲,刘禅每回收一部分权力,自己就增加了一部分权力,所以黄皓更是积极地为刘禅处理,这也进一步增进了刘禅对黄皓的依赖,甚至很多时候,黄皓的意识就成了刘禅本人的意识,黄皓弄权的局面就此形成。

对于诸葛亮独裁,刘禅是很抵触的,但是对于黄皓的弄权,刘禅却丝毫不介意,这其中一个很大的原因就是黄皓的身份——自己的助理。诸葛亮是集团的最高层,可以名正言顺地掌控公司、架空自己,而黄皓的职务显然不能独自站到台前,必须依靠自己,所以对自己的权力是无害的。

实际上,单就黄皓对刘禅的忠诚是应该值得肯定的,只不过黄皓只对刘禅和刘禅手中的权力效忠,却完全无视巴蜀集团的利益,当这两者之间出现矛盾的时候,黄皓会毫不犹豫地选择前者。而刘禅最大的失败,就是完全信任了一个只对自己效忠,不对自己企业效忠的亲信。

❦ CEO 提点 ❦

因为总裁办的特殊性质,很可能会出现 CEO 权力被盗用的情况,所以企业要积极地建立相应的监督体制,以免出现这种严重的后果。

被毁掉的接班人：刘禅

刘禅实际上并不是一个很弱的人，相反他的权谋智慧是很值得让人玩味的，至于巴蜀集团的灭亡，刘禅有责，但不应该负全责。

在人们的心目中，刘禅这个巴蜀集团董事长的继任者就是那么一个永远也扶不起来的阿斗。因为他的无能，才使诸葛亮六出祁山，无功而返；因为他的无能，才使巴蜀集团大好基业毁之旦夕。

但是，有一个不争的事实是刘禅掌控巴蜀集团长达41年之久，除了三个创业CEO孙权、刘备、曹操之外，他是掌权时间最长的一位老板。在那样一个残酷的市场环境下，能挺立40余年，没有相当的领袖智慧是做不到的。

也许有人会说，这完全是因为有诸葛亮的支撑，但事实是诸葛亮只帮刘禅打理了12年的企业，这也是刘禅过得最为压抑的一段日子。在此后近30年的时间里，巴蜀集团能够保全于乱世，不得不归功于刘禅的领导，而巴蜀集团瞬间的覆灭和刘禅最后时刻的昏庸表现，很大程度上是之前掌权的诸葛亮所造成的。

刘禅不是一个低能的人，相反天资甚佳，诸葛亮曾经夸赞刘禅聪慧超出了大家对他的期望。这句话不是诸葛亮对刘禅的奉承，是他私底下说的，只不过后来偶然传到刘备耳里。刘备当时的反应也很不谦虚，欣然受之。

诸葛亮是一个很高傲的人，没有必要在背后借刘禅来拍刘备的马屁，同样，刘备是一个有识人之名的老板，也不会看不清楚刘禅的才智。刘禅的确是一个高材生，为了让他见多识广，将来接班打理好巴蜀集团，刘备让其多学《申子》、《韩非子》、《管子》、《六韬》等管理学书籍，并由诸葛亮亲自抄写这些书让他读，又令其拜伊籍为师学习《左传》。

刘备去世之后，刘禅接班，集团的大权掌控在诸葛亮一人手里，诸葛亮可以为所欲为。对于诸葛亮的企业扩张战略，刘禅很无奈，他明白这是诸葛亮充实自己手中权力的一种手段。为此,刘禅也做了一些抵抗,而且非常有技巧。他没有和诸葛亮发生正面冲突,而是摆出很为诸葛亮着想的旗号,劝诸葛亮不要过于劳神。但是诸葛亮有自己的野心,哪儿肯听刘禅的,一味地进行市场扩张战略。

通过扩张战略,诸葛亮牢牢地把控住了巴蜀集团的大权,刘禅完全被排除在集团权力中心之外,仅仅起到一个象征作用。诸葛亮为了给自己大权独揽制造一个合理的解释,便随意捏造刘禅智力的形象,污蔑刘禅朱紫不分。

当然,刘禅完全可以和诸葛亮拼个鱼死网破,毕竟巴蜀集团是刘家的,但他是个有大局观的人,深知自己和诸葛亮内讧只能加速企业败亡。于是,他选择了隐忍。反正自己年富力强,诸葛亮肯定会死在前头。

刘禅采取了交权的策略,把一切权力都交给诸葛亮,然后和他比谁活得时间长,于是巴蜀集团出现了这样的情形"宗庙在寡人,社稷在诸葛"。这场刘禅和诸葛亮之间的战争最后还是刘禅赢了,诸葛亮去世了。

诸葛亮一去世,刘禅马上对诸葛亮的扩张政策作出了调整,转为内部发展,一方面是为了修正诸葛亮战略上的错误,一方面是通过战略转向来回收权力。对于诸葛亮指定的蒋琬、费祎两位总监,刘禅更是很有领袖功力地在他们之间建立起了一种平衡与牵制的权力构架:蒋琬虽然为CEO,但是费祎主抓财政,绕开CEO直接对董事会负责,两人的权力相互交叉,相互牵制,但又各有侧重。蒋琬去世之后,刘禅任命费祎为COO,自己出任CEO,一改巴蜀集团董事局"大权旁落"的局面。

从刘禅这一系列的表现来看,你很难想象他是一个无能的老板,相反更倾向于他是一个英明的领导者。没错,刘禅本有机会成为一个英明的领导者,但是这个机会却被诸葛亮给毁掉了。

诸葛亮出任巴蜀集团CEO12年,也是刘禅接班的最初12年,这期间刘禅失去了处理企业具体事务的权力,错失了锻炼处理企业事务的最佳时机,而且养成了依靠别人的习惯,他可以很好地平衡企业的权力结构,但是对于具体业务上的经营却毫无办法。

在蒋琬、费祎时期,刘禅的这项弱点还能够很好地被蒋、费弥补和掩盖,但是当姜维上台之后,刘禅找不到一个可以依靠的业务经营者,所以巴蜀集团每况愈下。

而当曹魏集团高调提出收购巴蜀集团时,少了姜维在身边,只懂得权力平衡之道,而毫无企业经略之能的刘禅只能选择缴械投降。

总之,刘禅天资聪慧,本可以成为一个叱咤风云、英明在世的杰出 CEO,但是诸葛亮的压制硬生生地把刘禅的经营才能阉割掉了,最终造就了"阿斗"这样一个令人惋惜的悲剧人物。

CEO 提点

面对强势的属下和自身权力被架空的境遇,最高明的做法就是静观其变,等下属的情况发生变化,然后趁机把权力收回。

CEO 孙：
接班人的转型与守成

继任的"富二代"，
管这一摊子有点难

父兄留下个烂摊子

孙权能够坐稳 CEO 的位置，关键就在于他能在羽翼未丰的时候主动放低姿态，团结一切可以团结的力量。

孙、曹、刘三个 CEO 中，刘备的经营条件最艰苦，曹操的发展过程最曲折，而孙权的 CEO 当得最憋屈。

说孙权这个 CEO 当得憋屈，是因为孙、曹、刘三个 CEO 中，无论是曹操、还是刘备，自始自终都对自己的企业有绝对控制力，但是孙权却完全不是这样子。

孙策过世的时候，并没有给东吴集团留下一个稳定的发展环境，在整个江东地区，只有会稽、吴郡、丹杨、豫章、庐陵，这部分的地盘掌握在孙氏集团手里，其他一些地方根本就不承认孙策的 CEO 身份。这也是没办法的事，孙策本来就是以山寨企业的身份起家，虽然有在东汉集团淮南大区打工的经历，但是他自己创办的这个企业从来就没有得到过东汉集团的授权。

即便是把孙策看成老板的东吴集团内部，也没有多少人去承认孙权的合法接班人地位，这些人仅仅是按孙权以往的职务来对待孙权。可以说，孙权在接班的时候，东吴集团的权力并不握在自己的手里。这其中的原因很复杂：

一方面,在接班之前,孙权是触碰不到东吴集团核心的权力的,而且孙权也没有一个属于自己的权力团队作为支撑。东吴集团的大权主要握在几个创业高管的手里,像张昭、周瑜、程普这些实权人物。权力没有握在自己的手里,东吴集团内部的很多人也并不认可孙权,不遵从和承认孙权的领导。比如,在庐江地区任职的李术,根本就不承认孙权的接班人地位,脱离了孙氏集团。

最可怕的是在孙氏家族的内部,也有不少人不认同孙权的能力,认为孙权难以保全孙氏集团,孙权的叔叔孙贲,居然在背地里给曹操写信,希望能够得到曹操的庇护,为自己留条后路。

这一切都是孙策在行政管理上的无能所造成的,孙策只在意去抢夺更多的地盘,扩大市场的规模,却忽视了对企业权力的巩固。实际上,孙策是不知道该怎么办做。孙策在弥留之际对孙权说:"举江东之众,决机于两陈之间,与天下争衡,卿不如我。举贤任能,各尽其心,以保江东,我不如卿。"

孙策说这句话的时候,未必是对孙权的行政能力有多大的肯定,更多的是对自己在行政能力这方面的缺失的一种自责,因为自己的行政能力实在够烂。

面对大哥孙策留下的这个烂摊子,孙权只有一个办法可以稳固当先的形势:就是团结一切可以团结的力量。孙权极力地拉拢跟随孙策一起创业的实权高管和有名望的人到自己的阵营,替自己摆平内忧外患。这其中出力最大的就要数"内事不决"要问的张昭和"外事不决"要问的周瑜。

张昭利用自己在江东崇高的声望和显赫的地位,登高而招,呼吁孙氏集团的高官们重新团结在新任老板孙权的周围,并为此四处活动,安抚集团内的实权人物。正是由于张昭的不懈努力,团结了东吴大部分高层,使孙权得以顺利继承孙策的事业。而周瑜的作用则在于稳定了东吴集团的市场,也就是地盘,保住了孙权企业的根本。

实际上,孙权不是一个希望依靠别人的人,他虽然看起来不像他的哥哥孙策那么咄咄逼人,但是他在内心里对于权力的欲望要比孙策大得多。一句笑言,孙权这个名字取得太过恰当了,他把"权"看得比什么都重。

孙策是一个肯放权的人,但是孙权不是。从后来孙权的种种做法来看,孙权绝

对是一个独裁者，但凡有人威胁到他的独裁统治，他必除之而后快。在这一点上，孙权和曹操极为相似，但是孙权不如曹操的地方就是他没有曹操那样的开拓精神和能力。

孙权是个权力狂，但是在羽翼未丰的情形下，不得不倚重权臣，这又是孙权的一个过人之处，也是他的名字"权"的另一方面的体现——权衡，谋略。

孙权摆出温顺的样子，对一帮创业信赖有加，尊崇备至，这就使得孙权笼络住了一大批的人心，巩固了他在东吴集团的地位。但是当孙权羽翼丰满之后，来了一个彻底的大变身，露出了他独裁者的本相。

无论是几乎凭一己之力帮他保住CEO位置的张昭，还是在赤壁力挽狂澜，保住了孙氏集团基业的周瑜，孙权都是极力打压。因为他不允许这样的人出现，不许下属的声望压制了自己作为CEO的绝对尊严。

也许，这个时候的张昭和周瑜会后悔，会觉得自己被孙权给玩了，但是就算后悔也晚了。

CEO 提点

是否能审时度势是决定一个CEO水准高低的重要标准。一个优秀的CEO，最大的特征就是能够在最正确的时间作出最正确的选择。

接班，压力大呀

好不容易坐稳CEO位置的孙权对自己的权力是极为看重的，为了保住自己手中的权力，任何人是都可以牺牲的，任何人！

孙权自从成为东吴集团的CEO，就没有过过一天轻松的日子。

因为孙权始终处在持续的压力之下：稳定和巩固自己CEO的位置，有压力；东吴集团内部需要加强中央集权建设,有压力;边缘的山岳地区又不服从领导,需要平定,有压力;东吴地方士族势力需要安抚,有压力;解决与荆州集团黄祖的恩怨与矛盾,有压力。

当孙权把这些压力统统化解,觉得自己终于可以长出一口气的时候,更大的压力不期而至——从北面来了一个大麻烦,曹魏集团曹总的一封信:"近者奉辞伐罪,旌麾南指,刘琮束手。今治水军八十万众,方与将军会猎于吴。"曹操是个野心家,他哪里是要什么打猎啊,明明是想要吞并东吴集团,抢地盘。

看到这封信,孙权有了些许的慌张,对于孙权而言,曹操确实有点太强大了。就算孙权再是一个信奉独裁的人,面对这样大的一件事,他也不得不去听听自己的高管们都是什么意见。

会议的结论让人失望,除了鲁肃在会议上一言不发之外,剩下的人一面倒:热烈欢迎东汉集团、曹魏集团 CEO 曹操先生主持收购东吴集团。

"都是一群王八蛋!"孙权很生气,这帮家伙口口声声说是为了企业的进一步发展。这哪里是为了企业的发展,分明是为了自己的发展罢了。最让孙权失望的是张昭,他居然也倒向了曹操,这是让孙权万万不能接受的。但孙权还是很快克制住了。所谓"法不责众",主张倒向曹操的人太多了,斥责也斥责不过来,还容易引起人心激变。

孙权把自己的另一个依靠——周瑜从外地调了回来,征询周瑜的意见。周瑜没有让孙权失望,力主和曹操一决雌雄。但是周瑜也提出了一个条件,就是自己在和曹操较量时期,必须授予自己绝对的权力,而且孙权不得干涉自己的行动。

这个条件让孙权有些犯难,都说疑人不用、用人不疑,但是周瑜管孙权要的可是足以致孙权于死地的全权指挥权啊!在这种生死存亡的时刻,一步不慎,就再也没有挽回的余地了。何况,是孙权向来视之如命的权力。

在犹豫之际,孙权对向周瑜授权进行了风险评估:

第一个就是周瑜的忠诚。

尽管周瑜曾经帮助自己巩固了东吴集团的位置,但这不能说明周瑜面对曹操的诱惑就不变心。孙权的心里是有阴暗面的,他始终认为:忠诚只不过是因为背叛

的价码不够。曹操一旦开出足够分量的利益,身边的任何一个人都会背叛自己。就像自己所倚重的行政大鳄张昭一样,不就是在最紧要的关头选择了背叛。

如果这时候,周瑜把自己手中的权力骗走了,然后把自己卖了,以此和曹操谈条件,那么自己怎么办?

第二个是周瑜的能力。

东吴集团还是个小企业,尽管经历过的风风雨雨也不算少,但是并没有经历过这么大规模的行动。特别是周瑜,他还很年轻,经验上面肯定不如程普、吕范等人丰富。虽然自己的哥哥孙策极力肯定了他的能力,但是他真的行吗,如果他失败了,那么自己怎么办?

第三个是周瑜会不会成为下一个董卓。

孙权做了一个假设,就是周瑜没有背叛自己,而且还挫败了曹操。届时,周瑜的声望必然会响绝江东。如果他在这个时候要废掉自己,立孙策的儿子孙绍取自己而代之,也不是没有可能。本来兄有子,自己继承兄业,CEO这个位置名不正言不顺。

周瑜和其他人不同,他和自己的兄长孙策是铁哥们,是连襟啊!如果周瑜真的逼自己下台,那么自己怎么办?

对于这三个严峻的问题,孙权思来想去,没有一个答案是乐观的。但是换一种思路,如果自己不选择相信、使用周瑜,那自己只能受曹操的收购,而这个结果要比之前的三种情况糟糕得多。

反正横竖都是死,与其坐以待毙,不如选择信任周瑜赌一把。

孙权又一次做出了正确的、但也是别无选择的选择:无条件地信任周瑜。孙权赌赢了,周瑜不仅没有背叛自己,而且还成功地粉碎了曹操收购东吴集团的意图。

但是,孙权这次的决定也为以后两人关系的破裂埋下了伏笔。周瑜的成功为他带来了巨大的个人声誉。但是这种声望在孙权看来是另一种压力,是对他至高无上的老板威严的挑战。

对于孙权这样多疑的人来说,任何对自己的挑战和任何疑似的挑战都是不被允许的。鸟尽弓藏是孙权消除周瑜给自己带来的压力唯一的选择,也是周瑜即将要面对的必然下场。孙权在彻底将曹操的势力赶出自己的地盘之后,开始了对周瑜的

牵制，一方面是削权，一方面是抬出鲁肃制约周瑜。达到人生顶点的周瑜一夜间发现自己的荣光全都不在了，抑郁成疾，不久就去世了。

传言中都说"诸葛亮三气周瑜"，实际上那个时候的诸葛亮在巴蜀集团的地位还没达到能够和周瑜平等对话的层次，而且盛极一时的周瑜也没把诸葛亮放在眼里，他提及刘备的时候，更多顾及的是关羽和张飞这两个销售狂人。

周瑜归根结底是被气死的，但不是诸葛亮，而是他的老板孙权。周瑜雅量高致，真正能让他抑郁成疾的也只有把他的拳拳之心当成驴肝肺的孙权了。

CEO 提点

CEO 是一个高压职业，他的每一个抉择都干系到手下千百人的命运，所以 CEO 一定要具备足够的抗压能力，不要让压力扭曲了自己的抉择。

守住这一摊是我的本分

赤壁之后，刘备提出续借荆州，以便于和孙权继续保持唇齿相依的市场伙伴关系。孙权从东吴集团的长远利益出发，答应了刘备的非分之请。

赤壁事件之后，曹魏集团损失惨重，在短时间内失去了大规模南侵的能力。孙权把自己更多的精力放在了处理荆州的问题上。

赤壁商战之前，走投无路的刘备向孙权借了一块地盘当做自己的大本营，和孙权搞企业联盟，对抗曹操。现在曹操被打败了，刘备当即派来代表，想要和孙权商讨续借荆州的事情。

刘备的举动使东吴集团迅速分化成了两大阵营，一个是鹰派，一个是鸽派。

鹰派大多是市场部的人，这些人原本就对孙刘联盟不感兴趣，在赤壁之前，对刘备借荆州持有反对意见。现在看到刘备居然要赖在荆州不走，鹰派更是恼火，力

主撕破脸皮，赶走刘备。

鸽派的人大多是行政系统的人，他们主张以和为贵，发展孙刘战略联盟，这也是他们的政绩之所在。

一道两难的选择题摆在了孙权面前：是驱逐刘备，还是留下刘备。孙权犹豫不决，找来了鲁肃，询问对策。鲁肃没有正面回答孙权，而是提出了几个问题。

鲁肃一问孙权："老板，您觉的现在曹操实力如何？"

孙权毫不犹豫地回答："那还用问，实力、声威自然是大不如前。赤壁的一场大火烧掉了曹操的心气。"

鲁肃又问孙权"那比我们如何？"

孙权思忖着说："曹操家大业大，即便是这一次损失惨重，但是家底子还是要比我们殷实得多。"

"老板英明。曹操雄踞北方，虽然现在受挫，但是经过几年就能缓过来，仍然具有南侵的能力"鲁肃缓了缓，三问孙权，"以我们的发展速度，想要在几年之后独自和曹操叫板，老板您觉得胜负之数如何？"

孙权不再说话。

显然，这是一个孙权所不愿意接受的事实：北方市场已经被曹操垄断，企业扩张的最佳时机已经过去了。以目前的发展形势来看，就算再过个几十年，东吴集团也未必能赶上曹魏集团现在的实力。

鲁肃说道："老板，说句实话，这次我们赢曹操，属于小概率事件。要是再来一次的话，恐怕我们得输；再来两次输；三次、四次、五次、输、输、输！"

"未必吧。"孙权的脸色变得很难看，显然，鲁肃的话让孙权很没面子。

鲁肃也不管孙权的反应，自顾自地说下去："一个东吴集团的发展速度永远也赶不上两个'东吴集团'一起发展的速度，不论是我们、还是曹魏集团都是这样。如果我们能够保全，并且支持刘备，让他的企业发展壮大，成为另一个'东吴集团'。到时候就算曹操缓了过来，我们已经有一个强大的战略合作伙伴。到那时，曹操再想收购我们就不那么容易了。因为他需要把我们两家一起吃掉。老板，您认为曹魏集团强大得能到一口气连续吃掉两个东吴集团的地步吗？"

"自然不能。"孙权斩钉截铁地说。

鲁肃上前一步，说道："所以，帮助刘备发展，对我们而言是有极大的好处。当然，荆州这块肥肉就这么让刘备赖着，我们是有些损失。但是老板，不能忘了我们企业现在的第一目标是什么。"

鲁肃顿了顿，继续说道："我们企业现在最重要的就是在未来的几年内具备对抗曹操的能力，就是先能够活下来。这种活下来的可能不是靠赤壁这样的小概率运气，而是真正拥有和曹魏集团硬碰硬的实力。现在，即便是我们收回荆州，也没有和曹操独自死磕的能力。因为我们拿到荆州之后需要进行企业的整合，需要过渡。等我们整合完成了，曹操也缓过来了。我们不得不独自面对赤壁前的局面，还是无法和曹操在实力上硬碰硬。使我们唯一能够做到这一点的，就是和一个已经变得强大的刘备集团结盟，而这种情形的实现就是要让刘备去发展。"

"说了这么多，你的意思就是要我续借荆州给刘备。"

"是的，老板。我们现阶段的战略目标就是保住江东这一亩三分地，一切对此有害的肥肉，我们都不要去吃；且对此有利的烂肉，我们都要割掉。等我们真正能站稳了，能跑了，拿下荆州的机会有的。"

孙权沉默不语，过了好久，长叹一声，对鲁肃说："我刚接班的时候，张昭给我上了企业管理培训的课，里面有一节说的是 CEO 要懂得拒绝诱惑，要舍得割舍利益。当时我对此不是很理解，现在算是彻底明白了。就按你的意思办吧，另外把南郡也借给刘备，让刘备给我们守大门，当炮灰跟曹操死磕也没什么不好，我们可以静下心来搞生产嘛。"

就这样，孙权压制住了集团内部鹰派的意见，续借荆州给了刘备，为孙曹刘三强的形成奠定了重要的基础。

✦ CEO 提点 ✦

　　企业间的利益大都是在彼此妥协和退让中达成的，有时候，为了达成一些目的，付出一些代价也是在所不惜的。

势力需要慢慢培植

孙权为了能够控制住刘备，使用了一招美人计，和刘备玩起了商业联姻的游戏，实际上这是在刘备集团安插大量的商业间谍。

俗话说"好事成双"。

现在的刘备，正在享受孙权奉上的两件好事：第一件，孙权答应刘备把荆州借给他；第二件，孙权决定和刘备联姻，把自己的妹妹许配给刘备，用这种企业集团高层间的姻亲关系来拉近两个集团的距离。

孙权做出这个决定的时候，东吴集团上下一片哗然。很多员工对孙权的"联姻"策略很不理解，私底下议论纷纷，说什么的都有：

"咱们老板不是疯了吧，干嘛要把自己的妹妹嫁给刘备啊，听说刘备比孙小姐大好几十岁呢！"

"搞不明白，是咱们把荆州借给了刘备！刘备把他妹妹嫁给咱们老板还差不多！""刘备那么大岁数了，她妹妹也小不了，咱们老板才不要呢！"

"你说，这刘备是不是会什么法术啊，老板着了道吧，用得着咱们去主动讨好刘备吗？""行啦，别议论啦吗，这是老板的大智慧，咱们可理解不了，要不咱也当老板了。"

……

不管集团的人如何议论，孙权依旧我行我素，铁定是要把妹妹孙尚香嫁给刘备。

不过，这个做法，也得到了东吴集团少数几个核心高层的支持。"天底下没有免费的午餐"，孙尚香这个媳妇，刘备也不是白捡的，是要付出极大的代价的。

刘备其实也很无奈，如果有别的选择，他宁可不要这门亲事。但是没办法，自己管人家借了荆州，这个婚就不得不结。

兜了这么一大圈，这里边终究有什么玄机？

实际上，孙尚香是孙权一步很高明的棋：

一方面，孙尚香是孙权安插在刘备身边的一个"智能"监视器；另一方面，孙尚香也是东吴集团安插在刘备集团里的一个间谍头子。如果放在今天的话，还有一个好处，就是两人一旦离婚，孙尚香将拿走刘备的一半资产。当然，这一条在当时并不成立，但尽管这样，这一步棋也是相当厉害。

刘备寄人篱下，只能服从孙权的安排。

通常，结婚的话，都是男方娶女方，结婚的地点应该是在男方家。但是孙权却说："刘备啊，你哪有家啊，你的大本营都是我借给你的，不管在哪，你都是倒插门。所以咱就图个方便，这婚啊在东吴结吧。"

孙权一句话，就把刘备骗到了东吴。孙权的这一步也是精心设计的，目的是要试探一下刘备集团的行政管理水准，考验一下在 CEO 刘备不在的情况下，刘备集团工作是否能够正常开展和运行。这样，孙权就可以对刘备集团的实力和发展状况做出准确的定位，为以后制定对付刘备的战略打下基础。

刘备和孙尚香的这场婚礼可以说是大肆铺张。孙权就是希望用各种的手段把刘备吸引到东吴，以便于获得足够考察刘备集团的时间。

孙权的目的基本上达到了，他看清楚了刘备集团的行政能力。刘备的离开并没有对他的企业运转造成丝毫负面的影响，因为他有一个超级 COO 诸葛亮。在达到考察的目的之后，孙权放刘备和孙尚香回了荆州。

对刘备来说，和孙尚香这段在荆州的日子可以用噩梦般来形容，简直不堪回首。孙尚香是一个十分敬业的商业间谍头子，而且孙尚香不仅仅是暗地里发展间谍，更是当面向刘备索要信息，而且理直气壮："我是你老婆，你有什么不能跟我说的。

刘备心里这个憋屈啊，你是我老婆，但是我的确什么都不能跟你说。而且我也不用跟你说什么，因为你全都能知道。但是，这样的话刘备还不能讲出来，只能闷在心里。

为了解除孙氏间谍对自己企业情报的截取，刘备专门以赵云为首设立了一个反间谍小组，来对付孙尚香的间谍组织。尽管不可能完全杜绝孙氏间谍获取情报，但是也要尽可能地把机密泄露的程度控制到最小。

赵云的反间谍小组起到了很好的作用，孙尚香处处受挫，自然不高兴，晚上也

不给刘备好脸子看。刘备是"拿人家的手短,吃人家的嘴短",也不好说什么,就这么硬挺着。

终于有一天,西川的刘璋给刘备写了一封信,希望刘备能到益州分公司去给他帮个忙,刘备觉得机会来了,可以趁机抢益州的地盘,再也不受孙尚香的气了。

这个消息孙权自然从孙尚香那里得到了,孙权跟孙尚香商量了一下,双方达成一致,认为间谍行动该结束了。

一旦刘备拿下益州,孙权就准备收回荆州。到时候刘备不再亏欠孙权什么,必然不会继续对孙尚香百般忍让。而到目前为止,孙尚香已经在刘备的荆州公司内安插了足够的眼线,即便离开也能达到监视的目,既然既定的目标已经达到了,三十六计走为上计。

趁着刘备去益州的空儿,孙尚香收拾行李,回到了东吴。在路上,张飞象征性地询问了一下老板娘为何匆匆回娘家,孙尚香敷衍了一句,"我妈病了"。张飞也就不再过问了。实际上大家心里都清楚,孙尚香回东吴对彼此都是一个解脱。

CEO 提点

现代商战的本质在很大程度上就是信息战,谁能够以最快的速度获得最准确、最有价值的信息,谁就会在市场竞争中占得先机。

信任,是领导者的成功之道

刘备成功并购了益州公司,按照先前的《孙刘荆州协议》,孙权派诸葛瑾去讨还荆州,但是遭到了无理拒绝,有人怀疑诸葛瑾吃里爬外,但是孙权"用人不疑"。

孙权是一个把权力看得比什么都重要的人,但是孙权有一点做得很好,就是在他可接受的范围内,他会给予员工足够的信任。

在刘备成功夺下西川之后，孙权就把回收荆州的业务摆在台面上了。这次负责这项业务的人是诸葛瑾。

诸葛瑾和巴蜀集团的关系就比较微妙了，因为他有一个在巴蜀集团当 COO 的弟弟诸葛亮，所以这种人情业务就落到了诸葛瑾的头上。诸葛瑾只好不辞辛苦，万里迢迢跑到益州，与刘备和诸葛亮商讨归还荆州的事情。

见到刘备，诸葛瑾"晓之以理，动之以情"，希望刘备能够按合同办事，把荆州还给东吴集团。

刘备脸色铁青，冲着诸葛瑾一阵发泄："你们老板孙权还好意思叫人来管我要荆州。他趁着我不在家的时候，把我老婆都诓回去了，这时候好意思来跟我谈合同了，我说你们老板脸皮怎么那么厚啊，要不是他疯了？"

诸葛瑾被刘备这一顿抢白，脸色也很难看。有道是欠账的是大爷，要账的是孙子，诸葛瑾来益州之前心里已经做了充分装孙子的准备。

"刘老板啊，这一码事归一码。刘夫人的事，那是你们家的私事。荆州的事，这是咱们两个集团之间的公事，咱们得公私分明啊。再说了，夫人私自回娘家，确实是因为我们老板的母亲病了。娘病了，女儿回娘家探望也是人之常情啊。"

"公私分明，你们老板孙权公私分明吗？公私分明的话，你让他把那些商业间谍也撤走！"话谈到这个份上，实在不好往下继续进行了。

诸葛瑾说："刘总，您别激动，这么吧，我们都先冷静冷静，咱们下午再谈。"

趁中午吃饭的机会，诸葛瑾向弟弟诸葛亮求援："老弟啊，这件事你得帮帮我啊！"

诸葛亮笑了："老哥，这各为其主的事，你让我怎么帮你啊。要我说啊，当初你就不该接这个任务，像这种关系理应回避才是。"

诸葛瑾摇摇头，苦恼地说："你是不知道啊，老弟，我大老板就认定是我了，还给我下了死命令，要是完不成任务，我可就要被炒鱿鱼了，你可不能看着你哥哥我到时候全家喝西北风啊！"

"老哥你说笑了，孙权不是那么小气的人，再说了以哥哥的才华，还害怕找不到工作啊。实在不行，你来我这，我给你安排。"

得！本来是想让诸葛亮替自己说说话，没想到诸葛亮反倒当起猎头来了。诸葛瑾一撂筷子："算了，不跟你说了。"

到了下午，诸葛瑾和刘备重新展开谈判。诸葛瑾一个劲地给诸葛亮使眼色。诸葛亮没办法，只能装作是替诸葛瑾说情，暗地里却冲着刘备挤了挤眼睛，示意刘备先答应下来。

刘备假意答应了诸葛瑾归还荆州，然后私下里问诸葛亮怎么回事。诸葛亮捂着嘴笑着说："老大，我有了一个馊主意，只不过是有点对不起我这个老哥了。"

"哦？说来讲讲。"

"老板，你觉得即便是咱们答应把荆州还给他们，关二老板能答应吗？"

刘备想了一想，也忍不住地笑了起来，拍着诸葛亮的肩膀说道："恩，你这招是损了点。"

刘备当着诸葛瑾的面通知在荆州子公司的关羽，让他配合诸葛瑾的工作，关羽不置可否。诸葛瑾万里迢迢地从益州返回到荆州，找关羽进行交接，可是关羽翻脸就不认人了。诸葛瑾搬出刘备来压关羽，但是关羽仍是对诸葛瑾不理不睬，一句"那又怎么样，他管我呢"就把诸葛瑾支走了。

诸葛瑾没办法，只能又不辞辛苦地返回益州，向刘备告状。刘备对诸葛瑾说，关羽就是那脾气，他自己也整不了，希望诸葛瑾能够和关羽多磨一会。说不定到时候关羽心软了，就把荆州还给东吴集团了。

就这样，诸葛瑾在益州和荆州之间三番下来，辛苦不少，效果全无。最后，诸葛瑾也明白了，这是刘备在耍自己，刘备根本就不想还荆州。无奈之下，他只能两手空空地回东吴集团复命。

尽管这次行动诸葛瑾失败了，但是对于诸葛瑾的辛劳，孙权是理解的。不过，集团内有些人却不这么看，他们认为凭着诸葛瑾和诸葛亮亲兄弟的关系，诸葛瑾不可能无功而返，除非是诸葛瑾在诸葛亮那里拿到了什么好处，出卖了东吴集团的利益。

这种说法是很有蛊惑性的，而且一时间在东吴集团内甚嚣尘上。诸葛瑾感到很冤枉，但是也没有什么办法，因为这种事情没有证据，自己也拿不出证据证明自己

没从巴蜀集团那里得到好处，但是荆州没要回来是明摆着的。

这时候，孙权紧急召开了高管会议，在会议上，孙权表示充分信任诸葛瑾的为人，对于流言要严肃处理，采取有效措施将其扼杀。

孙权的做法让诸葛瑾心里一暖。原本诸葛瑾已经有了离开东吴集团的打算，一旦孙权向自己问责，自己就辞职。但是现在看到老板对自己如此的信任，他心里所有的委屈都烟消云散了。

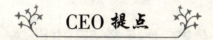

CEO 提点

"信任"是管理者使用人才的一个最基本的原则，上司对下属信任，除了能激发下属工作的主观能动性，更能增强下属对上司的归属感和服从感。

在夹缝中谋求生存

没有永远确定的朋友

　　荆州的问题已经成了孙权的一块心病,孙权日思夜想地想要收回荆州。关羽的冒失给了孙权这个机会,孙权决定打破孙刘联盟,收回荆州。

　　"孙刘联盟"这个词已经被人说烂了。事实上,无论是在行政上,还是在经济上,没有永远的朋友,只有永远的利益,这是永恒的真理。

　　要说"孙刘联盟",我们就得回顾一下孙、刘两家结盟的初衷。

　　当年,曹魏集团在官渡取得了决定性的胜利,一口口地把袁绍庞大的河北大区吃进了肚里。兼并掉袁绍集团之后,曹操又把矛头指向了荆襄集团。荆襄集团没能逃过这一劫,也成了曹魏集团嘴中的肉,就只剩下刘备和刘琦在江夏分公司苦苦坚守。

　　吞完了荆襄,曹魏集团的下一个目标自然就是孙权的东吴集团。但从各方面实力上讲,东吴集团都不是曹魏集团的对手,因此孙权联合了刘备,并且在接下来的赤壁给了曹魏集团当头一棒。联盟这东西就是这样,当结盟的双方面临着共同且强大的敌人的时候,联盟就是相当稳固的。但是当共同的敌人被击退之后,结盟的双方就会不可避免地生出这样或者那样的矛盾。

　　孙、刘联盟也是这样。孙、刘双方争议的焦点在于荆州这块地盘的归属权。孙权认为东吴集团在赤壁出力较多,因此多获得一些利益是理所应当的。而刘备则认为

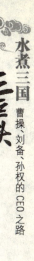

荆州是我亲手从曹魏集团那里夺的,凭什么给你? 你要有本事,也去曹魏集团那里夺啊!

荆州市场归属权的争议让孙刘两家的联盟关系日益瓦解。在孙权看来,刘备根本就是在霸占着原本应当属于东吴集团的地盘不肯归还。

孙权想到过市场上的问题市场解决,之所以还没有通过市场的方式从刘备手中把荆州抢回来,一方面是因为曹魏集团虽然遭到重创,但依然强大,刘备这个盟友暂时还是不可或缺的;另一方面,巴蜀集团荆州子公司的 CEO 是关羽,这个人可是个狠角色,孙权没有一定可以战胜他的把握。东吴集团的前任 CMO 鲁肃就曾经尝试算计过关羽,但是人家关羽根本就没上当。

但是现在,情势的发展让孙权有些坐不住了。在这几年里,巴蜀集团的发展势头非常迅猛。占荆州、夺西川,最近又打败了曹魏集团占据了汉中。这样一来,巴蜀集团的实力已经隐隐超过了东吴集团,大有与曹魏集团并驾齐驱的趋势了。这个情况可不是孙权愿意看到的。孙、刘联盟存在的前提是曹魏集团的强大,如果巴蜀集团无限制地发展下去的话,那么必然会直接威胁到东吴集团的安全,搞不好的话巴蜀集团会和曹魏集团结盟,合力吃掉自己。所以,孙权很乐意不惜一切代价把荆州收回来,这样既可以增强自己的实力,又可以打压一下巴蜀集团的气焰,遏制一下它的上升势头。

荆州子公司的 CEO 关羽是个好大喜功的人。由于巴蜀集团总部在汉中取得了胜利,市场部的张飞、赵云这些自己的老部下都得到了嘉奖。关羽看着很眼红,为了让自己的业绩不落后于人,主动调集荆州子公司的资源,向强大的曹魏集团发起了进攻。

不得不说,关羽的能力确实很强。先是教训了曹魏集团在襄樊蹲点的市场部副总监曹仁,而后又给曹操派去支援曹仁的销售经理于禁狠狠地上了一课。

关羽对曹魏集团的胜利让孙权也开始蠢蠢欲动。他把在荆州边上蹲点的新任 CMO 吕蒙叫了回来,跟吕蒙商量,要不要趁火打劫,敲曹操一笔。吕蒙表示不赞同,而是提出了另一个计划:"老板,你有没有拿下荆州的想法啊!"

孙权嘿嘿一笑,拍了拍吕蒙的肩膀:"我就是这个意思,只不过试一试你是不是

也在打荆州的主意。"孙权和吕蒙一样，敏锐地察觉到关羽实际上是擅自行动，他的动作似乎并没有得到巴蜀集团总公司的全力支持。这就意味着，关羽抽掉了荆州子公司所有的流动资本，那么他的大本营应该是很空虚的。这不正是趁机夺取荆州的大好机会吗？而且还能够在一定程度上打击到巴蜀集团，遏制一下巴蜀集团的势头。

孙权打定了主意，背叛盟友这件事对于孙权来说并没有什么心理上的负担。而且，自己针对的只是关羽一个人而已。

在新人CMO吕蒙的指挥下，东吴集团迅速展开行动。曹魏集团方面也派出了足以与关羽相匹敌的优秀的市场经理徐晃来吸引关羽的注意力。当局者迷，全天下都在算计关羽，可怜关羽自己聪明一世，却对此一无所知。

对于孙权来说，没有永远的朋友意味着他必须抓住这个机会来占据荆州市场，扩充东吴集团的实力。虽然这样做会背叛自己的盟友，但是即便是背叛了盟友巴蜀集团又能怎么样呢？拿下荆州，孙、刘的势力此消彼长，他刘备又能奈我何呢？

CEO 提点

任何商业上的盟友都是有保质期的，这个期限就在比结盟更大的利益出现的那一刻，作为CEO，就是果断地抓住该抓住的，放弃该放弃的。

只有一个一把手

孙权把对付荆州的任务交给了吕蒙和孙皎，吕蒙略施小计，便化解了孙权对自己的限制，获得了行动的自由权。

孙权决定和巴蜀集团撕破脸皮，趁着荆州空虚搞突袭夺回荆州。

既然是突袭，就得偷偷摸摸地进行。CMO吕蒙先是谎称生病，秘密回到东吴集

团的总部,在暗中布置袭取荆州的战略准备。

吕蒙刚到建业总部,孙权就亲自迎了出来。大战在即,这种收买人心的工作还是很有必要做的。孙权一边拉着吕蒙的手,一边给吕蒙打气:"吕总啊,这次行动从筹备到执行我就委托给你了。你知道,荆州可是我日思夜想的一块心病啊。周瑜、鲁肃,包括诸葛瑾,多少人在它上面付出了巨大的努力,但是都没有收到良好的效果。"

吕蒙当即表态:"老板,您放心吧,荆州这回跑不了,关羽他也嚣张到时候了。"

孙权点头肯定,话锋一转:"现在你回总部了,陆口那边谁去盯啊。陆口正对着关羽的荆州子公司,可是一个重中之重的关节。以前周瑜一直在那里抵着刘备,周瑜去世之后鲁肃驻在哪里了。鲁肃走之前向我推荐的你,现在你也得给我推荐个合适的人选。"

"陆逊怎么样?"吕蒙回答。

孙权一皱眉,问道:"陆逊?吕总啊,从周瑜到你,凡是在陆口主事的人,其实就是下一任CMO的人选啊。你得给我推荐个才名俱佳的人啊。"

"老板,我不这么认为。你看,咱们这次行动是偷袭,就是要趁关羽不备,才能成功。现在我离开陆口了,关羽便放松了警惕。但是我们一旦派个有声望的人去,就会再次引起关羽的提防,之前的努力就白费了。所以我觉得,去陆口的人一是要有能力,二是要没名气,陆逊最为合适。本身陆逊在集团外还是汲汲无名,关羽未必会在意他;而且陆逊在能力上足以担当此任,是不可多得的人才啊。"

"我明白了,就按你的意思办吧。"孙权当即差陆逊去陆口主持工作。

吕蒙准备妥当后,孙权下达袭取荆州的计划安排。在人事安排这一项上,孙权派自己的堂弟孙皎为副,协助吕蒙。

这个孙皎,是孙氏家族的人,按亲疏关系,是孙权的从弟。孙皎的父亲是孙静,而孙静则是孙权父亲孙坚的弟弟。孙皎这个人,能力一般,但是性格非常好,很能交朋友,原本孙权派孙皎去就是为了和吕蒙拉好关系。但是吕蒙看到人事安排,扑哧一笑,心中暗想:老板啊老板你又来这招!吕蒙指的是平衡术。原来孙权怕吕蒙独自拿下荆州,名声太大功高震主,于是安插了一个孙家的人,来分吕蒙的功劳。

对于孙权的这种小伎俩,吕蒙还是应付自如的。吕蒙找到孙权,摆出一副惊讶

的表情，对孙权说："老大，你怎么安排孙皎做我的副手啊？"

孙权装作不解的问："怎么了？孙皎的能力很强，我觉得除了他就再没有合适的人了。"

本来，孙权说这句话是为了让吕蒙无法推脱，可是吕蒙却说："老板啊老板，您知道吗？问题就出在孙皎的能力很强上面了！"

孙权张着大嘴巴，搞不清吕蒙到底是什么意思。吕蒙趁热打铁地解释说："老板啊，您要是让我负责呢，就单独让我负责；要是让孙皎负责呢，就单独让孙皎负责。我们两个能力都很强，谁上都行，就是不能一起上。您忘了当年在赤壁，您启用周瑜，然后又让程普给周瑜当副手，虽然您表明了所有事情周瑜说了算，但是程普还是不甘于屈居人下，两人闹得很不愉快，要不是后来周瑜的才华令程普折服，还不知道会闹成什么样呢。现在，您让孙皎给我当副手。我的能力跟周瑜周总可比不了，但是孙皎可是你们孙家的人，地位可比程普程经理要高，您说我们俩搭档在一起，还有法工作么？"

吕蒙的话句句在理，说得孙权哑口无言。孙权想要给吕蒙换个副手，可是刚才自己说了"我觉得除了他就再没有合适的人了"反而是把换人的可能性排除了，既然孙皎不合适，换人有没得换，那就只能让吕蒙自己来了。

吕蒙三下五除二地就说服了孙权，得到了独自负责行动的大权，并且约了手下经验丰富的经理去决战关羽。最终一举打败关羽，夺回了荆州。

CEO 提点

指令统一在管理上是极为重要的，一个员工只对一个老板负责，指挥的人多了，就会出现管理上的混乱和人际间的矛盾。

用人讲究打破常规

刘备打着给关羽报仇的旗号来找孙权的麻烦，孙权的几番抵抗都被刘备挫败，最后孙权启用了当时名不见经传的陆逊，在夷陵一举打垮了刘备，把他赶回了西川。

在荆州，刘备集团可以说是损失惨重。不仅是荆州子公司的破产，而且巴蜀集团的二老板关羽也被干掉了。

CEO 刘备得知这样一个结果，表示无法接受，不理睬诸葛亮等人的劝阻，兴师问罪，要和东吴集团拼个你死我活。很快，刘备将要对东吴集团有动作的消息就传到了 CEO 孙权的耳朵里。

一开始，孙权还不怎么在意，认为刘备只是一时气话罢了。因为刚刚失去了荆州的巴蜀集团对东吴集团并没有太大的威胁，双方的实力相当，而且北面有强大的曹魏集团虎视眈眈。

但是没多久，相关的报道接踵而来，刘备这次是玩真格的了，谁都拦不住。

其实，刘备向东吴发起这次行动也是箭在弦上不得不发。从表面上来看，巴蜀集团的发展可以说是蒸蒸日上，成功地从曹操手里抢下了汉中。但实际上巴蜀集团内部派系之间的争斗过于活跃，刘备不得不去抢曹操的汉中用来转移注意力。

汉中的行动获取成功了，巴蜀集团的内部矛盾也得到了一定程度的缓和。但是不曾想，荆州公司出了这么大的一件事。荆州公司的覆灭再次引爆了巴蜀集团内部的火药味。

没办法，刘备只能再次依靠转移注意力的办法来缓解企业内部的纷争。这一次，刘备选择向自己当初的盟友孙权开刀：一来，刘备有一个很好的借口，是孙权率先撕毁盟约的；二来，孙权相较曹魏集团来说是个软柿子，收拾东吴集团，要比收拾曹魏集团的把握大，至少在刘备心里是这么认为的。

刘备的全力一击确实让孙权有些措手不及，他没有想过刘备居然会在自己的

企业遭受重大的损失、士气低落的时候突然发动如此大规模的对外行动。在准备不充分的情况下，孙权还没考虑好对策就仓促应战。

管不了那么多了，孙权派自己的宗室孙桓先去抵挡刘备。选择孙桓打头阵是有考虑的。刘备突然发难，东吴集团上下震动，人心思变，这时候只有启用孙家自己人才能保证对东吴集团的绝对忠诚，不被刘备的气势所动摇。

孙桓忠则忠矣，就是能力差了点。一交手就顶不住了，大溃败。刘备的巴蜀集团顺风顺水长驱直入东吴。

孙权意识到了问题的严重性，连忙把自己最信任的两张牌——韩当、周泰一股脑地打发了出去。如今的韩当、周泰可是东吴集团台柱级别的人物，也是为数不多的还健在的孙策时代留下来的创业员工，在企业内享有崇高的地位和声望。

的确，韩当和周泰要比孙桓强很多，因为他们比孙桓坚持的时间长了很多。但是结果还是一样的——大溃败。

连这两位元老都抵挡不住刘备的攻势，孙权这下是真慌了，他不知道该怎么办才好。这时候他突然想起一个人来，这个人就是陆逊。

当初，前CEO吕蒙曾经向自己推荐过陆逊这个人，并且在对付关羽那一仗的时候代理吕蒙在陆口蹲点麻痹关羽，并且起到了很好的效果。可是此后，孙权没有继续重用陆逊。原因比较简单，陆逊是陆家的人。陆家是江东大族，孙权不想看到这些大的士族强大，这会有碍于孙权CEO权力的垄断。可是现在已经到了危机存亡之时了，孙权不得不赌一把，重新启用陆逊。

"陆逊升任东吴集团CMO，全权负责抵制巴蜀集团的工作。"这样的一份任命下来，东吴集团闹开锅了。

"陆逊是谁？干什么的？哦，想起来了，那个书呆子啊，他能搞市场吗？他对付得了刘备吗？老板疯了吗？东吴集团完蛋了吗？"一时间，四下里充斥着这样的议论。这也难怪，陆逊在当时没有什么名气，也没有什么资历，大家对他的印象无非是一个富家子。就连向来有知人之明的刘备都觉得陆逊就是一个少年儒生，没有什么了不起的，东吴集团要完蛋了。

上任伊始，陆逊的表现似乎也证实了人们的推测，他并不会"争天下"。但是孙

权不为所动,既然我用你,我就信你信到底。

实际上,陆逊玩的这一手和他当初对付关羽的那一招如出一辙,就是先麻痹你,然后再给你致命一击。结果刘备上当了,不止刘备上当了,东吴集团很多人都上当了,甚至连CEO孙权都上当了。

陆逊把彻底打败刘备的地点选在了夷陵。趁着刘备的骄狂和大意,陆逊以迅雷不及掩耳之势发动了进攻。这次,措手不及的人是刘备。刘备在陆逊毫无前兆的大反攻之下溃败了,而且一泻千里。

孙权不拘一格用人才,临危授命启用了陆逊,最终尝到了这种在关键时刻打破常规使用人才的甜头,笑到了最后。

CEO 提点

CEO要有权变,在非常时期就要敢于打破常规,敢于行非常之事,敢于用非常之人,敢于不按套路出牌。

没有永远确定的敌人

孙、刘两家尽管经历了"夷陵事件"的不愉快,但是迫于北边曹魏集团强大的压力,最终还是恢复了战略合作伙伴关系。遗憾的是,如今的孙、刘联盟已不再是牢不可破,而是貌合神离。

孙、曹、刘三企业之间的竞争从本质上来讲都是恶意竞争,多年来相互之间的摩擦和对决让三家企业的消耗都很大。特别东吴集团和巴蜀集团,在经历了夷陵的不愉快之后,势力都大幅度地下降。

在夷陵的失败,无疑使巴蜀集团遭受了前所未有的重大打击,但是对巴蜀集团而言,尽管这次事件使巴蜀集团和孙吴集团都蒙受了巨大损失,但双方仍然需要建

立同盟关系，而且比任何时候都需要建立这种相互依存的关系。

　　因为有一家企业在这次事件中零损失，甚至有所收获，这就是原本最强大的曹魏集团。曹魏、巴蜀、东吴，这三个集团的势力是前者涨，后二者消。如果巴蜀集团和东吴集团不想被曹魏集团趁机各个击破，就只能重回战略同盟的老路子上来。

　　基于此点出发，一贯以正统自居的巴蜀集团 CEO 诸葛亮表现了坚定的原则性和灵活性，他说："权（孙权）有僭逆之心久矣，国家所以略其衅情者，求掎角之援也。今若显绝，仇我必深，便当移兵东伐，与之角力，须其土，乃议中原。若就其不动而睦于我，我之北伐，无东顾之忧，河南之众不得尽西，此之为利，亦已深矣。权僭之罪，未宜明也。"同时，立即派邓芝出使东吴集团，对两个集团之前发生的所有不愉快进行了一个解释和清算，以便双方尽释前嫌，重新建立战略合作伙伴关系。

　　东吴集团的领导人同样积极地参与到了这次结盟谈判中。因为这是大势所趋，面对强大的曹魏集团，谁都不想以一己之力面对这个强大的竞争对手。但是，实际上无论是巴蜀集团的 CEO 诸葛亮，还是东吴集团的 CEO 孙权，大家心里都清楚，尽管这一次两家集团能够坐到一起表示和解，外交关系上的冰期开始解冻。但不管再怎样努力都无法填平横在东吴和巴蜀两个集团之间的鸿沟，重温昔日热热闹闹的旧梦，更是永远不可能了。

　　这次出使，使巴蜀和曹魏两大集团的外交关系达到夷陵事件以来的新高潮。经过两家企业的仔细磋商，达成上百条协议，最重要的成果是两家企业规定"豫、青、徐、幽属吴，兖、冀、并、凉属蜀；其司州之土，以函谷关为界。划分争夺的势力范围，一方面是为了密切关系，鼓励双方抗魏的积极性，另一方面也是为了牵制对方行动，不得有所越轨。

　　信誓旦旦的宣言，代替不了实际行动。巴蜀集团与曹魏集团、东吴集团和曹魏集团之间征战数十载，但是巴蜀和东吴两个集团主动协同行动的记载的却仅有二三次。猜疑和互不信任的乌云时时笼罩着他们。东吴集团的实权高管步骘、朱然等人曾以"蒋琬守汉中，闻司马懿南向，不出兵乘虚掎角之"为根据，要求时刻对巴蜀集团保持警惕。

　　概括起来说，尽管孙刘两家都意识到"吴不可无蜀，蜀不可无吴"，但他们仅仅停留在口头上，没有把这种外交思想在行动上具体化、现实化。随着三大集团鼎峙局面的正式形成，孙刘两家各自有一番打算，相互依赖性减小，联盟的重要性越来越退化。

尤其是当诸葛亮、孙权这些老一代擅长搞企业公关和外联的 CEO 相继逝世后，他们的后辈不如前辈热心了，因而后期外交斗争不如前期生龙活虎而富有特色，孙刘两家集团的外交关系越来越淡漠，这就为曹魏集团各个击破创造了绝好的机会和条件，长达数十年的三足鼎立局面，最终被打破了。

❖ CEO 提点 ❖

任何企业间的合作与结盟，都是建立在相互信任的基础之上。企业联盟之间失去了信任，相互猜忌对方，这种结盟非但起不到积极的互补作用，往往还会消耗更多的企业资源，产生负面的影响。

孙老板的平衡术

赛马比相马省事

在赤壁,周瑜和程普之间发生了一些矛盾,老板孙权亲自出面去化解,最终使两位重量级人物化干戈为玉帛。

熟话说"行家伸伸手,便知有没有"。

CEO 孙权是这句话的忠实拥趸,在处理争议和矛盾的时候,"一试便知"是孙权的一个屡试不爽的手腕,最能体现这一点的就是在"赤壁"之前的周瑜、程普之争。

赤壁之前,周瑜和程普团结一致,力主孙权不妥协、不投降,与曹魏集团对抗到底。在得到销售系统的支持之下,孙权下定决心,和曹操不两立,集中全力和这个业内的龙头老大拼上一把。

但是,当大政方针确定下来之后,周瑜和程普的矛盾就暴露出来了,那就是由谁来主导这次针对曹操的行动。

周瑜是孙策留下来的辅政高管,"外事不决问周郎"这是孙策的遗言。孙策本身就是靠销售打拼出来的,因此对手下这一班销售人员能力的认识应该是很清楚的。孙权也完全尊重和信任孙策的意见,重用周瑜,并授全权给周瑜负责这次行动。

但是程普却不这么看。程普是什么人,可以说是孙氏集团最最资深的创业老臣了,最初随着孙权的父亲孙坚打天下,在程普眼里,追随孙策的周瑜不过是个毛孩子而已。可是事到如今,就这么一个毛孩子竟然爬到了自己的头上。这是程普所不

能接受的，在程普看来，这是一种屈辱：一个效命企业数十年、功勋卓著的大经理居然要服从一个功劳不如自己的后进晚辈！

还有一点更是加重了程普的不满，就是周瑜和孙策是连襟，程普认为周瑜是因为裙带关系爬到自己头上的，心里怎能平衡？

结果，在周瑜主持首次晨会的时候，程普干脆来了个撂挑子、不出席以表示对周瑜的不屑。周瑜本来兴致高高地到了会议室，点名，第一个就是程普，缺席！来的是程普的儿子，说是程普病了，请病假。

很明显，程普这是不服自己。这种不服是纯资历上的，除了找老板孙权去解决，周瑜自己是没什么办法的。开完会，周瑜一个电话就打到了孙权那里，把情况跟孙权反映了，孙权也挠了挠头，不好办啊！

这个程普不同于别人，要是别人不配合，孙权完全可以做出责罚，但是对程普却万万不能，程普的份儿摆在那呢，是整个孙氏集团销售系统的一面大旗，有多少人是在看程普脸色行事呢！如果这时候跟程普硬碰硬，程普一甩袖子，老子不干了，销售部至少能走一半人，而且剩下那一半也必然士气大损。

孙权为了这件事连着几天没睡好觉，他想，程普对孙氏集团的忠诚是不容怀疑的，这个集团都是他这班老人打下来的，集团就像是他们自己的孩子一样。所以程普的不配合，就在于对周瑜的不认同。只要自己能说服程普，让他对周瑜的能力心服口服，一切问题就解决了。

孙权在夜里给程普写了封信，上面历陈周瑜的百般能耐，而且把孙策的遗言"外事不决问周郎"也写上了。写完后，孙权读了两遍，把信握成一团，扔掉了。文字这东西，还是说服力不够啊！最好还是让程普亲眼见识见识周瑜的才华，这才是最有分量的。

孙权联系到了程普，跟程普说："程老啊，我买了一匹马，本来打算让你帮我去相一相，结果听说你身体不适，现在怎么样，好点了吧。我现在觉得，马这个东西，相不如溜，溜一圈是好是坏就全明白了。你老哪天身体方便，陪我去溜溜马吧。"

大老板孙权都把话说到这个份上了，程普也就不好意思再装病下去了，和孙权约了个时间，一起来会会周瑜。周瑜见两人一起来了，知道老板这是让自己好好在

臣仆面前展示一下自己的才华,以才服人。

周瑜也真不含糊,当即把自己针对曹魏集团的销售计划一股脑地抖了出来。原本程普对周瑜还不以为然,但是听了周瑜的计划之后,对周瑜的态度来了个360度的大转弯。周瑜思虑缜密、计划周详,才华的确在自己之上,所以领导自己负责这次行动完全合乎情理。

会议一结束,程普不顾面子,当着众人的面向周瑜赔礼道歉,承认自己先前太过轻慢,认为周瑜年纪小、资历薄,不足以领导自己的,犯了经验主义的错误。

周瑜能得到这个销售系统最有"能量"的经理程普的支持,那是求之不得的事情,高兴还来不及,哪还顾得上和程普计较之前的那些过节呢。

看到程普认可了周瑜的领导地位,孙权走上前拍了拍程普的肩膀:"程老,我那匹马溜着觉得怎么样,还成吧?"

程普嘿嘿一笑:"成!太成了!"

CEO 提点

事实往往是说服力的证据,当下属提出异议或质疑的时候,拿出证据是对下属最好的回击。

有竞争,更要有平衡

从甘宁到凌统,从周瑜到鲁肃,这都是CEO孙权精心打造的组合,这样的组合,有相同的利益,又有彼此之间的矛盾,这样才能够平衡。

员工之间的竞争,是一个高明的老板所乐意看到的。

诚然,是竞争就会带来相应的矛盾,但是,能够利用好这种矛盾同样会带来巨大的利益,如调动员工的积极性,使员工更加努力,更有激情地工作。

CEO孙权手下的两位能人甘宁和凌统之间的相互竞争就充分体现了这一点。

凌统和甘宁之间的相互竞争属于历史遗留问题。在甘宁到东吴集团工作之前，曾在荆州集团江夏分公司供职。甘宁的老板是黄祖，东吴集团历来和荆州集团不和，所以时常在市场上和荆州集团发生摩擦。

当时的东吴集团还处在草创时期，CEO是孙坚，凌统的父亲凌操是孙坚抢地盘的"打手"。在两个集团的一次冲突中，甘宁把凌操干掉了。后面发生的事有点像电影里的情节了。当年凌操被甘宁干掉时，凌统还是个小孩。没有了父亲的凌统很是吃了些苦，幼小的心灵里面就留下了阴影，认为自己之所以要过这样的苦日子都是那个叫甘宁的人闹的，于是心里埋下了复仇的种子。

孙氏集团一直没忘了当年凌操所受的那些委屈，等凌统大学一毕业，就在东吴集团内部给他安排了工作。凌统也是个争气的孩子，几年下来就爬到了市场经理的位置上。现在，问题出来了。众所周知，甘宁后来是东吴集团成绩最好的一位市场经理总监，凌统成了他的同事。

自从跟甘宁调到一个部门之后，凌统就开始闹事，闹来闹去凌统甘宁俩人的私人恩怨就闹到了大老板孙权那里。孙权也很为难，这种历史遗留问题最难解决，一方面，甘宁是集团当中最重要的员工之一，当年干掉了凌操那是各为其主，所以现在自己肯定得挺他。而凌统则是集团里最有成长潜力的员工之一，他在这几年中所取得的进步是有目共睹的，这样的人，自己也不能压制他。

最后，孙大老板想出了一个两全其美的办法——让甘宁、凌统两人展开市场竞赛。凌统啊，你不是恨甘宁吗？那就在业绩上打败他啊！这样才算报仇不是？甘宁啊，你不是看不上凌统这孩子吗？那就用你的市场业绩来折服他啊，让他服你啊！这样他不就找不了你的麻烦了吗？

孙大老板这办法确实有用，俩人谁也不闹了，全都一门心思地扑在工作上，一来二去之间，俩人互相佩服，竟然还成了朋友。

关于如何看待商业盟友刘备的问题上，东吴集团内部向来是有分歧的。CMO周瑜是个强硬派，用现在的话来讲就是鹰派人物，主张对刘备强硬，甚至一口吃掉刘备。周瑜的主张是很充足的理由，刘备是一个狠角色，如果等刘备做大了，必然会

成为东吴集团一个强大的商业对手，所以在刘备羽翼丰满之前将它除掉，防患于未然。

而孙权的战略顾问鲁肃则是怀柔派，也就是鸽派。他主张安抚和拉拢刘备，甚至扶持刘备，给刘备一定的生存空间，然后两家集团携手对抗强大的曹魏集团。鲁肃的主张也不是没有道理。我们现在把刘备消灭了又能怎么样呢？虽然潜在的竞争对手没有了，但是现实中的盟友也没有了。剩下东吴集团一家独自跟曹魏集团抗衡，那肯定是吃力的。因为害怕刘备做大而把刘备做掉，这明显是因噎废食啊。

怎么说呢？俩人的主张都有道理，这本来就是一个挺矛盾的事。其实孙老板自己心里也不知道该听谁的。于是表面上看来，孙老板就成了个中间派，墙头草，一会倒向这边，一会又偏向那边。

但实际上，这也同样是孙老板玩的平衡之术。孙老板对于刘备集团的态度是既不能就此消灭它，也不能给它太宽松的环境，而是要给它戴上笼头，控制它的发展。这个观点实际上是周瑜和鲁肃两个人观点的折中版。因此，孙大老板在这种左摇右摆的姿态当中得到了一种平衡。

对于周瑜和鲁肃这两个人，孙大老板也在玩平衡。我们知道，在一家企业内部，如果一个位高权重的人得不到制衡的话，那么这家企业就很危险了。周瑜就是那个需要制衡的人。周瑜我们很熟悉，他是孙策的结义兄弟，在孙权当上董事长之前就已经是CMO了，而且他所领导的销售系统在赤壁商战当中成绩卓著。

这样的人孙大老板自然是很难管得了，于是他唯一的选择就是找一个人来制衡周瑜。原本可以用来制衡周瑜的张昭在之前的赤壁商战当中犯了原则性错误，声望受到极大影响。于是跟周瑜持不同观点的鲁肃就被孙大老板看中了。孙大老板着力提拔鲁肃，就是为了让鲁肃用自己的见解去和周瑜进行竞争，以便使东吴集团内部达到权力平衡。

CEO 提点

矛盾可以带来竞争，CEO有时候需要在企业内制造矛盾。但是这个矛盾是有限度的，要在可控的范围内，一旦失去了平衡，那就是玩火自焚了。

时刻保持疏离感

在赤壁立下大功后，周瑜觉得可以趁胜追击扩大战果，但是孙权却阻止了周瑜。因为孙权嫉妒了，嫉妒周瑜功高盖主。

CEO 诸葛亮曾对他的老板刘禅说过，一个成功的老板一定要 "亲贤臣，远小人。"但是东吴集团这位大老板孙权偏偏要反其道而行之："远"小人也"远"贤臣。孙权之所以这么做，目的只有一个：拉开距离，用疏离感建立起一个 CEO 的威仪。

前面已经说过，孙权和刘备、曹操不同，他不像这两位老总这样，始终握着权柄，他是一个继任者，是在温室里被孵出来的 CEO，他的身边有权臣，他的地位有质疑，这种种的一切使孙权不得不想尽办法去树立自己的威信，使自己成为一个名副其实的 CEO。

对大老板孙权这种疏离感领教最深刻的，就是东吴集团有史以来声望最高的高管 CMO 周瑜。

孙权对周瑜的疏离主要发生在赤壁之后。周瑜凭借一己之力抵制了曹魏集团对东吴集团的恶意并购，成为东吴集团的大功臣。此时的周瑜名望如日中天，远远盖过老板孙权。这深深地刺痛了孙权对权力敏感的神经。

孙权开始有些害怕了。这种恐惧实际上是虚幻的，孙权心里很清楚，周瑜不可能在这个时候背叛，因为要背叛的话，在赤壁之前才是最好的时机。但是孙权仍然对周瑜手中的权力十分忌惮。

孙权把周瑜调回总部，跟周瑜说："周总啊，凡事见好就收。现在我们既然成功粉碎了曹操妄图收购我们的计划，下一步我们应该稳扎稳打。你是知道的，这一次我们虽然赢了，但是企业的消耗也不小啊。"

周瑜在市场销售方面才华卓著，但是对于职场政治却不很擅长，他没有听出来孙权的画外音，据理力争："老板，我觉得现在机会难得。曹操集团的心气

降到了谷底，我们只要一鼓作气，完全可以拿下荆州的市场。老板，是荆州啊！他对我们而言太重要了。有了荆州，我们无论是往北或者往西拓展地盘，都有一个很好的跳板，就算我们施行收缩战略，荆州也是一个很好的保护伞啊。"

孙权的脸色变得很难看，狠狠地盯着周瑜："难道这些我不知道吗？大局，什么叫大局你懂吗。你知道东吴集团有足够的资源保证你能拿下荆州吗？你不要再说了，立刻把你的人都调回来，稳扎稳打。"说完，孙权没给周瑜再说一句的机会，转身就走了。

周瑜是一个很倔强的人，而且和诸葛亮一样，是一个狂热的扩张分子。所以周瑜根本没有听大老板的话，继续我行我素。而且，周瑜手下的人由于对周瑜心悦诚服，更是言听计从，依然发起了进攻。

孙权知道了周瑜依旧在进行市场扩张，大发雷霆。这次孙权是动真格的了，他不仅仅逼得周瑜去休病假，更是冷冷的说了一句："周瑜，这东吴集团，到底你是老板，还是我是老板？"

孙权这一句话，使周瑜的一腔热情瞬间蒸发掉了。原来，周瑜以为自己为东吴集团立下了这么大的功劳，老板孙权一定会对自己亲近有加，即使自己有点小任性，孙权也会睁一眼闭一眼，但是没想到孙权冷得让人可怕，冷得让人心寒。

孙权说出"谁是老板"这句话的时候，周瑜就觉得自己背后发凉，头发根发麻。这可是一次严重的警告，周瑜终于到意识到自己的危险了，立刻收敛起了锋芒，养病去了。

孙权的这种做法在很多人的眼里看来似乎太不近人情，太挫伤员工的积极性了。但是孙权这么做的好处也是显而易见的，就是让自己的下属时时刻刻夹紧尾巴做人，不给他们和自己叫板的机会，有利于 CEO 对于权力的掌控。

除了对周瑜如此，在对待张昭的问题上，孙权玩的也是这一手。如果说抛除声望，按资历和实实在在的影响力，张昭要远胜周瑜，所以这就是为什么当初孙策在安排孙权接班时，让张昭来做首辅，这也是张昭后来为什么被挤出了集团权力核心的圈子外面的原因。

孙权的原则就是，对于有能力和有名望的人，既要使用，又要重用，满足这些人的自我成就感，但是要不温不火，时刻保持疏离感，让这些人心里清楚谁是大老板。

CEO 提点

　　距离产生美，距离也能产生威严。CEO和员工拉开距离可以放大自己的优点，掩盖自己的缺陷，从而提升自己的领导力。

加盟集团，让 CEO 无奈的 "小"老板们

张昭，对内行政的一把手

张昭是孙权的肱骨之臣，在孙权接班的初期，张昭成了东吴集团的代言人，但是随着孙权的成长，张昭越发地被孙权排斥，最终被挤出了集团权力核心的圈子外面。

张昭也是东吴集团的创业老臣，跟着孙策一起打天下。张昭出山追随孙策的时候，已经年近四十了，孙策把张昭看成是自己的老师，以师友之礼对待，在整个孙策的创业集团中，张昭是说一不二的人物。无论是从私交和公职方面孙策都给予张昭最高的礼遇，这也是孙策这个创业 CEO 为了拉拢、留住人才使用的一种手段。

对于孙策的重用，张昭也是尽心尽力地用实际行动进行回报，不仅为孙策规划出孙氏企业的整个发展战略方向，而且亲自带人为孙策开拓市场。初期的张昭，就如巴蜀集团的诸葛亮一般鞠躬尽瘁，为东吴集团的草创立下了汗马功劳。

天有不测风云，没多久，大老板孙策因为暴疾而亡，孙策的弟弟孙权接班。临终前，孙策把张昭叫到身前，嘱托后事："老张啊，我把整个集团和我弟弟就交给你了，希望你仍然像以前那样尽心尽力，如果我弟弟实在是扶不起来的话，咱打下的企业也不能白费，你就取代他，把企业划在你的名下吧。"

这就是孙策版的"白帝城托孤"，但是张昭和诸葛亮不同，张昭没有诸葛亮的野心，因此尽心尽力地帮助刚刚上位的孙权打理公司内外的事物。

这个时期的孙氏企业，实际上就是一个山寨公司，内部管理混乱，而且很多管理者服孙策不服孙权，经常闹事起哄。面对这样的局面，年幼的孙权束手无策。此刻挺身而出的，就是张昭。张昭在孙策时期就是企业的主心骨，现在利用自己在集团内部崇高的声望和显赫的地位，帮助孙权建立领导权威，使企业实现从孙策CEO时代到孙权CEO时代的平稳过渡。

此时的张昭如日中天，是他一生中最为辉煌的时刻了。不过出乎意料的是，张昭并没有延续这个良好的势头，而是逐渐开始走下坡路了。这个分水岭，就是"投降门"事件。

东汉集团的CEO曹操在垄断了北方市场之后，把目光投向了江南，他给孙权写了一封信，明确地告诉孙权，自己准备斥巨资收购他的东吴集团。

这件事在东吴集团内部形成了爆炸性的效应，一时间员工们议论纷纭，管理层的意见也左右摇摆。当时的曹操在东吴集团看来俨然就是个资本大鳄，很多人认为曹操是不可战胜的，被曹操盯上的企业只有乖乖等着被兼并，整合的份。

CEO孙权对此情况也拿不定主意，但是从心里他是抵制孙氏集团归入曹操旗下的。毕竟在自己的一亩三分地上，自己说了算，一旦归到曹操旗下，自己就变成给曹操打工的了，这种从老板到打工仔的角色转变是孙权所不愿接受的。

孙权只好召开紧急董事局、员工大会，结果投向曹操的主张还是占了上风，孙权感到很无助，把仅有的一点希望投在了张昭的身上，他希望张昭能够在最后时刻，以他的威望力挽狂澜，扭转舆论。

但是张昭的表现让孙权的心彻底凉快了，张昭主张投降。实际上，张昭考虑的出发点和那些主流投降派是不一样的。主流投降派的人大多是为自身考虑，企业一旦并购，人事的变通通常只会发生在高层，对中低层的影响不大，而且纳入曹操集团，个人的待遇还会提升，何乐而不为呢？但是张昭的出发点是为企业着想，他认为并没什么不好，即便真地归到曹操旗下，东吴集团肯定也是以一个子公司的身份出现，而且以孙权这些年打下的基础，仍会出任分公司的CEO，只不过是变了个名号而已，但能够凭这个"虚名"换来更多的资源。

结果，这成了张昭一生中最大的失误，他算来算去，没算明白老板孙权的心理，张昭觉得"虚名无所谓"，但是在孙权眼里，"虚名"就是一切。张昭是处于为企业考虑，但是站在孙权的角度来理解，他和那些主流投降派没什么分别，都是为自己的前途考虑，把孙氏企业给卖了。别人出卖孙氏企业，孙权还能理解，但是张昭这么做，孙权无法接受。因为在孙权的心里，张昭是与众不同的，肱骨老臣啊。

"投降门"事件之后，张昭在孙权心目中的地位急转直下，孙权认为张昭已经不再是"自己人"了，取而代之的是周瑜和鲁肃。渐渐地，孙权开始排斥张昭，使他逐渐脱离企业的权力中心。

但是对于企业的创业老臣，孙权也没有彻底一棒子打死。孙权是有权谋的CEO，张昭在企业内地位崇高，一撸到底的话，势必会影响员工心气。所以孙权采取了削权不削职的办法，使张昭脱离权力中心。

此后的张昭，尽管自身想要积极参与到东吴集团的最高决策，但终于孙权都没给他这个机会。对于已经出局的人，CEO不会再给他机会了，在孙权的心里，张昭已经不是那个张昭，孙权也不是那个孙权了。

✦ CEO 提点 ✦

站队是一门非常重要的学问，这一步走对了，即便能力平庸，也可以平步青云；这一步走错了，即便才华横溢，也可能郁郁而终。

周瑜，攻城略地的销售总监

周瑜为东吴集团立下了不朽的功勋，而且个人声望在东吴集团内也是达到了极点，本来周瑜觉得自己能够多为公司做一些事，可惜天不假年，在人生最辉煌的时期便撒手而去了。

如果周瑜不是在 36 岁就英年早逝，东吴集团会发展成什么样子？

当然这只是一种假设，但这种假设的背后则是对周瑜个人能力以及他对东吴集团作用与贡献的肯定。尽管东吴集团内部人才济济，周瑜 CMO 的位置上，鲁肃、吕蒙、陆逊都是很好的备选，但是周瑜是独一无二的。

与鲁肃相比，周瑜的进取精神和攻击性更盛；和吕蒙相比，周瑜的思虑更是深远悠长；与陆逊相比，周瑜的气场和统率力更强。可以说，周瑜是东吴集团历史上最强大的 CMO，所以后来孙权感叹道"没有周瑜，就没有东吴集团的今天"的时候，身旁众人没有一个不信服的。

和行政大鳄张昭一样，周瑜也是和孙策一起打拼的创业重臣。对于张昭，孙策是以师友对待；对于周瑜，孙策则是拿他当哥们看待。周瑜和孙策是发小、是邻居，俩人从小一起玩到大。

长大之后，孙策继承了其父孙坚的事业，继续开始创业；而周瑜则凭借家里的关系，在东汉集团谋得了一个职位。孙策在创业上遭遇困难时，周瑜总会力所能及地利用自己手上的资源给予孙策帮助。

后来，东汉集团越发的颓势，而孙策的创业团队越做越大，周瑜索性加入到了孙策的团队中。由于孙策和周瑜有着旁人不可比拟的私交，而且过去周瑜始终在帮助孙策，再加上周瑜的才干，周瑜很快地就成了孙策团队的核心人物之一。

没多久，孙策病逝，将自己的弟弟孙权托付给了张昭和周瑜，提出了所谓"内事不决问张昭，外事不决问周瑜"的主张。

孙权接班之后，公司内部的老大是张昭，周瑜经常跑外，在销售上支持张昭的工作。然而一个重大事件改变了张昭和周瑜的命运，就是曹操的"会猎于吴"。

曹操提出了并购孙氏企业，张昭棋差一步，主张接受曹操的并购，自此在孙权心目中的地位一落千丈。周瑜抓住机会，一举完成对张昭的逆转，成为了集团最显赫的人物。

对于张昭的昏招，周瑜实在是够聪明。因为主张对抗曹操，无论结局是什么样，周瑜都将会是大赢家。

先说对于老板孙权，主战，周瑜能够从老板手里拿到两个好处。第一个是提升自己在老板心目中的分量。周瑜对孙老板的心理揣摩是很到位的，就是宁为鸡头不为凤尾，再小的老板也强于最牛的打工仔。所以周瑜力主对抗曹操，拒绝缴枪。这样与张昭相比，起码是站在了孙权的立场上，是孙权的自己人。第二个好处是从孙权手里要来更大的权力，获取更大的声望。一旦孙权决定抵制曹操，那么在最前线的必然是自己，在这种生死存亡的时刻，自己可以无限制地管孙权要权，孙权一定会无条件满足自己的要求，而一旦最终能够取得胜利，那么自己的声望必然会达到一个前所未有的高度，到时候孙权想把放出去的权力再收回来，就没那么容易了。万一抵抗失败，反正自己也是以弱敌强，输了就输了呗，也没有什么损失。

再说 CEO 曹操。曹操是个爱才的的人，自己选择和曹操较量一番实际上是向曹操展示自己实力和才华的最好机会，就算最终失利也不过是被收购。由于之前充分展示了自己的才华，曹操是个爱才之人，必然能对自己加倍重用，所以周瑜要竭尽全力地争取最好的结果。

聪明的周瑜最终赢了曹操，他的个人声望也达到了一生中的顶峰。孙权一开始沉浸在胜利的喜悦之中，但是没多久，孙权就缓过劲来了：周瑜火了，对自己是好是坏呢？

以往，孙权总是被笼罩在行政大鳄张昭的光环之下，如今张昭因为"投降门"声威大减，自己本该有出头之日，现在周瑜又横在了自己面前。而且相比于张昭，年富力更强、声威更胜、而且控制集团整个市场销售体系的周瑜远要比张昭危险。这时

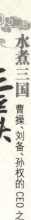
候周瑜如是要取自己而代之,自己有反抗的实力吗?

想到这里,孙权一阵后怕。所以当周瑜向孙权提出,尽量提供多的人力、物力、财力上的支持,乘胜追击,将曹魏集团赶出荆州市场时,孙权尽管表示同意,但是这次他再也没有胆量把所有老本全都压在周瑜的身上了。最终,孙权选择了自己出马,决战合肥开辟一个新的市场。

玩市场,这不是孙权的强项,但是孙权没有办法,是周瑜把他逼到这一步的。当时周瑜声望如日中天,而且提出的战略也合理,孙权除了亲自去开辟新市场,没有任何借口不把手中的资源下放给周瑜。所以,孙权实际上是豁出去了。结果,孙权在合肥遭到了巨大的失败,东吴集团的良好发展势头顿时受挫。

在荆州一线的周瑜当然明白孙权的心思,如果换作是鲁肃,这时一定会收敛锋芒,甚至是放下权力去休假,但是周瑜性格太强,非要让孙权把权力全都交到自己的手里。周瑜为孙权提出了两个建议,一个是巩固荆襄,一个是搞定巴蜀。

周瑜的举动引起了孙权的极度反感,开始暗中对周瑜掣肘。孙权觉得将周瑜留在自己身边不自在,干脆就把他往远了"发配",使他远离集团总部,这也就能通过掌控补给来控制周瑜。

天不假年,一代俊杰的周瑜受着夹板气去开拓巴蜀,结果在半路上一命呜呼了。

CEO 提点

越有能力越有才华的人,越应该去研究研究自己老板的心思。因为能力越强,越容易威胁到老板,处境也就越危险了。

搞市场策划的大手鲁子敬

鲁肃是一个有大智慧的人，但是他总是装出一幅憨憨的样子迷惑人，这就是鲁肃的智慧，这也是为什么他最终能够善终的原因。

鲁肃是东吴集团第一高人，说他是第一高人，不仅仅是因为他比周瑜活的时间长、比周瑜会做人、让孙权更放心，更重要的是他运筹谋划能力和战略眼光在东吴集团之内，无出其右者。鲁肃外表温和谦逊，实际上是个笑面"阴谋家"。

鲁肃跑到东吴集团任职完全是因为周瑜的推荐，孙权给了周瑜这个面子，亲自面试鲁肃。鲁肃知道见到大老板的机会难得，所以要把握住，留给孙权一个好印象。

一上来鲁肃谈的就是东吴集团的企业发展战略问题，这是一个企业发展最核心的问题。鲁肃跟孙权讲："企业战略的制定有两点，一个就是 CEO 的志向，一个就是当前的形势。"孙权的志向是称霸天下，这一点无论是在周瑜那里，还是从孙权的谈吐中，鲁肃都看得出来，所以鲁肃为孙权拟定了一个战略：并购刘表的荆州公司，垄断江南的市场为根据地，坐等时机，根据曹魏集团的发展形势，伺机出击。

鲁肃的话说到了孙权的心坎里，而且在孙权手下，从来就没有人提出过如此明细的企业发展规划。孙权如获至宝，当即重用鲁肃。

当时孙氏企业的舵手张昭却并不看好鲁肃，他认为鲁肃年少粗疏，不够持重。但是，张昭哪里想得到孙权的心思，孙权是不会甘于在张昭和周瑜的"顾命"环境下生存的，他要尽快打破这种格局，而引入新势力就是最好的手段，鲁肃正是最好的一枚棋子。

鲁肃是个大智大慧的人，岂会看不穿孙权的心思？所以在日常工作中，鲁肃极力配合孙权，向孙权表明，自己既不是张昭的人，也不是周瑜的人，而是自己的人，如果老板您愿意，那么我就是您的人。

不久，张昭的"投降门"事件发生了。鲁肃知道自己机会来了。CEO 孙权向大家征求意见，结果十之八九都倾向东吴集团并入曹魏集团。鲁肃看到孙权脸色难堪，知道孙权的意思，结果鲁肃没有当场表示反对并购，因为这样会得罪同僚，而是私下里与孙权会面，表明自己的看法。

他跟孙权说："从为自己考虑的角度来讲，别人可以接受并购，但是您不行。别人是打工的，就相当于跳个槽，而且还是往大企业跳，但是您是老板，收购之后您的权力被缩小了，以后就得仰人鼻息。"

鲁肃厉害就厉害在杀人不动刀这上面了，一上来就说别人主张并购都是为自己考虑，突出别人的私心，显示自己的与众不同。同时，又以孙权的角度为孙权考虑，把孙权的私心也暴露出来，用来掩盖打击同僚之嫌。

果然，鲁肃的这一招起到了极好的效果。孙权当即拉着鲁肃的手："他们跟了我这么多年，到头来想到的还是自己。只有你，跟我也没多长时间，却是真心为我考虑啊。"

鲁肃趁热打铁，拉了个垫背的周瑜，对孙权说："这是大事，得把周瑜叫回来商量一下。"如果周瑜同意并购的话，那么自己就成为了孙权唯一的救命稻草。如果周瑜不同意并购的话，那就拿周瑜当炮灰，自己怎么样不吃亏。

鲁肃很有手段。周瑜的思路是和刘备集团竞争，他在这上面和周瑜发生权力上的冲突，这时候在这方面，任何人跟周瑜硬碰硬的死磕，都不会有好下场。鲁肃为孙权设定了一个新的企业发展战略，就是和刘备集团结成战略同盟关系，对抗曹操。孙权为了制衡周瑜，将鲁肃的战略规定为孙氏集团最新的发展纲领，而缔结联盟的事宜就全权交给鲁肃。

之后，手握大权的鲁肃倾尽全力促进孙、刘联盟，只有在这上面取得实质性的进展，他才有资本和周瑜分庭抗礼，这是鲁肃为什么认可让处于强势地位的东吴集团吃一些亏，也要促成两家企业的战略合作伙伴关系。

当然，这种做法无疑会使孙权看出他的私心，也会留下丧失企业利益的把柄给孙权。然而，这都是鲁肃刻意为之。孙权是个多疑的人，不留些把柄在他的手里，孙权是不会对自己绝对信任的。就像周瑜，无可挑剔，结果孙权对他是一百个不放心。

现在，CEO孙权攥着自己的小辫子，随时能够搞垮自己，他心里有了底，就不怕

自己尾大不掉,在对自己的使用上也会赋予更宽松的环境。

所以,当周瑜病重,向孙权推荐鲁肃接替自己的职务的时候,孙权毫不犹豫地就答应了下来,这除了鲁肃的才华足以胜任重职之外,不能不说是鲁肃"卖破绽"的小伎俩起了大作用。

CEO 提点

老板都喜欢自己的手下有把柄握在自己的手里,只要这样,才会使他们有可以掌控的感觉,会让他们感到安全。

诸葛瑾,从公共关系经理到 CMO

诸葛瑾是一个很平庸的人,大功没有,大错也没有,看起来庸庸碌碌。但是偏偏就是这样的一位平庸的人,在职场上竟然顺风顺水,一路飙升,成为了真正的职场不倒翁。

或许我们都有这样的一个疑问,在职场上,似乎总有那么一些人,能力看起来很一般,但是就是能得到公司和 CEO 的重用。即便是很多时候,他们把事情搞砸了,仍然能够免于责难。到底是什么让他们具有了这种职场"不倒翁"的能耐?

我们不妨来看看诸葛瑾,可以说诸葛瑾一生的经历就是对此最好的诠释。

先来看看诸葛瑾的个人能力。诸葛瑾的前半生主要是在东吴集团的行政系统混迹,并且凭此步步高升。在行政系统,诸葛瑾的主要工作是充当鲁肃提出的和刘备建立战略合作伙伴关系战略的马前卒,负责两大集团的公共关系。

实际上,诸葛瑾能够讨到这个差事,有很大一部分原因还是因为他的弟弟诸葛亮在巴蜀集团身居高位,并且和鲁肃共同倡导了孙刘企业联盟。毕竟,人情关系还是很重要的。但是在这个人情大于能力的差事中,诸葛瑾的表现也算不上突出。孙刘联盟，本来就是你情我愿的一件事，缔结盟约是水到渠成的事，这不足以体现出诸葛瑾的能力，相反，当两个集团出现利益上的小摩擦时，诸葛瑾这个公共关系经理的表现确实很不合格，他没有一次能够主动有效地化解两个集团的矛盾，也没有使东吴集团得到应得的利益。

到了后期，诸葛瑾由原来的行政工作转到销售系统。在销售部，诸葛瑾的经历很是丰富，他多次参加了东吴集团的重要行动：吕蒙和关羽争夺荆州市场的时候，诸葛瑾代替吕蒙稳定南郡的市场；曹魏集团曹丕 CEO 时期，和对方的市场总监曹真在江陵较量，失败；曹魏集团曹叡 CEO 时期，和对方的市场总监司马懿在襄阳较量，惨败。

由此可见，诸葛瑾后半生虽然在销售方面涉足较多，但是他在销售方面的能力却不怎么样的。虽然说不上是个常败将军，但属于销售能力低下。

但是，在内部升迁上，诸葛瑾却是顺风顺水。实际上，东吴集团在 CEO 孙权的治下经历了三个人才使用时期，第一个是重用周瑜、张昭等创业功臣时期；第二个是重用陆逊、顾雍等江东大族的时期，第三个是非江东人才重用的时期。结果诸葛瑾这个非江东人一路升到了东吴集团市场总监的位置。

为什么呢？原来，诸葛瑾最大的资本就是精通为人之道，方方面面应付自如。

首先是应付老板孙权。诸葛瑾在和孙权谈话的时候，看到孙权聊得高兴，就多说几句；看到孙权不满，立刻就转移话题。可以说诸葛瑾深谙君臣之道，同时掌握了孙权的性格特点，所以"权意往往而释"，难怪他深得孙权赏识，成为股肱之臣。

如果诸葛瑾只是和老板搞好关系，并不能显示出诸葛瑾在为人方面的高明。实际上，诸葛瑾和东吴集团的那批创业重臣的关系也极为融洽。这些关系，都为诸葛瑾地位的稳固打下了良好的基础。最典型的就是他和张昭、鲁肃的关系。鲁肃曾多次公开宣称自己和诸葛瑾的友谊，而张昭更是和诸葛瑾结成了儿女亲家。

诸葛瑾的好人缘不仅只体现在和这一班东吴集团的开创者上面，诸葛瑾和江东世族的关系也非同一般。在很多企业发展的战略、立场观点上，诸葛瑾和陆逊等江东大族是一致的。立场和观点相同，自然会带动个人关系的融洽。

诸葛瑾八面玲珑的本事使自己在东吴集团内部起到了一个无可替代的作用，

就是成为了老板、创业元老、实权拥有者之间的一种纽带。有了这层关系,诸葛瑾自然会获得东吴集团各种势力的交口称赞,这正是诸葛瑾能成为东吴集团不倒翁的最重要的原因。

除了在东吴集团内部挖掘各种势力对自己的支持之外,在三大集团中寻找自己的常胜不衰的资本也是诸葛瑾的拿手好戏。特别是他这个在巴蜀集团呼风唤雨的弟弟诸葛亮,也为自己地位的巩固提供了一个条件。

巴蜀和东吴集团长时间内都是战略合作伙伴关系,交恶的时间不长,只要是同盟,那么诸葛瑾在公共关系这上面得天独厚的优势,就足以支撑他长盛不衰。"有道是朝中有人好办事",考虑到诸葛瑾和诸葛亮的兄弟关系,孙权把诸葛瑾放在一个比较重要的位置上也是理所当然的。

总而言之,诸葛瑾能在东吴集团屹立不倒,一直身居高位,这与其性格上的小心谨慎、职场上的左右逢源、处事深谋远虑,都是密不可分的。也正因此,诸葛瑾才能成为东吴集团的不倒翁。

CEO 提点

任何一种人都有其存在的价值,任何一个企业都需要能力平平但是人际极佳的人,他们的存在可以减少企业内部的矛盾冲突,是维护企业团结的黏合剂。

继任总监们，江东才俊今何在

低学历总监：吕蒙

吕蒙原本是一个只重实战不重理论的销售经理，在得到了 CEO 的点拨之后，补己之短，使自己的能力得到了飞跃，最终成为了东吴集团的 CMO。

东吴集团的高管中，最炫目的位置就是 CMO，从周瑜开始，经历了鲁肃、吕蒙、陆逊，再到后面的诸葛恪、陆抗，没有一个不是名声赫赫的风云人物。在这些人当中，吕蒙比较特殊，因为吕蒙的学历实在是有些拿不出手，按现在的水平来衡量，也就是初中级别。但就是这么一个人物，不但做到了 CMO 的位置，而且还干掉了连续获得 N 年"年度经济风云人物"的关羽关二爷，帮助孙权抢下了荆州，完成了周瑜、鲁肃这两座丰碑似的人物所没有完成的大任务。

吕蒙也是早期追随孙坚、孙策的创业元老。孙权接班以后，提出了要在企业内精简机构。本来吕蒙的部门是可有可无的，在裁减的范围之内。吕蒙想，如果现在自己的部门被裁减掉，自己想要再往上发展就困难了。于是，在别的部门因为得到裁撤通知而消极怠工的时候，吕蒙却带着自己的手下闷头苦干。等到孙权来视察工作的时候，看到吕蒙的部门跟其他类似部门相比业绩斐然，很是诧异，对吕蒙大家赞赏。结果，吕蒙非但没有被拿下，反而升了职。

有了大老板孙权的支持，吕蒙的个人发展开始一帆风顺起来，到了赤壁商战的时候，吕蒙已经混到了东吴集团的中层，并和销售系统的大佬周瑜、鲁肃、程普等人

建立起了良好的私人关系。

在赤壁之后，周瑜乘胜追击，一面甘宁在夷陵和曹仁火拼，一面周瑜想要把将领的地盘也夺下来。但是周瑜手里的人力、物力资源都不足。

吕蒙站出来跟周瑜说："老大，你担心的无非是离开这儿去增援甘宁，这里没人主持。我敢担保，你要是让凌统主持这里的工作，十天之内不会有什么问题。"

周瑜听从了吕蒙的建议，凌统果然坚持了十天。周瑜觉得吕蒙有知人之明，向孙权推荐吕蒙升职。

孙权一直很看好吕蒙，现在看到周瑜推荐吕蒙，很是欣慰，而且看到吕蒙一步步如预期般的成长，孙权心里很高兴。但是当孙权看到吕蒙学历那一栏的时候，上面赫然写着初中两个字，不禁眉头一皱。

吕蒙升职了，销售经理。孙权找吕蒙谈话，孙权跟吕蒙说："你现在和以前不一样了，职位升了，任务也不一样了。你平时要多多学习，这样以后带新人的时候也方便些。"

吕蒙挠挠头："老板，您知道的，现在销售部一天到晚忙得要死，我哪有时间啊！"

孙权眉毛一挑，说："你瞧瞧，一让你学习你就老是找借口。我让你看书，你以为是让你去教书，去当教授啊？我是让你平时工作、生活中多留心，凡是能接触到的东西，就把他们搞明白、弄清楚了。你说你忙，我知道你们做销售的忙，但是你忙得过我吗？我每天还能挤出点时间学习，你就挤不出来吗？"

吕蒙听了孙权的话，开始注意学习，见识大有长进。周瑜病逝之后，鲁肃代替周瑜出任CMO。视察工作的时候，鲁肃碰到了吕蒙，两人闲聊了起来。

吕蒙问鲁肃："老大，你现在刚上任，有没有什么特别的指示啊！"

鲁肃说："怎么想起问这个了？你想得到什么指示啊？"

吕蒙说："那倒没有，就是觉得关羽现在在荆州掌权，这个人有野心、有能力，咱们不得不提防着点。"

鲁肃问："你有什么看法？"

于是，吕蒙详尽地分析当时的利害。鲁肃闻后大惊，靠近吕蒙，亲切地拍着他的背，赞叹道："老弟啊，没想到你现在看问题这么透彻。"

这一席谈话，吕蒙给鲁肃留下了深刻的印象。在鲁肃病退之前，向孙权推荐吕蒙接替自己的位置。孙权犹豫半晌，对鲁肃说："我担心吕蒙的战略眼光啊，毕竟他的学历……"

鲁肃摇头："老板啊，现在的吕蒙已非往日的吕蒙了！咱们看人不能只看当时，不看现在啊。"

孙权采用了鲁肃的建议，升任吕蒙为CMO，接替鲁肃。吕蒙建议孙权趁关羽不备，拿下荆州，这样就能把长江以南的地盘全都握在东吴集团手里，进退自如。孙权批准了吕蒙的建议。

为了对付关羽，吕蒙玩起了欲擒故纵招，一反常态地对关羽加倍殷勤，广施恩义，和关羽结下友好关系。而后装病，回到东吴集团建业总部，遥控指挥陆逊。

陆逊是吕蒙下的一步迷惑关羽的棋。陆逊才华出众，但是并不为人所知。关羽真正忌惮的只是吕蒙一人。现在吕蒙走了，新来的陆逊三天两头地写信拍关羽的马屁。关羽闻迅果然中计，不再提防东吴集团，而是把全部力量用在对付曹操上面。

吕蒙见时机已到，偷偷地返回路口，布置抢夺荆州，而后突然向关羽发动袭击。这时候的关羽正在和曹魏集团的徐晃火拼，哪里顾得上吕蒙。吕蒙一击即中，乘胜追击，一口气干掉了关羽，拿下了荆州。

荆州这次行动，吕蒙居功至伟，从策划到执行，充分显示了他各方面能力的全面性。当然，吕蒙能够有机会施展自己的才能，跟孙权用发展的眼光看待人才密不可分。如果孙权只是把吕蒙定位在一个初中学历的吴下阿蒙，吕蒙也不会获得这样的机会，孙权自然也无法拿下荆州。

此后不久，吕蒙因为身体原因离职，东吴集团的销售部进入到了陆逊时期。

✦ CEO 提点 ✦

CEO要用发展的眼光看待问题，不光是对事，更在于对人。要看到周围的变化，才能够做到人尽其才，物尽其用。

陆逊，陆氏股东的代言人

陆逊是东吴集团中后期难得的人才，无论是才智、还是家世，他都无可挑剔，而且为东吴集团立下了赫赫功勋。尽管如此，孙权一句话，陆逊还是夹着包灰溜溜地走人了。

在"顾、陆、朱、张"，江东四大家族，陆逊是其中"陆家"的代言人。出身士族之家的陆逊甚为早熟，年少时他就可谓品学兼优，很有书生才气。也正是因此，陆逊得意地进入孙氏企业，在孙权手下做事。

和其他一些单纯的书生不同，陆逊并非只是一个清谈之客，他很有办事能力，而且看问题很深远，这也是由陆家的士族氛围熏陶所致。

良好的谈吐、才智，不俗的出身门第让陆逊很得孙权喜欢，孙权索性将自己的侄女（孙策之女）嫁给陆逊，当然其中的政治因素还是占主导。孙权的东吴集团是构建在当地几大家族势力的基础上，孙权想巩固自己 CEO 的地位，就必须得到这些大家族的支持。

在成名之前，陆逊的主要工作是帮助孙权对付江东地区的一些山寨企业，巩固集团在本地市场的统治力。赤壁之后，孙、刘联盟出现裂痕，孙权决定吞并关羽的荆州公司，重返荆州市场。在这次行动中，陆逊辅助吕蒙成功搞掉了关羽，也让当时的 CMO 见识到了自己的才华和能力。

所以吕蒙在离任的时候，极力地向孙权推荐陆逊作自己的接班人。但是，孙权对陆逊是有顾忌的，因为陆氏家族在东吴集团的人脉很广，一旦陆逊大权在握，孙权不得不怀疑他会对自己的权威进行挑战。所以在最开始，陆逊没有受到重视。

但是，这一些随着孙刘联盟的破裂发生了改变。当刘备跟孙权翻脸的时候，孙权手底下没有一个人能够跟刘备掰手腕，被逼无奈之下，孙权不得不启用陆逊。但孙权对陆逊的重用，主要在销售方面，始终没有让陆逊参与到核心战略的制定和集团的行政领域。尽管孙权在免去顾雍职务的时候,一度让陆逊接替,但是不给陆逊实权,这实际上是给了陆逊一个空位置,陆逊成了一个摆设而已。

对于陆逊这个COO,孙权既不听从陆逊关于以孙和为接班人的意见,又相继炒掉了陆逊的外甥顾谭、顾承、姚信,还有和陆逊私交很好的吾粲。孙权更是公开表示对陆逊的工作不满,逼着陆逊辞职。陆逊实在忍不了了,如孙权所愿地离开了东吴集团。

孙权之所以逼走陆逊,表面上是因为陆逊力主孙和接班,干涉了一个打工者不应该干涉的问题,而实际上是孙权认为陆逊对其统治已构成威胁:

第一,自从吕蒙退休之后,陆逊就是东吴集团销售系统的领袖,声望至隆。东吴集团的实权人物,上自董事会的孙登,下至主管企业行政的步骘、诸葛瑾等人都与陆逊私交甚笃。特别是在成功解除了刘备对东吴集团的收购后,陆逊的声望达到了极点,隐隐有当年周瑜的气势,为孙权所畏忌。环视行业的大环境,这时候三大集团鼎足而立的局面形成已久,很是稳定,一时半会不能打破。所以孙权即便没有陆逊,大不了不扩张,无何重大危险。所以孙权只让陆逊管了几天的行政,就把他逼辞职了。

第二,孙权为身后之计,怕自己心目中的接班人孙霸驾驭不了陆逊,所以陆逊等越是拥戴孙和,孙权越疑惑不安。孙权在逼走陆逊之前,先剪除其亲党。后来孙权虽然没有让孙霸接班,而是选择了孙亮,他为孙亮挑选的高管班子是资望较浅、在企业内关系比较单薄的人,比如诸葛恪,这就可以说明孙权是不愿从陆、顾等人脉关系复杂的人中挑选顾命大臣。

此外,还有一个很奇特的原因,就是陆逊和孙权之间的裙带关系。孙权最初将孙策的女儿嫁给陆逊时,当然是为了加强老板和高管之间的关系,但当陆逊功高震主时,这门亲事便转化为双方关系的不利因素。孙权的老板地位本来是从哥哥孙策手中继承的,但孙权对孙策的子女并不很好。孙权病了,不向其父武烈皇帝坚祷告,却偏向兄长祷告,正说明孙权内心隐处也觉得对不住创业的兄长,怕他怪罪,所以才有此举。孙权之猜防陆逊,不会与陆逊为策婿毫无关联。

CEO 提点

> 任何一位 CEO, 欣赏的都是能够配合自己的属下, 而不是威胁到自己的属下, 出于对个人安危的考虑, 很多时候 CEO 不得不裁掉一些危险的人。

低调的 COO：顾雍

顾雍是孙吴集团历史上处理内政的一把好手, 在顾雍的治理下, 东吴集团的管理达到了历史的最优水准。

顾雍是孙权任命的第二位 COO。从名气上来讲, 顾雍跟蜀国的诸葛亮、魏国的荀彧、陈群、司马懿等人相比名气并不大。但是, 名气这东西和实力没有必然的联系。顾雍为人低调, 不事张扬, 有功不居, 勤于做事, 自然没什么名气。但也正因为如此, 顾雍击败了东吴元老、行政大鳄张昭, 登上了 COO 的宝座。

说到顾雍和东吴集团的 COO, 就不能不提到张昭。张昭在东吴集团的地位和作用是无人可比的。用孙权的话来讲, 就是"进了总裁办, 他们都听我的; 出了总裁办, 他们都听张昭的"。东吴集团几乎所有的人都认定, 如果孙权设 COO 这一职务, 那么非张昭莫属。

所以当孙权决定设 COO 这一职务, 并将人选确定为孙邵时, 所有人都大跌眼镜。但是, 毕竟张昭有过"投降门"的前科, 孙权对他做出个小小的惩戒也是情有可原。孙邵离任后, 大家都以为这回该轮到张昭了, 但结果还是出乎了所有人的预料, 此前一直无名的顾雍出任 COO, 张昭又落选了。

这样的结果, 任何人都感到意外, 但是顾雍却很淡然地表示, 孙权的选择合乎常理。CEO 选择什么样的 COO 来辅佐自己, 根据的是自己的个性和需要, 名气大的未必就优秀, 优秀的也未必就合适, 找 COO 就像找老婆, 实用的就是最好的, 而顾雍就正好合孙权的脾气。

孙权归根到底是一个很强势的人，而且好大喜功，疑心很重。张昭同样是个强势的人，向来疾言厉色，只要他认为自己的观点是正确的，就会直言不讳地向孙权进谏，甚至跟孙权吵得脸红脖子粗，一点也不给孙权面子，常常搞得孙权下不了台。这情景就像一个唠叨的老人家训导小孩一样，张昭是孙策指定的顾命大臣。因此孙权还不能把他怎么样，但是这样的人显然不招孙权待见。

顾雍则不同，平日里话不多说，但是考虑问题全面周到，处理问题稳妥细致。一旦自己有什么动作，不事张扬，先去跟老板孙权商量，老板批准了，然后就去办。做出成绩了，把大功劳和名声都让给孙权，一旦没有结果招致失败，顾雍就把责任往自己身上推。这样一个贴心人，权势心极重的孙权自然喜欢。同时，这也是在出任COO之前，即顾雍为什么无名的原因。

由于顾雍识趣、省事、谦卑，孙权逐步让其接触到了核心权力。每当孙权有什么重大决策，会派秘书前往征询顾雍的意见。顾雍赞成孙权的举措时，就会请秘书吃饭，带着把自己的看法说出来，予以补充；如果不赞成，就不会请客了，也不多说话。时间久了，孙权发现顾雍在大政方针上是很有见地的，因此任命顾雍接替孙邵成为CEO就成了顺理成章的事情。

顾雍的这种谦和绝不是刻意地媚上，而是他处理问题的一贯手腕，在对待集团里的其他职员上，顾雍向来也是温和起见。公司的几位总监喜欢醉酒，有时候会因此耽误事。若是换做张昭，必然会当面直斥，吵得天翻地覆。但是顾雍的办法是把他们酒后失态的样子记录下来，然后找个时机给他们看。几位总监看到自己酒后不雅，自然会约束自己。

在对待下属上面，顾雍也是向来温和。顾雍的儿子去世时，顾雍正和几个骨干属下下棋。听闻噩耗，为了不打扰属下们的雅兴，顾雍没有声张，只是推脱家里有事先走一步，后来下属知道了这个消息，无不为上司的"体贴"感动。

所谓温和者必然量大，顾雍正是这样。孙权晚年重用人事经理吕壹，吕壹利用职权之便，陷害COO顾雍、CMO陆逊等等一系列高管。最终，在东吴集团元老张昭等人的劝阻下，孙权方才醒悟，开始调查吕壹，调查小组的组长就是被吕壹整得最

惨的顾雍。按理说，调查吕壹，顾雍这样的当事人应当回避，但是孙权完全信任顾雍的人格气度，知道他不会借此打击报复。

在调查过程中，一些看不惯吕壹做派的人对吕壹横加指责，有的甚至出口谩骂，但都被顾雍制止住了。顾雍对他们说，企业有企业的规章适度，企业章程上没有写我们可以随意谩骂被调查的员工。转过身来，顾雍心平气和地问吕壹"你还有什么要为自己辩护的吗？"吕壹知道自己抵赖不了，只好无言认罪。

这就是 COO 顾雍"温和宽厚"的魅力。顾雍尽管温和，却是一个很讲原则的人，温和却不妥协。在升任 COO 后，顾雍任用员工时始终秉持自己的原则，从不以个人爱好、恩怨、利益去选择。而一旦派任后，他便会全心全意地委托他们。

在曹魏、巴蜀、东吴三个集团中，东吴集团是存活时间最久的企业，而 COO 顾雍是这个存活时间最久的企业中最为出色的 COO。

✦ CEO 提点 ✦

态度决定一切，面对同样的人、同样的情景，拿出不同的态度，就会得到不同的结果。

最后一个大老板：孙皓

孙皓是东吴集团最后一个 CEO，在他的治下，面对西晋集团的收购案，孙皓不主动、不反对、不作为，坐以待毙地将东吴集团葬送掉了。

孙皓是孙权的孙子，东吴集团的最后一个大老板。

俗话说"家有千口，主事一人"，一个企业，有再好的人才、再好的体制，但是没有一个好的老板，最终也只能是走向败亡。

孙皓之所以能够成为大老板，本身就很有戏剧性。由于东吴集团和曹魏集团竞争常年失利，孙皓的前任孙休在同企业的高管们商量选定接班人的时候，达成一致：选择一个年龄大一些的新老板，因为在他们看来，年龄大的老板心理承受能力要好一些，能够承受企业在市场竞争中接连的失败。于是，孙皓就这么稀里糊涂地接班上位了。

但是让这些支持孙皓接班的高管们始料不及的是，孙皓当上大老板不久就把他们全都干掉了。本来这些人寻思着自己怎么也算是"拥立"有功，没想到竟是落得这般的下场。孙皓心里清楚那些拥立自己上位的高管们的能量有多大，他们能把自己捧上台，同样也能把别人捧上台取代自己。

这期间，曹魏集团发生了一件事情，更坚定了孙皓的大清洗思路——就是董事会更迭。司马炎把曹家拉下了马，曹魏集团正式更名西晋集团。这件事对孙皓的触动很大。他不允许这样的事情发生在自己身上。所以他要剪除一切威胁，宁可到最后无人可用，自己一点点地衰败，也不允许看到自己手中的权力被人剥夺。

可以说孙皓充分地继承了前辈孙权的独裁本性，凡是对自己有所不满的、口出怨言的，一概清洗出东吴集团。可怜的东吴集团，本来人才就已经所剩不多，被孙皓这么一闹，又少了几个。都说人才是企业之本，现在人才都没了，企业如何自立？但是这些孙皓从来不管，也不去想。在孙皓的脑子里，唯一相信的就是握在手中的权柄，一些可能威胁到自己权力的人，都要进行清洗。

孙皓当上了东吴集团的老板之后，开始了自己的折腾生涯。他先是决定将集团的总部迁到武昌，惹得管理层人员沸腾，很多人嘴里哼哼："宁饮建邺水，不食武昌鱼。宁还建邺死，不过武昌居。"结果很多不愿意离开老总部的人宁愿选择辞职，造成了企业人才的不必要流失。

实际上，在做出总部搬迁的决定时，东吴集团的状况已经是每况愈下了，经不起这么大的折腾，但是孙皓不管这个，一切全凭性子来。在武汉安分了一段时间后，孙皓又不甘寂寞了，做出了一个令人大跌眼镜的决定：把总部再迁回原来的南京。这一下，东吴集团内部的舆论算是炸开了锅，这搬来搬去的，到底是要干什么。

如果只是在业务上一塌糊涂，一些对东吴集团死忠的员工或许还能勉强接受这么个 CEO，但是孙皓在人品上更是差劲到了极点。特别是在花边绯闻这一点上。

孙皓的妻子是东吴集团的一个高管张布的女儿。因为张布对孙皓的行为感到不满,提出异议,孙皓索性就把张布从公司开除了。这件事传到了孙皓老婆的耳朵里,孙夫人十分生气,心想再怎么也不能把自己的老丈人说开除就开除啊,于是就跟孙皓说这事。不说还好,一说孙皓就翻了,两个人在公司里吵得不亦乐乎,一时间成为了公司的"美谈"。

孙皓还有一个情人,姓左,这在集团内已经是公开的秘密了,所有人对老板孙皓的所作所为几近麻木了。这位左夫人很不幸,英年早逝,结果"重情重义"的孙皓竟然花了半年时间搞治丧活动,什么事都不问。在公司里,许多员工都不知道这位老板怎么一下子就失踪了,甚至有传言说孙皓死了。孙皓忙完了丧事,出来一听,竟然还有这些传言,又是一番大清洗,又有大批的人离职了,

酒与色是联系在一起的。孙皓把它们有机地结合在自己身上,而且与工作也结合在一起。他把喝酒当作考核干部的一个重要途径。他经常把自己的员工弄来,要求他们放开来喝,谁也不许误量。他设立十多个督察员,站在喝酒的高管们后面,看高管们的各种反应,听他们酒后胡言乱语。谁讲了一句坏话,谁多看了老板一眼都会被清洗。那个时候,有一副好酒量的往往能保住饭碗。

不幸的东吴集团就是上摊了这样一个老板,或许他最终被西晋集团收购,也算是不幸中的一种万幸吧

CEO 提点

CEO 是一个企业的核心,他的个人水准往往能左右企业的成败,这是对每一位 CEO 价值的肯定,同时也是对每一位 CEO 的警示。

后记：
曹刘孙，CEO 之败

曹氏集团:最大企业,最易骚乱

　　曹魏集团本是业内的龙头,实力超然于巴蜀集团和东吴集团之上,而且原本结盟的巴蜀、东吴在后期也是矛盾重重,离心离德,根本没有搞定曹魏集团的实力。从表面上看,最为强大的曹魏集团应该是三家企业中"寿命最长"的,而且有很大的希望吞掉巴蜀集团和东吴集团,一统全国市场。但结果却是事与愿违,曹魏集团非但没有并购成功,反而成了几个集团中最先垮掉的企业。

　　曹魏集团的衰落看起来像是历史的必然,一代不如一代的曹家大老板继任者用事实证明了"兵熊熊一个,将熊熊一窝"的道理。曹魏集团从来就不缺乏人才,曹丕先进的"九品中正"制度保证了集团人才得到源源不断的补充。对于巴蜀集团和东吴集团的"吃老底",曹魏集团新秀如雨后春笋般冒出,在人力资源上压制着竞争对手。

　　自己的人才能够压制住对手,曹家的大老板却压制不住自己的手下。

　　曹操集团的覆灭,给后世留下了很大的警示,就是越庞大的企业越容易骚乱,而且这种骚乱一旦无法控制的话,那么越大的企业完蛋得也就越快。

败因一:内耗与权力的架空

　　曹魏集团的失败,最直接的原因在于第三代老板曹叡在接班人选择上的失误,他选择了曹芳,而后安排了曹爽和司马懿辅政。

　　曹叡的这个安排有两个不稳定因素,一个是曹芳的年龄太小,一个是曹芳不是曹叡的儿子。曹芳年龄小，直接的结果就是董事长无法直接控制整个企业，需要安排保驾护航的保镖，而保镖这个东西是有风险的；曹芳不是曹叡嫡传，直接造成了对董事长地位合法性的动摇，就给了曹家其他人觊觎董事长宝座的借口。

很不幸的是，这两大风险一起爆发了。曹叡安排了极有野心的曹爽和司马懿组成双总裁掌管曹魏集团。曹爽大权在握，同时又是曹家的人，很容易对这个非嫡传的老板曹芳有想法。

曹芳接班之初，曹爽不敢独断专行，但是他通过一系列明升暗降的人事变动削弱了司马懿手中的权势，并且把自己的弟弟曹羲、曹训、曹彦安插在关键的实权部门上。司马懿的权力被曹爽剥夺之后，形成了曹爽独裁的局面。曹爽开始肆无忌惮，纵容他的党羽亲信贪污、受贿、公然侵吞企业财产。曹爽的胡作非为引起了集团上下的不满，特别曹家的董事会，无法继续容忍曹爽。

这时候，搞掉羽翼丰满的曹爽，只能依靠司马懿。因为司马懿是法定的双巨头CEO之一。结果司马懿在董事会的支持下，轻而易举地干掉了曹爽。

但是，干掉了曹爽，对于大老板曹芳来说，情况非但没有好转，反而更加恶化了。司马懿是法定的双总裁之一，现在曹爽下台了。司马懿成了名正言顺的独裁者，而且在企业内部，没有一个有足够分量的人能够制衡司马懿。

就这样，曹魏集团的权力构成由原先齐头并进的双巨头制变成了一强一弱的双巨头制，最后又变成了CEO独裁制，使的掌权者完全失去了制衡。作为老板的曹芳不仅现时失去了对整个集团的把控，而且永远地失去了对集团把控的机会。

败因二：大面积"空降"高管

曹爽为了巩固自己在曹魏集团的实力，打击排挤司马懿，进行了一系列的人事变动。随着曹爽集团推行的人事大换血，不可避免地带来的就是大面积的空降高管的现象，可以说这是曹爽与司马懿双总裁内耗附带而来的一个后果。

高管空降有一定的好处，比如说巴蜀集团的刘备就是一个很大的受益者。他主

导的空降 COO 诸葛亮就帮助自己创建了巴蜀集团。但是，不是说所有外来的和尚都好念经，至少在曹爽这里就失败了。

实际上，一个企业最重要的是要有内在造血机制，"空降"对企业的好处在于带来新思路、新资源和新的经营理念，就如当初刘备请来诸葛亮一样，但是有个问题，就是"高管空降兵"一样都会打破组织的原有利益和信任格局。在曹魏集团后期，曹爽把自己的两个弟弟曹羲和曹训空降到销售系统，就引起了相当一部分人的不满。

另外一些"高管空降兵"的观念上还有问题，有的人动机不纯，私欲过重。最主要的是，其个人的能力与理念不能完全与企业的理念相匹配。实际上，曹爽自己就是一个很好的例子，曹爽的能力是很强的，这一点从他打击司马懿的手腕上就可以看得出来，但是曹爽没有顾忌曹魏集团当时的发展现状，而是急功近利地一味跟司马懿集团发生摩擦，结果不仅造成了内耗，同时也使集团产生了毁灭性的后果。

败因三：逆势改革之祸

曹爽在和司马懿的权力斗争中失势，造成司马懿一家独大，这只是最表面和最直接的原因，而深层次的原因在于曹爽的企业改革。

由于家世背景和思想观念的差异，曹爽集团在企业治理的态度上与当时曹魏集团内的既得利益者多有不同。当初，曹丕为了换取公司管理层阶层对自己的信任和支持，授意陈群进行体制改革，制定出了维护既得利益阶层的"九品中正"制度。但是曹爽完全不需要这么做，他觉得自己不需要和这些人做什么利益交换，于是便开始"变易旧章"、"屡改制度"，进行逆势改革。

曹爽辅政期间曾进行的一系列企业改革，内容主要是人才选拔机制改革和行政机构改革。曹爽坚信自己的改革会使曹魏集团更上一层楼，他从没有考虑曹魏集团当时的权力布局是否适合这样大的动作。实际上，曹爽为改革的事征询过司马懿的意见，司马懿表面上说好，但是又认为这样的改革必须慢慢来，不能操之过急，急则生变，实际上就是反对改革。因为司马懿也属于曹爽改革中利益受损的既得利益者。

曹爽在扩张战略破产之后,主修曹魏集团的内务,开始推行改革。改革的主要负责人是何晏。在曹爽的改革中,影响最大的是人才选拔制度的变革。在曹爽担任 CEO 的时期,曹氏集团的人才选拔主要依靠管理阶层的推荐。这种选拔方式造成的一个后果就是集团的管理层基本上被既得利益者所垄断,谁跟管理层的关系好,谁即有机会,这完全违背了曹魏集团的创建者曹操当初唯才是举的理念。

要知道,曹操本是草根出身,所以并不看重一个人的出身阶层,他所行用人唯才之道,也是曹魏集团能够在混乱的市场竞争中异军突起的重要原因。但是,在曹氏集团经历了几代的传承之后,老板们不再有草根气息,更加靠近于上流社会,所以在选人标准上重视所谓的出身门第。这是对曹操用人唯才政策的一种否定。

曹爽人才选拔的改革,实际目的是为了回归曹操的用人唯才。在这一点上,曹爽也达到了一定的目的。曹爽还推行了行政机构的改革,关闭不必要的办事处和缀余的部门。这两种手腕,将州、郡、县三级合并为州、县二级,并建议严明礼制,禁止奢侈。从当时情况看,这两项主张都是意在加强中央集权。

但是曹爽千不对万不对就是不该在这个时候改革,而且改革的步子迈得太大了。曹操的唯才是举是因为身处乱世,群雄并起,一切原有的利益格局完全被打破了,有这样的条件。但是到曹爽这里,曹魏集团企业内的利益已经分割完毕,这时候改革无疑是逆势而为。改革使集团内的实权人物背离了曹氏董事会,和曹家离心离德,最终导致了曹魏集团的覆灭。

刘氏集团:最佳行政,最先败亡

巴蜀集团是由卓越的 CEO 刘备从无到有、历尽艰辛创立起来的。在曹魏、巴蜀、东吴三家集团三强鼎立的格局中,巴蜀集团的底子最薄,但却是出镜率最高的一家公司。尽管北方的曹魏集团始终保持着业内龙头老大的地位,但是在很多人的心目中,巴蜀集团才是市场上的第一品牌。不仅是巴蜀集团的品牌,而且巴蜀集团的高管,在三大集团中也都是最顶尖的人物,像刘备、诸葛亮、关羽等。

但是就是这样一个朝气磅礴的企业,号称是管理最优、最有可能干掉龙头曹魏集团、并购偏安的东吴集团,最终垄断市场的企业却在三大集团率先覆灭,这不得不让人引发更深层次的思考:究竟是什么搞垮了巴蜀集团?

有人说企业的底子还是太薄,禁不起折腾;有人说是超级 CEO 诸葛亮去世的太早,后继无人;还有的人说是和东吴的战略联盟破裂,失去了强援。实际上,一个如此优质的企业在瞬间坍塌,它的原因不可能是这么简简单单的,在这里我们需要全方位地审视巴蜀集团,挖掘出它覆灭的种种原因:

败因一:非本土化战略的疏离

刘备的巴蜀集团是以元老的东汉集团西川分公司为基础建立起来的, 刘备进入到益州分公司之前,益州分公司的老总是刘焉。

刘焉本身不是益州当地人,也不是从益州分公司实打实地干上来的,而是东汉集团总部空降任命的。有句老话叫做"一朝天子一朝臣",刘焉空降益州,自然也从原来的东州公司带了一班老部下到益州去。

但是这样一来就容易产生一个矛盾,就是原来益州公司的高管和从东周过来的人之间的利益存在冲突。老板刘焉自然是更愿意用自己的老部下,知根知底,而且彼此之间也默契,用起来方便。但是对于益州公司原来的人,无疑会感到被冷落了。就产生了怨言:"益州公司的天下是我们打下的,凭什么让这些外人爬在我们的头上?"

所以,当时益州的本土精英们大规模地闹事,抵制刘焉带来的前东州公司的人。刘焉是个很铁腕的人,对于闹事者进行了大清洗,最终把局面稳定了下来。

刘焉去世后,刘璋接班。刘璋是个性格宽柔,没有威势的人,他不像刘焉那样能够压得住本土的势力,结果益州集团和东州集团之争再次闹了起来。益州分公司内部不稳定,加上曹操、张鲁也对益州虎视眈眈,结果刘璋把刘备请了过来,帮助自己管理经营公司。但是万万没想到,刘备其心不在此,趁机收购了益州公司。刘备的入主,对东州利益集团来说,并非灾星;对益州利益集团来说,亦非福音。

刘备建立了巴蜀集团之后,大量任命和重用从荆州公司带来的管理者,这些人多年来跟随刘备东奔西颠,今天总算捞到好处了。然而,刘备、诸葛亮、法正等人也没有忘记积极主动地通过各种方式拉拢东州集团。特别是对益州分公司原来的高管黄权、李严等人,也是大为重用。因为无论是荆州集团还是东州集团,对于益州土著集团都是外来集团。因此,他们之间有必要消除陈见和隔阂,联合并肩,对付益州土著集团。不然,益州土著集团的势力成长壮大,就没有他们两个集团的立足之地了。

但是巴蜀集团的老板忽略了这一点,他们终究是在益州的地盘上,真正支撑起巴蜀集团的还是益州本地的员工。巴蜀集团团结荆州和东洲集团,排斥打压益州本土集团,表面上看是稳定了集团的上层权力结构,但是却造成了基层员工对企业的不认同。他们会觉得这不是自己的公司,因为自己怎么干也爬不到最高层。结果就是巴蜀集团的这种非本土化战略打击了最广大底层员工的热情,造成了他们对企业的一种疏离感。

败因二：集团内部势力的大分裂

实际上，在巴蜀集团的后期，巴蜀集团内部已经是大分裂了，整个企业不再是一个有凝聚力的整体，可以说是陷于危机四伏、四面楚歌的地步，犹如纸糊的巨人，一捅即破即倒。

在巴蜀集团内部大分裂中，最为核心的就是领导层的分裂。

自从费祎离任后，姜维接管了巴蜀集团的大权，但手握重权的还有诸葛亮之子诸葛瞻、董厥和樊建，以及那个大名鼎鼎的总裁办助理黄皓。

姜维同黄皓矛盾极深，他曾几次建议老板刘禅换掉这个黄皓，但是刘禅拒绝了。姜维的建议传到黄皓耳里，引起了黄皓的不满，黄皓找了个借口，说姜维劳而无功，空耗企业资源，企图以荆州集团的销售副总监阎宇代替姜维。诸葛瞻、董厥等人也上表后主，要求召还姜维，夺其手中的权力。姜维知道后，也不回总部理事，从而造成巴蜀集团最高领导权的分裂状态，及至后来邓艾并购巴蜀集团，诸葛瞻痛心疾首地说："吾内不能除黄皓，外不制姜维，进不守江油，吾有三罪，何面而返！"

除了高层之间的分裂，诸葛亮及其接班人对益州本土集团的压制和不信任同时也必然造成了益州本土集团的分裂。在巴蜀集团的末期，很多益州人都已经开始考虑跳槽到曹魏集团，所谓身在蜀汉心在魏。特别是曹魏集团的"九品中正"HR 制度出台后，曹魏集团对他们确实有吸引力。

反观巴蜀集团，连年的争斗消耗了荆州和东州集团的大量有才之士，巴蜀集团的高层又始终不愿意大量启用和提拔益州人士，所以蜀汉政权出现所谓的"人才匮乏"现象也就没什么奇怪的了。

败因三：背离的企业愿景

巴蜀集团之所以能够壮大发展，这跟他们最初提出的口号有巨大的关联："重新振兴东汉集团"。

东汉集团尽管已经没落了，但是在市场上还是很有影响力的，而且无论是曹魏、还是巴蜀，或是东吴集团中的人，都对东汉集团有着深厚的感情，所以当刘备喊出这个口号的时候，别人是很买账的。

更主要的是，这个口号给巴蜀集团的人形成了一种独特的自信心和优越感。当巴蜀集团人以此为企业的愿景时，无形中会起到一种激励的作用，使得巴蜀集团的精神面貌要远高于曹魏和东吴两个集团。

但是随着时间的推移，东汉集团的没落和最终走向死亡已成定局，人们心中对东汉集团的怀念越来越淡漠，这种愿景也越发背离了客观的现实。在市场和客户那里，巴蜀集团不再像过去那么得人心，而且在企业内，员工们对于这个愿景也是越来越不感冒，激情渐渐失去。

最要命的是，巴蜀集团在对曹魏集团发动了无数次的进攻，试图搞垮曹魏集团，但最终却无功而返后，这样的一个口号和愿景反而使企业产生了一种挫败感，严重阻碍了企业的发展。

特别是在巴蜀集团的中后期，也就是CEO诸葛亮去世后，蒋琬、费祎执掌巴蜀集团的这段时期。巴蜀集团基本上放弃了对曹魏集团的进攻，但是与此同时又没有提出新的口号来树立新的企业愿景，让人感到"重新振兴东汉集团"就如同笑话一般。

这样一来员工就更没有士气了。当一个企业失去了他的方向，或者是他的员工觉得企业的愿景根本就无法实现、甚至是荒唐可笑的时候，这个企业也就"离死不远"了。

而最终给巴蜀集团致命一击的则是末期的掌权者姜维。原本，巴蜀集团的人对

于"重新振兴东汉集团"已经麻木了,但是姜维重新拾起了扩张的战略,把集团的胃口吊了起来,但是接连不断的失败又把巴蜀集团最后的一点心气也消耗尽了。人心散了,最终半死不活的巴蜀集团与其苟延残喘,不如索性自我了断。这也正是谯周这样的高管为什么主张放弃对曹魏集团恶意收购的抵抗的原因了。

败因四:错误的企业战略

巴蜀集团扩张策略的失败和无功效也是加速其败亡的一大原因。任何企业集团,他的市场动作和他的发展战略应该是相一致的。

巴蜀集团之所以坚持扩张,除管理层的私欲外,从战略和企业发展的角度来看,还有以下几点原因。

首先就是解决历史遗留问题。在刘璋主管益州分公司时期,企业的心气是很低的,因为刘璋这个人领导能力比较差,他对竞争对手张鲁和曹操也比较畏惧。所以本土的益州集团很是看不起他,于是他们请来了荆州地主集团。

鉴于刘璋的教训,巴蜀集团的管理层为了加强向心力,避免离心力,主动出击,向业内的龙头发起挑战。因为只有这样才可以显示它是有力量的,提高它在益州集团中的威信,维持和巩固自己在企业里的强势地位。

其次,荆州地主集团所具有的强烈扩张性。刘备等人入蜀,等于在有限的利益范围之内,多增加了一股分赃势力。因此,只有通过扩张,获得更大的市场,才能满足他们不断增长的物质要求,平衡主客之间的利益关系,缓和矛盾。

第三,出于企业安全战略的考虑,夺取陇西,可以使曹魏集团在西面少了一个跳板,为巴蜀集团建立一道防御地带。

以上这三个原因,其出发点都是好的,但是很遗憾的是,巴蜀集团的扩张战略基本上没有达到这些目的。在扩张的企业战略之下,巴蜀集团得的少,失的多。

奉行这个战略的主要是诸葛亮,他数次开辟市场,几乎每次都以资金枯竭而退兵,作为一个 COO,同类型的错误只犯一次足矣,为何他屡犯屡不改呢? 这意味着,诸葛亮在企业行政方面的才能是第一流的；但是在具体销售上的才能仅仅是二流或三流的水平，"应变将略，非其所长"，这种评价是中肯的。

劳而无功的市场扩张，是巴蜀集团的沉重负担，引起员工们的普遍不满，从而动摇了基础，搞垮了霸主集团有限的资金储备，反过来又加剧了集团内危机的演化过程。这当然不是诸葛亮及其接班人所愿意的，但他们又不得不这样干下去，这实在是一出大悲剧！

巴蜀集团的覆灭并不是哪一个人，哪一方势力的功过得失，而是一个企业集团发展战略的路线问题；不是单一的或一元的因素，而是多元的或多方面的综合效应。正是由于行政、销售、财务、和公关等诸因素的互相纠合，互相牵制，互相影响，最终导致了巴蜀集团的崩溃。

孙氏集团:最差管理,最久苟延

天下形胜,莫过东吴。在曹魏、巴蜀、东吴三个集团中东吴集团偏安一隅,受当时客观条件的限制,要想有大的作为并不容易。但是由于有长江作为依托,江南江北两相异,东吴集团要是想保住自己的一亩三分地,也并不困难。

最初,曹魏集团的开辟者曹操在其最鼎盛的时候想要一鼓作气拿下江东,实现全国范围内的行业大垄断。但是东吴集团愣是凭借着地利优势,在同曹操的较量中取胜,不仅保全了自己,而且重创了曹操。

时光荏苒,曹魏、东吴两个集团早已物是人非,一边已经变成了司马氏的了,另一边虽然还姓孙,但是早已没有了当年赤壁的风采。

当西晋集团的老板们决定收购东吴集团的时候,东吴集团竟然连巴蜀集团那样象征性的抵抗都没有,直接就缴械投降了,可见当时的东吴集团已经腐朽到了什么地步。这样的一个企业覆灭了,实为天道。

败因一:接班人危机

袁绍、刘表之故事历来是企业集团的老板们指定接班人的时候所忌讳的,但是这一幕却不幸的发生在了东吴集团的身上——接班人之争。

"接班人之争"标志着东吴集团由盛而衰大崩盘的开始,它带来的不利后果是一系列的,包括政局的混乱,人才的流失,企业执行能力的下降等。

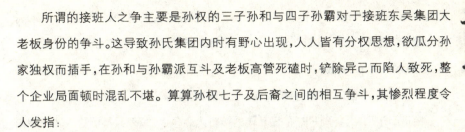

所谓的接班人之争主要是孙权的三子孙和与四子孙霸对于接班东吴集团大老板身份的争斗。这导致孙氏集团内时有野心出现,人人皆有分权思想,欲瓜分孙家独权而插手,在孙和与孙霸派互斗及老板高管死磕时,铲除异己而陷人致死,整个企业局面顿时混乱不堪。算算孙权七子及后裔之间的相互争斗,其惨烈程度令人发指:

孙登,长子,竞争失势,提出主动离开集团,但不幸病死。

孙虑,次子,年少去世,死因不明。

孙和,三子,孙权指定的接班人,在与孙霸的竞争中被贬到故鄣,后被孙峻逐出集团。

孙霸,四子,在与孙和的竞争中被逐出东吴集团。

孙奋,五子,远离争斗而保全。

孙休,六子,由权臣孙綝迎立,病逝。

孙亮,幼子,接班孙权,前有权臣诸葛恪专权,中受权臣孙峻擅政,后被权臣孙綝所废。

这就是东吴集团规模浩大的"接班人之争"。而这些孙氏家族成员的背后,又是一批批与之相关的企业高管。孙权"接班人之争"时,所丧失总监、经理,比起曹操在赤壁的损失有过之而无不及。成批成批的高管主动或被迫离职,这其中包括大名鼎鼎的陆逊、顾雍,一个企业的最高层如果经历如此巨大的震荡,其结果可想而知。

败因二:高端人才的匮乏

东吴兴亡最大因素还是在用人。

东吴集团从创建到中兴再到衰落,这个过程正是人才密度由渐强到极盛到衰落的过程。我们可以看到,在东吴集团最鼎盛的孙权时期的人才布局:

"于是张昭为师傅,周瑜、陆公、鲁肃、吕蒙之畴入为腹心,出作股肱;甘宁、凌统、程普、贺齐、朱桓、朱然之徒奋其威,韩当、潘璋、黄盖、蒋钦、周泰之属宣其力;风

雅则诸葛瑾、张承、步骘以声名光国,政事则顾雍、潘浚、吕范、吕岱以器任干职,奇伟则虞翻、陆绩、张温、张敦以讽议举正,奉使则赵咨、沈珩以敏达延誉,术数则吴范、赵达以机祥协德,董袭、陈武杀身以卫主,骆统、刘基强谏以补过,谋无遗算,举不失策。故遂割据山川,跨制荆、吴,而与天下争衡矣。"

但是到了后期,特别是在孙权时代的接班人之争以后,东吴集团的人才开始出现大幅度的萎缩。两个接班人两败俱伤,原本支持他们的高管因为参与到争端中而相继离任,离任的人中包括大名鼎鼎的CMO陆逊,COO顾雍等要员,这给东吴集团带来了极大的震动。一时间,企业内高端人才匮乏,东吴集团开始迅速衰落。

在孙皓CEO时期,孙皓向自己的CHO打听询问当时企业各个部门总监、经理的考评成绩和孙权CEO时期的成绩的对比情况。当时的CHO摇摇头叹了口气,什么也没说。实际上,当时的东吴集团确实已经没有像周瑜、鲁肃这样的人才,除了一个独木难支的陆抗之外,剩下的都是不入流之辈。入流的人都在"接班人之争"时被逼离职了。所以,东吴集团的人才匮乏不是没有人才,而在于把人才都赶走了,剩下的全是庸才。

相比于巴蜀集团,巴蜀集团同样存在人才匮乏的问题,但是诸葛亮在人才的使用上,虽然有荆州集团、东洲集团和益州集团之分,却没有像东吴集团这样出现大规模高管离职的现象。

相比于曹魏集团,虽然董事会发生人事变动,由曹氏变成了司马氏,但是陈群建立起来的人才招聘体系仍然健全。尽管曹爽推行该举引起了利益集团和草根集团的矛盾,但是很快就被打压下去了,既得利益集团很快就重掌局面,也不曾有东吴"接班人之争"那样的动荡。

同曹魏集团和巴蜀集团相比,东吴集团出现党派成群而无人可用,从根本上讲是整体组织用人出了问题,而这一点也决定了东吴集团的覆灭。

败因三：反应和危机处理能力的孱弱

一个企业，不管它内部体系运行得如何出色，如果没有出色的对外部环境的反应能力，那么它很难强大起来。东吴集团始终积弱的一个原因就是对外部环境的判断不够准确。在东吴集团最鼎盛的时期还好，东吴集团的决策团队拥有周瑜、鲁肃这样优秀的人物带领，但是最多也只是做到了自保，跟曹魏集团的郭嘉、荀彧，巴蜀集团的诸葛亮、法正等相比，火候还是差了那么一点。

在最鼎盛的时期尚且如此，处在衰落期的东吴集团销售系统就更孱弱了。我们可以看看东吴集团灭亡过程：

杜预围困江陵，东吴集团建业方面没有做出反应；王戎拿下武昌，东吴集团还是无作为；王浑军抵横江，孙皓倒是派出了增援，但是由于判断失误，增援杯水车薪，无济于事；王濬进攻三山，这是孙皓唯一一次判断正确，但是在用人上面失当，派出的人又不是王濬的对手。结果大溃败。

实际上，直到东吴集团完蛋的那一刻，东吴集团仍然有尚可一战的能力，但是东吴集团的决策者在应付危机时的无能，葬送了东吴集团。

败因四：内部分裂的败亡

这里说的内部分裂和前面提到的"接班人危机"并不是一回事。东吴集团企业内部的分裂在"接班人危机"之前便已存在，它的表现形式为中央与地方的分裂。

东吴集团从建立开始，地方就有很强的势力，这些势力掌握在江东士族的手中。实际上，东吴集团的创始人孙坚也是靠手中的个人势力起家的。

在东吴集团的初期和中期，CEO孙策和孙权兄弟比较强大，最高管理层的集权

可以束缚住士族的势力。但是到了后期，东吴集团的最高管理层出现矛盾，引发一系列的争斗，对企业的掌控能力直线下降，这时候东吴集团内的士族力量逐渐摆脱了集团的约束。发展到后来，区域经理甚至敢同总部的总监叫板，活生生是东汉集团末期的重现。

没有了总公司强而有力的统御，东吴集团实际上成了一个士族地方势力的联盟。各个区域自主经营自负盈亏，而总部只是负责简单的协调。

这时候，西晋集团来抢地盘了。整个东吴集团就如一盘散沙似地溃败，左不能救右，右不能救左。和当初的赤壁相比，东吴集团要比那时不知强大多少，而西晋集团在这些年的消耗之后，攻击力远不如当年的曹操。

一盘散沙的东吴集团实际上有数十个地方势力，但是主动参与抵制西晋集团收购的不过十余个。最初，CEO孙皓曾经征召西陵督步阐负责反并购的事宜，但步阐不想再为孙氏家族处理，直接倒向了西晋集团。这就是当时东吴集团大多数地方势力的想法和现状，经过这些年的折腾，他们已经对企业的核心管理层失去了信心。

很明显，内部早已分裂的东吴集团各个子公司，已经无法再重新抱成一个拳头，西晋势如破竹，东吴集团未战已先亡。

反观东吴以党派斗争为主旋律的企业环境，实权者与CEO的争斗使得东吴集团越老越弱。昔日赤壁之战，孙权派CMO周瑜、副总监程普在一线指挥，CEO坐镇后方进行全局协调，又与刘备集团结成战略联盟，一举挫败曹魏集团的恶意收购。后来，刘备试图收购东吴集团，孙权派CMO陆逊指挥，集合区域经理朱然、潘璋、宋谦、韩当、徐盛、孙桓势力的力量，最后终于击退刘备。而如今东吴集团的总部已经失去了对地方的管辖和调配的能力，只能束手就擒，坐以待毙。最终被各个击破。

在这里有必要对比一下巴蜀集团中后期的核心管理层。CEO诸葛亮严打刘封、彭羕、廖立及李严等人，或言犹以为过苛，但是这一系列活动的确巩固了总裁办的权威，树立了集团总部的威信。

后记赘言

不管是巴蜀集团还是曹魏集团或是东吴集团，他们在灭亡时的状况有很大的相似之处，就是本土的势力都倒向了入侵势力，而反对掌权势力。

在巴蜀，益州集团倒向曹魏集团；

在曹魏，曹氏家族支持司马氏扳倒曹爽；

在东吴，地方士族倒向西晋集团。

可以说，在巴蜀、曹魏、东吴的三个集团的覆灭过程中，人心的向背导致了企业命运的走向，所以最后提醒一下 CEO 们，经营好人心才是经营好企业的最核心因素。

附录：

曹、刘、孙三个 CEO 的
大事记

附录一:CEO 曹操大事记

[公元 154 年] 1 岁,曹操出生,初名吉利,小字阿瞒,父为曹嵩,不久曹嵩的养父曹腾就病死了。

[公元 159 年] 5 岁,桓帝联合宦官杀梁冀,曹腾急病去逝,享年 59 岁。

[公元 161 年] 7 岁,刘备诞生。

[公元 166 年] 12 岁,第一次党锢之祸。

[公元 167 年] 13 岁,党人释放,免除终身监禁。

[公元 168 年] 14 岁,陈蕃、窦武谋杀宦官反为所害。

[公元 169 年] 15 岁,第二次党锢之祸,李膺死难。

[公元 174 年] 20 岁,通过察举孝廉成为郎官,稍后被任命为洛阳北部尉,封洛阳之副中将。

[公元 177 年] 23 岁,被任命为顿丘令。受任议郎。

[公元 178 年] 24 岁,曹操因堂妹夫滁强侯宋奇被宦官诛杀,受到牵连,被免去官职。归隐谯县故乡。

[公元 180 年] 26 岁,被朝廷征召,担任议郎。

[公元 181 年] 27 岁,诸葛亮诞生。

[公元 182 年] 28 岁,孙权诞生。

[公元 184 年] 30 岁,二月,黄巾军起义,黄巾党人作乱。被任命为骑都尉,四月率领两千人讨伐黄巾贼有功,受朝廷重用。

[公元 185 年] 31 岁,受任东郡太守却婉拒而辞职,归隐故乡。

[公元 187 年] 33 岁,曹丕诞生。

[公元 188 年] 34 岁,刺史改称州牧。王芬阴谋刺杀灵帝,引诱曹操加入行动,遭到拒绝,没多久王芬死于曹操刀下。

[公元 189 年] 35 岁,灵帝去世,刘辩即位少帝。何进谋诛宦官反为所害,袁绍挥军入宫,杀宦官。董卓入洛阳,掌握实权,袁绍逃往冀州。董卓立汉献帝,欲拉拢曹操,任曹操为都骑校尉,曹操更名改姓弃职潜逃,到陈留募兵。

[公元 190 年] 36 岁,正月,关东群雄推举袁绍担任盟主,出兵反抗董卓政权。董卓迁都长安。曹操以奋武将军头衔加入关东军联盟,却因兵少为董卓部将徐荣所败。袁绍建议拥刘虞为皇帝,曹操拒绝参加,而遭袁绍厌恶。

[公元 191 年] 37 岁,在东郡击溃黑山贼 10 万余民。袁绍表为东郡太守,荀彧离开袁绍阵营,投靠曹操。

[公元 192 年] 38 岁,四月,王允及吕布暗杀董卓。六月李傕、郭汜、樊稠等率军攻破长安,杀害王允,王灿避居荆州。曹操率军大破黑山贼和匈奴部队。鲍信等表曹操为兖州牧。率军大败黄巾军,冬天获黄巾青州降兵 30 万并百万人口。助袁绍打败刘备、单经及陶谦诸军。

曹植诞生。

[公元 193 年] 39 岁,春天,匡亭之战六百里大追击大败袁术军团。徐州牧陶谦率军攻入兖州南部的任城,曹操率军征讨陶谦攻克徐州十余城。

[公元 194 年] 40 岁,父亲曹嵩因徐州牧陶谦驱赶出城而遇害,再次亲征陶谦,大败陶谦军,下令屠城。而属下的张邈和陈宫等却乘曹操外征徐州,叛变并迎接吕布入兖州,众郡县响应叛乱,仅有三城,因荀、程、夏侯等留守将领的死守,而得以硕果仅存(曹操几乎等于失去了兖州,当时兖州 8 郡共有 80 县城)。曹操回返兖州,与吕布军在濮阳相持百日,终因粮尽而各自退兵。当年陶谦死,刘备接替徐州牧。冬十月,曹操驻军东阿县时,因缺粮而解散刚刚招募的士兵。

[公元 195 年] 41 岁,率军三败吕布军。破定陶、庸丘等,平定兖州。天子表曹操为兖州牧。同年长安大乱,献帝东迁洛阳。

[公元 196 年] 42 岁,二月大破黄巾军,天子表曹操为建德将军。六月提升为镇

东将军，费亭侯。七月成功迎奉汉天子，得总揽朝政，采用董昭的建议，迁都许县（改名许都）。九月被封大将军，武平侯。十月讨伐杨奉，攻占梁县，让大将军与袁绍，改任司空，车骑将军。采用枣祗和韩浩的建议，开始屯田。当年刘备兵败吕布，投奔曹操麾下。汉骠骑将军张济亡故，张绣接替统领他的人马。

［公元197年］43岁，率军到达宛县，张绣降而复反。二次征伐张绣，并大败之，张绣迎兵与刘表合兵。九月袁术称帝，并侵犯陈国，亲自率军东征，袁术弃军而逃至淮河，曹操击败袁术所留守的四将。稍后南阳、章陵等县反叛曹操，归于张绣，派曹洪征伐未果。亲征并大败叛军，并收复湖阳、舞阴等地。

［公元198年］44岁，初设军师祭酒。三月率军征伐穰县张绣，因为刘表的救援，而回撤，但以奇兵大败张、刘联军。因吕布帮助袁术，而派高顺攻击刘备（此时刘备存身曹操麾下），再次东征吕布，并大败之，斩吕布、陈宫以及高顺等。张辽等归降，其中包括再次投降的毕谌，被再次任命为鲁国相；臧霸、孙观、吴敦、尹礼等人则被任命为青州刺史等官职，管理青、徐二州。

［公元199年］45岁，派曹洪、史涣打败眭固军（前杨丑杀张杨，眭固杀杨丑，并归顺袁绍）并斩之。率军围困射犬，薛洪、缪尚率众降，被封列侯。再次任命叛将魏种为河内太守。同年袁绍灭公孙瓒，得青、冀、幽、并四州后，率精锐步兵10万，骑兵万余进攻许。曹操率军进军黎阳，臧霸入驻青州。攻下齐、北海、东安。派于禁驻军黄河。并分兵防守官渡。十一月张绣投降，被封列侯。袁术兵败陈国，欲投奔袁谭，曹操派刘备、朱灵和路招中途拦截袁术。袁术死于途中。刘备得兵后，则偷袭徐州刺史车胄，驻军沛县，正式反叛曹操，东海国昌霸也叛归刘备，得众几万人，刘备派孙干与袁绍结盟。曹操派刘岱、王忠攻打刘备，不果。庐江太守刘勋被孙策击败后，率几百部下投降曹操，被封列侯。

［公元200年］46岁，诛杀董承。亲征刘备，大败之，获其妻子并关羽、部将夏侯博等。袁绍派兵攻打刘延，自己陈兵黎阳。曹操欲北援刘延，后来听从荀攸的建议，兵走延津。张辽、关羽打败袁绍大将颜良，并斩之。白马坡，曹操500骑大败文丑、刘备率领的5000骑兵，并斩文丑。曹、袁对军官渡，袁绍连军几十里，曹操几乎是以一敌十，战斗不利，欲撤军，后来听从荀彧的建议，继续以弱兵抗强兵。（同时，孙策听

说袁曹对兵官渡,曾计划袭击许,出兵前,却被刺客暗杀而亡。)刘辟叛变曹操,袁绍派刘备援兵刘辟。曹操派曹洪击败刘备和刘辟军,刘备自此奔荆州投靠刘表。许攸因故投靠曹操,曹操得知袁绍的运粮情况,遂用荀攸之计,派徐晃、史涣截击袁绍的几千辆粮食,并尽烧之。袁曹对抗数月间,曹操军屡斩袁绍军的大将。十月袁绍派淳于琼等率兵万余运输粮草,曹操率精兵五千,大败淳于军兵并袁绍派来的救援骑兵。袁绍同时派高览、张郃攻击曹营留守的曹洪军,他们闻听淳于琼大败后,投降曹操。袁绍、袁谭等闻讯后弃军而逃,曹操斩其军七万余首。冀州诸郡闻而多降曹操。

孙策去世,孙权即位。

[公元201年] 47岁,率军大败袁绍的仓亭军。袁绍回冀州后,收拢军队,再次恢复了诸多叛郡。九月派蔡扬攻击汝南的刘备、共都,未果。曹操亲征刘备,刘备闻风而逃奔刘表处。

[公元202年] 48岁,五月,袁绍亡故。九月亲自率军征伐袁谭、袁尚,数次大败之。袁谭和袁尚死守其城。

[公元203年] 49岁,率军攻打黎阳,大败袁谭、袁尚军。二袁遁逃,曹操继而进军邺城,留贾信驻扎黎阳。八月征伐刘表。期间袁谭与袁尚为争夺冀州而内战,袁谭争战不利而求降曹操,公许之并联姻,曹操并听从荀攸的建议,停止征伐荆州刘表,转而继续先平定冀州的战略。率军再进黎阳,东平吕旷、吕翔投降,被封列侯。

[公元204年] 50岁,率军进入洹水,期间正值袁尚攻击袁谭,留下苏由、审配守护邺城,苏由闻公至即投降。留下曹洪攻击邺城,曹操亲自率军攻克毛城的尹楷和邯郸县的沮鹄守军。易阳县令韩范及涉县长梁歧献城投降,被封关内侯。五月水淹邺城,袁尚回兵救邺。七月大败袁尚之援军,袁尚欲投降,不许。袁尚逃往中山国,部下马延、张凯投降,追击袁尚军,得其全部辎重。审荣开城投降,审配不降而斩之。自此邺城平定,曹操祭祀袁绍,并善待其家人,下令免税和惩罚豪强,百姓乐之。帝任曹操为冀州牧,曹操同时辞去了兖州牧。袁谭乘曹操征伐袁尚时,伺机攻占数郡,继续与袁尚内斗不止。曹操乃与袁谭交绝,并讨伐之,袁谭撤出平原,逃至南皮。曹操遂进入平原,平定其诸郡县。

[公元205年] 51岁,率军攻打袁谭,大败之,并斩袁谭及其妻儿。平定冀州

后,颁令宽恕袁绍部将并随众,并禁止私相仇雠。袁熙部将焦触、张南叛攻袁熙、袁尚,并献城投降,被封列侯。袁熙、袁尚逃亡乌丸地区。四月,张燕率不下十万余众投降,被封列侯。八月赵犊、霍奴杀死幽州刺史并涿太守,乌丸则攻打犷平鲜于辅。公亲征赵、霍,平定叛乱并斩之。救援了犷平,乌丸军逃往塞外。十月返回邺城后,颁布命令,驱除当地的诸多鄙习,改良社会风气。高干在并州发生叛乱,派乐近、李典攻击壶关城之高干军。

[公元206年] 52岁,亲征高干,围困三个月而攻下。高干则只留下众将留守壶关,自己逃亡匈奴求取救兵(后在逃亡荆州的途中,被捕杀)。11月亲征海贼管承。又恰逢乌丸作乱。开凿平虏渠、泉州渠,以准备次年征讨乌丸。

[公元207年] 53岁,颁令嘉赏部下,封20余人为列侯。听从郭嘉建议起兵征伐乌丸。五月兵至无终岭,七月田畴应召做向导,直奔柳城。上白狼山,以张辽为前锋,大败之,胡、汉降众20余万。乌丸逃亡辽东,与袁熙、袁尚等只剩几千骑兵。后被公孙康斩其首,送至曹操处,如公之最初预料。十一月兵至易水岸边,乌丸诸单于来贺。

[公元208年] 54岁,开辟玄武池训练水军。朝廷废三公,改设丞相和御史大夫。六月为丞相。七月亲自率军南征刘表。八月刘表亡故,刘琮继位,驻扎在襄阳,刘备则驻扎樊城。九月至新野,刘琮降,随进军江陵,刘备则逃往夏口。平定荆州后,施行新法,韩嵩、蒯越、邓义、傅巽等15人被封侯或任要职,文聘为江夏太守。曹操率轻骑3000人,大败刘备于当阳。益州牧刘璋此时接受征兵和纳税。后刘备、周瑜等联军约1万人,曹操30万大军败于赤壁,曹军死亡大半,遂退军南郡,留曹仁守之。时孙权也领军数万攻打合肥,公派张憙率千骑救之,途中采用蒋济奇谋,千人充4万,军未至,而唬走孙权军。刘备乘势占领荆州江南一带的郡县。遂成日后三足鼎立之雏形。

[公元209年] 55岁,军至谯,造快船,练水军。七月出肥水,军至合肥,颁布抚恤兵士的命令。设置扬州郡县的长吏,开芍陂屯田(按吕蒙对孙权的说法,就是曹操想实施长远的征伐计谋)。其间曹仁驻守江陵,与数万周瑜军,对峙年余,最后曹仁弃城,孙权任命周瑜为南郡太守。

[公元 210 年] 56 岁，颁布《求贤令》、《十二月己亥令》公开声明无心篡汉。在己亥令中，透露在建安年间，从将兵 5 千到最多时候 30 余万，后因功被封 4 县 3 万户。建铜雀台。仅食武平县万户，退还阳夏、柘、苦等三县 2 万户。

[公元 211 年] 57 岁，天子任 25 岁的曹丕为五官中郎将和副丞相。商曜反叛，派夏侯渊和徐晃征伐，并大败之。三月张鲁占据汉中，派钟繇讨伐之，并同时派夏侯渊从河东郡出发，与钟繇会合。关中的马超、韩遂等怀疑钟繇讨伐的是自己势力，而反叛，屯兵潼关，派曹仁讨伐，并令曹仁坚壁勿战。七月曹操亲自西征，大败马、韩等军，马超等因之欲割地求和，公不允。九月马、韩再次请求割地，并送任子以求和，曹操采纳贾诩的建议，伪许之，并再次大败韩、马军。韩遂、马超败走凉州，杨秋则本安定，曹操军斩成宜和李堪等叛将，关中自此平定。十月亲自北征杨秋，杨秋投降，被恢复了原爵位。十二月留夏侯渊镇守长安。

[公元 212 年] 58 岁，曹操被天子待如西汉初年的萧何。马超余众梁兴屯兵蓝田，派夏侯渊平之。十月曹操首次征伐孙权。荀彧饮药自杀。

[公元 213 年] 59 岁，进军濡须口，破孙权江西营，抓获孙权部将公孙阳。由于孙权年前听从了吕蒙的建议在濡须口建立了濡须坞，使得曹操只能与孙权军相拒月余，叹江东军容肃整而退兵。献帝下诏并 14 州为 9 州。五月天子使御史大夫郗虑策命曹操为魏公，聘曹操三个女儿为贵人。建魏国社稷宗庙。凿渠引漳入白沟，建金虎台，置魏郡东西部都尉。置魏国尚书、侍中和六卿。马超在汉阳为害，屯兵兴国，派夏侯渊讨伐之。

[公元 214 年] 60 岁，曹操亲耕籍田。南安赵衢、汉阳尹奉讨伐马超，杀了马超的妻儿，马超则逃往汉中。韩遂移军金城，率羌兵万骑战夏侯渊，夏侯渊大败之，韩遂逃往西平郡。夏侯渊继续攻打兴国，屠金城。曹操派毌丘兴上任安定太守。天子使魏公位在诸侯王之上。五月孙权征兵皖城，抓获庐江太守朱光和参军董和及百姓数万户。是岁，刘备定蜀。七月二次亲征孙权。十月派夏侯渊自兴国出发，讨伐在陇西郡罕作乱 30 多年的宋建，自此平定凉州，并斩了宋建。曹操伐吴未果，归邺城。十一月伏皇后涉嫌谋害曹操而遭诛杀。十二月颁布求才和刑法两道命令，设置了理曹掾蜀的官职。并驻军孟津。刘备入成都，自任益州牧。

[公元215年] 61岁，天子立曹操二女为后。三月亲自西征张鲁，氏族人堵塞道路，派张郃、朱灵败之。四月抵达河池县，氏王窦茂等万人不顺服，五月大败氏王。同时西平将曲演、金城将蒋石杀韩遂，献其头。张鲁闻曹操来伐而欲降，其弟不允，鲁乃让其弟、部将杨昂等据守阳平关。曹操军至阳平，初不克，伪做后撤军，但派解、高二将乘夜偷袭张卫军，大败之，杀了杨任。张卫则逃，军溃，张鲁逃亡巴中。军入南郑，获张鲁府中珍宝（张鲁本欲投降，故出兵前未有毁之）。巴郡、汉中投降曹军。八月，孙权与刘备解决了荆州归属问题后，顺势回兵攻击合肥，被张辽、李典等将领所击败。九月巴郡朴胡、杜濩归附，朴被任命为巴东太守，杜被任命为巴西太守，同时皆被封为列侯。天子令公可承制封拜诸侯、太守、国相。十月设立五大夫爵位，以赏有战功之人。十一月张鲁自巴中率部来降，鲁及五子皆被封列侯。时刘备在历时两年取得益州，并与孙权就荆州的归属后，始占领巴中。曹操派张郃于巴西战，彼此不胜后各自退兵，且当时未听刘晔之谏，乘刘备取益州未久，人心未稳之际，进取蜀地，从而失去了统一全国的一次机会。十二月，曹操大军自南郑返，留夏侯渊、张郃留守汉中。孙权与刘备平分荆州。

[公元216年] 62岁，二月大军回到邺城。三月再耕籍田。五月被加封为魏王。代郡乌丸单于普富卢朝见汉帝，汉帝封曹操之女为公主。七月匈奴南单于呼厨泉来朝贺，住在魏国。八月任命钟繇为魏相国。十月训练部队，三征孙权。十一月大军抵达谯。

[公元217年] 63岁，大军驻扎在居巢。孙权在濡须口修筑城墙欲加强抵抗。二月大军驻江西郝溪，率军猛攻下，孙权退军。孙权派都尉徐详求降，曹操同意，并允结为姻亲。三月大军返回，留下夏侯惇、曹仁、张辽等驻扎居巢。四月，天子令曹操出入可用皇帝的旌旗等仪仗。五月，建造学宫。六月任命军师华歆为魏国的御史大夫。十月天子继续令曹操可使用，如冠冕的十二玉串，金银车，六匹马以及五彩从车等皇帝仪仗。同时任命曹丕为魏王太子。刘备排张飞、马超和吴兰等驻下辩，令曹洪迎击刘备军队。疫病流行，陈琳、徐干、应场、刘桢皆死。

[公元218年] 64岁，吉本、耿纪、韦晃等反，攻许，丞相长史王必、典农中郎将严匡平灭之。刘备军进军汉中，驻扎在阳平关，派吴兰、雷铜入武都郡，曹洪大败吴兰，并斩其部将任夔。夏侯渊、张郃军与刘备军相持不下。曹操驻军于长安。

[公元 219 年] 65 岁，夏侯渊战死，曹操放弃汉中，引军回长安。刘备自称汉中王。关羽发动襄樊战事，曹操南征关羽。孙权偷袭荆州军，关羽被俘，遭孙权斩首。

[公元 220 年] 66 岁。正月，返回洛阳，二十三日急病去世。十月，曹丕篡汉，建立魏王朝，汉高祖所建的大汉帝国从此灭亡。

附录二：CEO 刘备大事记

[公元 184 年] 爆发黄巾起义，刘备因镇压起义军有功被封为安喜县县尉，后来，朝廷有令：如因军功而成为官吏的人都要被选精汰秽，该郡督邮到安喜要遣散刘备，刘备知道消息后，到督邮入住的驿站求见，督邮称疾不肯见刘备，刘备大怒，捆绑督邮鞭打两百。刘备与关羽、张飞逃亡。

后来，大将军何进派毋丘毅到丹杨募兵，刘备也在途中加入，到下邳时与盗贼力战立功，任为下密县丞，不久又辞官。后来又任高唐尉、高唐令等职。不久高唐县被盗贼攻破，刘备于是往奔公孙瓒，被表为别部司马。

[公元 191 年] 刘备与青州刺史田楷一起对抗冀州牧袁绍，因为累次建立功勋而让他代理平原县县令，后领平原国相。

刘备外御贼寇，在内则乐善好施，即使不是身为士人的普通百姓都可与他同席而坐，同簋而食，不会有所拣择。据说郡民刘平不服从刘备的治理，唆使刺客前去暗杀。刘备毫不知情，还对刺客十分礼遇，刺客深受感动，不忍心杀害刘备，便坦露实情离去。当时黄巾余党管亥率众军攻打北海，北海相孔融被大军所围，情势危急，便派太史慈突围向刘备求救。刘备惊讶地答道："北海相孔融居然知道世上有刘备！"便立即派三千精兵随太史慈去北海救援。黄巾军闻知援军至，都四散而逃，孔融遂得以解围。后袁绍攻公孙瓒，刘备与田楷东屯齐。

[公元 194 年] 曹操借口为父报仇而再度攻打徐州，徐州牧陶谦不能抵挡，向青州刺史田楷求救。刘备以本部千余人从田楷往救之，也被曹操击败。恰好此时张邈、陈宫叛迎吕布，曹操根据地失陷，于是回兵兖州。陶谦表刘备为豫州刺史，使屯于小沛。

[公元195年]陶谦病故,遗命将徐州交与刘备。刘备又得到麋竺、陈登、孔融等人拥戴,遂领徐州牧。此时吕布被曹操打败来投靠,刘备善待礼遇他,让其屯于小沛。

[公元196年]曹操表刘备为镇东将军,封宜城亭侯。袁术率大军进攻徐州,刘备迎击,两军在盱眙、淮阴相持。这时,吕布偷袭了下邳。刘备回军,中途军队溃散,乃收余军东取广陵,为袁术所败,转军海西,困顿至极,得从事东海麋竺以家财助军。于是向吕布求和,吕布让刘备驻军小沛。其后袁术派纪灵领步骑三万攻小沛,吕布也知道唇亡齿寒的道理,用"辕门射戟"使两家罢兵。不久,刘备再度召募了万余人的军队,吕布恶之,于是率军进攻小沛。刘备战败,前往许都投奔曹操。曹操表奏刘备为豫州牧,又益其兵,并给与粮草,让刘备屯沛地。其后人称刘备为"刘豫州"。

[公元198年]吕布派高顺和张辽进攻刘备,曹操虽派夏侯惇援救,但被击败。沛城最终被攻破,刘备妻子被掳,单身逃走。刘备在梁国国界中与曹操相遇,于是与曹操联合进攻吕布,吕布投降后,刘备力劝曹操杀死吕布。其后刘备与曹操回到许都,被表为左将军。

[公元199年]车骑将军董承受汉献帝衣带诏,刘备起初未敢加入。后曹操与刘备"煮酒论英雄",曹操对刘备说:"今天下英雄,唯使君与操耳。本初之徒,不足数也。"刘备心惊,筷子掉落。此事后刘备知道曹操难容自己,遂与董承等人同谋。恰逢当时曹操派刘备与朱灵一起攻击袁术,其后刘备进军下邳,杀徐州刺史车胄,留关羽守下邳,行太守事,自己还小沛。东海昌豨以及诸郡县多从刘备,刘备遂有兵数万,于是北连袁绍抗击曹操。曹操派司空长史沛国刘岱、中郎将扶风王忠往攻,被刘备击退。

[公元200年]春,衣带诏事发。曹操决定亲自东征刘备,虽然曹军中将领多认为袁绍才是大敌,但曹操却觉得刘备是英杰,必要先行讨伐,郭嘉亦赞同曹操。刘备战败,北投袁绍。秋七月,汝南黄巾军首领刘辟等叛归袁绍。袁绍使刘备领兵助之,不久为曹仁打败。刘备回到袁绍处,以连结刘表为由,带兵复到汝南,联合黄巾余党龚都,斩杀曹操派来平乱的将领蔡阳。

[公元201年]曹操亲自讨伐刘备,刘备往投刘表。刘表亲自到郊外迎接刘备,待以上宾之礼,遂屯于新野。

[公元 202 年]刘表命刘备带军北上,到叶县,夏侯惇、于禁、李典率军抵挡。刘备伪退,设下伏兵,李典觉得有诈乃劝之,夏侯惇不听,被刘备打败,幸好李典及时赶来,刘备军力过少,知道相持下去占不到便宜,于是退军。刘备在荆州数年,自觉老之将至而功业未建,遂有"髀肉之叹"。

[公元 207 年]刘备向刘表提出趁曹操进攻乌桓时偷袭许都的建议,刘表没有采纳。刘备前往隆中拜访诸葛亮。三顾茅庐之后,诸葛亮向刘备献上了隆中对。

[公元 208 年]刘表病死,曹操此时亲率大军南下。刘表次子刘琮投降曹操,长子刘琦联合刘备。刘备从新野撤往江夏,路经襄阳时,很多荆州士人投靠刘备,有人劝说刘备抛弃他们,轻骑前进,但刘备说:"夫济大事必以人为本,今人归吾,吾何忍弃去!"到当阳时,竟有十余万众,辎重数千辆,日行十余里,被曹军追击,大败于长坂,此时恰好遇上前来打探情报的鲁肃,劝说刘备与孙权联合,共同对抗曹操。刘备于是转从汉津港去往夏口,派诸葛亮只身前往东吴游说抗曹。孙权以周瑜、程普为左右督军率军三万,与刘备并力,在赤壁大破曹军,追到江陵。刘备表刘琦为荆州刺史,迅速夺取荆南四郡,又与周瑜围攻曹仁于江陵。此时庐江雷绪率部曲数万口投奔刘备,大大增加了刘备的实力。

[公元 209 年]刘琦卒,群下推举刘备为荆州牧。孙权稍畏刘备之势,将其妹嫁给刘备。

[公元 210 年]态度强硬的周瑜病逝于巴丘,孙权欲使刘备为自己挡住曹军,于是在鲁肃的建议下借南郡给刘备。

[公元 211 年]刘璋听从张松建议,派法正邀请刘备入川襄助自己对付张鲁,法正、庞统因劝刘备图取益州。刘备遂留诸葛亮、关羽等守荆州,自将数万步卒入蜀,与刘璋会于涪。期间张松、法正、庞统皆劝刘备袭杀刘璋,刘备以初来到蜀地,人心尚未信服,不宜轻举妄动为由拒绝。刘璋上表推荐刘备代理大司马,兼领司隶校尉,配给刘备士兵,督白水军,令他攻击张鲁。刘备北至葭萌,驻军不前,厚树恩德以收众心。

[公元 212 年]张松事情败露被杀,刘备于是与刘璋反目。刘备依庞统提出的计谋,召白水军的杨怀到来并将其斩杀,吞并其部队。派黄忠、卓膺率军南下进攻刘

璋,占领涪城。

[公元 213 年]刘璋派遣刘璝、泠苞、张任、邓贤、吴懿等在涪阻击刘备,都被刘备打败,吴懿投降。刘璋又派李严、费观统帅绵竹诸军,李严率众投降。刘备军力益强,分军平定各县。同时调诸葛亮、张飞、赵云等率军入蜀。张任、刘循退守雒城,刘备率军进攻,张任出击,被刘备军斩杀,刘循遂坚守不出,庞统率军攻打雒城为流矢所中战死城下。

[公元 214 年]雒城被围近一年才被攻克,刘备乃与诸葛亮、张飞、赵云等共围成都。时刘备派建宁督邮李恢说降马超。马超来到成都,刘备命他率军屯城北,一时城中震怖。刘备于是派简雍劝降了刘璋,乃领益州牧,启用蜀中诸多人才。

[公元 215 年]孙权派吕蒙袭取荆南三郡,刘备率军五万下公安,与孙权军对峙。后因曹操夺取了汉中令益州受到很大威胁,于是与孙权和解,割江夏、长沙、桂阳给孙权。又遣黄权率兵迎接败北于曹操的张鲁,但张鲁已降曹操。曹操派夏侯渊、张郃屯兵汉中,多次侵犯边界。刘备遂令张飞进兵宕渠,与张郃等于瓦口发生战争,张郃被大败,刘备也还军成都。

[公元 218 年]刘备采纳法正的建议,率领诸将起兵攻汉中。派遣将军吴兰、雷铜进攻武都,被曹军消灭。于是刘备遂进兵阳平关,与夏侯渊、张郃等相峙。乃发文书要求诸葛亮增兵,诸葛亮在杨洪的建议下调动一切资源全力支援汉中。

[公元 219 年]刘备南渡沔水,于定军山与夏侯渊部对峙。刘备采用法正计策,夜袭夏侯渊,黄忠斩杀夏侯渊及赵颙等。曹操只好立刻从长安率兵西征汉中,刘备预言:"曹公虽来,无能为也,我必有汉川矣。"然后凭借汉中天险,谨守壁垒不与曹军交战。曹操用了一个月也难以攻下,逃亡的士兵越来越多,数月后只得无奈退军。而另一方面,刘备遣刘封、孟达、李严等进攻上庸的申耽等将,申耽等将见曹操率军返回中原,遂开城投降。

此时群下上表刘备被拥戴为汉中王,后还治成都,升任魏延为都督,坐镇汉中。拜关羽为前将军,假节钺。关羽起兵围襄阳,水淹七军,抓住于禁,斩杀庞德,围困曹仁于樊城,自许都以南纷纷响应关羽,一时间关羽威震华夏。不久曹、孙联合,先是徐晃率众击退关羽,关羽退回汉水以南,以水军隔绝汉水,襄阳仍然被困。接着吕蒙

白衣渡江,劝降南郡守将糜芳、公安守将士仁,兵不血刃占据荆州地界。关羽后方突失,走投无路,最后在临沮被俘后被杀。

[公元 220 年]曹操薨,享年 66 岁。次子曹丕继任魏王之位,其后废汉献帝,建立了魏朝,称魏文帝。当时盛传献帝已经遇害,甚至魏国边境大臣苏则也不知详情,误信流言为献帝发丧。

[公元 221 年]刘备追谥刘协为孝愍皇帝,乃于成都继承汉室称帝,立国号为"汉"(史称蜀汉),年号"章武",任诸葛亮为丞相,许靖为司徒。设置百官,建立宗庙祭祀汉高祖等先帝,蜀汉政权正式建立。

张飞在阆中准备出兵会师江州,准备讨伐东吴。临近出发时,被叛将范疆、张达密谋刺杀。

[公元 222 年]刘备为夺回荆州,为关羽、张飞报仇,出兵攻打东吴(兵力不详,演义中称 75 万,后世通常认为在 5 至 10 万之间)。其先,蜀军士气旺盛,势如破竹,先后击破陆逊部将李异、刘阿等。陆逊坚守不战,刘备进军夷陵。两军相持达半年之久,汉军疲惫、斗志松懈。刘备为了使将士不受毒阳暴晒,迁帐于树林中,陆逊趁机采用火攻,封锁江面,扼守彝陵道,全线出击,水陆并进,蜀军大败,刘备在赵云的护送下逃至白帝城,在此驻扎。孙权为持续孙刘联盟,遣使求和,刘备应允。

[公元 223 年]刘备病情恶化,从成都招来丞相诸葛亮,以后事、嗣子刘禅、江山托之。6 月 10 日,刘玄德驾崩于白帝城永安宫,享年 63 岁。

附三：CEO 孙权大事记

［公元 196 年］孙权 15 岁被举为孝廉、秀才，任阳羡（今宜兴）长，行奉义校尉。

［公元 199 年］孙权跟随孙策征讨刘勋、黄祖等人。

［公元 200 年］孙策逝世，孙权继位吴侯、讨逆将军，自领会稽太守。张昭、周瑜等重臣全心辅佐孙权。曹操正式上表孙权为讨虏将军、领会稽太守，屯吴，使丞之郡行文书事。孙权招贤纳士，开始统治江东。

［公元 202 年］孙权母亲吴氏逝世。

［公元203 年］孙权西伐刘表部将江夏太守黄祖，水战大捷，但未攻占城池。

［公元 204 年］孙权之弟丹杨太守孙翊被手下杀害，孙权从兄孙瑜代任。

［公元 205 年］孙权派贺齐讨上饶，分为建平县。

［公元 207 年］孙权西征黄祖，大胜而回。

［公元 208 年］春，孙权再次征讨黄祖，大将吕蒙打破黄祖前锋，凌统、董袭等人破城后屠城。黄祖败逃，被冯则追杀枭首。孙权派贺齐讨黟、歙，分歙为始新、新定、犁阳、休阳县，以六县为新都郡。荆州牧刘表病亡，曹操举大军南下，继任的刘琮举众以降，刘备进住夏口，派诸葛亮联合孙权。当时百官大多劝孙权投降曹操，惟有周瑜、鲁肃和孙权同心，欲迎击曹军。孙权于是令周瑜、程普为左右都督，领军两万，联合刘备军，在赤壁大破曹操军，追击曹军至南郡。甘宁在夷陵被曹仁围困，周瑜用吕蒙计救出甘宁。孙权亲自率军围合肥，派张昭等人攻打九江之当涂，两条战线作战不顺，孙权于是退军。

［公元 209 年］周瑜打败曹仁，占领南郡，孙权任周瑜为偏将军、领南郡太守。荆

州刺史刘琦卒,刘备自领荆州牧,上表孙权为车骑将军,领徐州牧。

[公元 211 年] 孙权移治于秣陵。

[公元 212 年] 孙权改秣陵为建业(今南京市),作濡须坞。

[公元 213 年] 正月,曹操攻打濡须,孙权与之相拒月余。曹操远望孙权军,赞叹孙权军容齐肃,于是退军。

[公元 214 年] 五月,孙权征讨皖城。

闰月,攻克皖城。刘备收蜀。孙权派诸葛瑾讨还荆州诸郡,刘备不允,关羽驱逐孙权派出的南三郡长吏,两家矛盾激化。孙权派吕蒙等人领兵二万取长沙、零陵、桂阳三郡;派鲁肃领万人屯巴丘以防关羽,孙权亲自驻扎陆口,为诸军节度。吕蒙收复长沙、桂阳,惟零陵难以攻克,吕蒙利诱零陵守将郝普,于是孙权尽得三郡。吕蒙与孙皎、潘璋、鲁肃几路军并进,和关羽相拒于益阳。曹操入汉中,刘备、孙权议和,再度结盟,分荆州、长沙、江夏、桂阳以东属孙权,南郡、零陵、武陵以西属刘备。孙权与凌统、甘宁等在津北和曹操军大战,被魏将张辽打败,孙权乘骏马跳过津桥逃走。

[公元 216 年] 曹操再次攻打濡须。

[公元 217 年] 春,孙权派都尉徐详诣曹操请降,两家暂时和解。

[公元 218 年] 十月,孙权亲自骑马射虎,老虎咬伤马匹,危急之际孙权用双戟击伤老虎,最终将之捕获。

[公元 219 年]孙权向曹操表示愿意攻打关羽,曹操为使关羽与孙权相争,命曹仁把孙权写给曹操的密信射到关羽军中,关羽陷入两难境地。闰月里,孙权征讨关羽,吕蒙打破公安,俘虏将军士仁,后军到南郡,南郡太守糜芳投降。吕蒙军据江陵,安抚百姓,释放于禁。陆逊军取宜都,获秭归、枝江、夷道,于是屯居夷陵,守峡口防备刘备援军。关羽兵还当阳,西保麦城。孙权派人诱降关羽,关羽军伪降,立幡旗为象人于城上,逃出麦城,众人失散,只剩下十余骑,孙权派朱然、潘璋军埋伏于关羽等人前行道路。

十二月,潘璋部将马忠抓获关羽及关平、赵累等于临沮,孙权斩杀关羽,平定了荆州。当年瘟疫盛行,孙权尽免荆州民租税。曹操上表孙权为骠骑将军,领荆州牧,封南昌侯。孙权派校尉梁寓奉贡汉室。

[公元 220 年] 秋，魏将梅敷使张俭投降孙权。

[公元 221 年] 四月，孙权都鄂，改名武昌，以武昌、下雉、寻阳、阳新、柴桑、沙羡六县为武昌郡。五月，建业言甘露降。八月，孙权与曹丕联盟，释放于禁等人。蜀汉大军来攻打东吴，孙权以陆逊为都督，带领朱然、潘璋等人迎拒刘备。

[公元 222 年] 正月，孙权被册封为吴王、大将军、督交州荆州扬州诸军事。孙权正式称王建国，建元黄武。陆逊部攻下蜀五屯。三月，鄱阳传言黄龙现世。蜀军分据险地，前后连营五十余个。陆逊随轻重以兵应拒，自正月至闰月，大破蜀军，斩杀、俘虏蜀军数万，刘备逃回。九月，魏将曹休、张辽、臧霸兵出洞口，曹仁兵出濡须，曹真、夏侯尚、张郃、徐晃军围南郡，攻打东吴。孙权派吕范等督五军，以水军迎战曹休等人，派诸葛瑾、潘璋、杨粲等率军救南郡，派朱桓在濡须迎战曹仁。十一月，因大风，吕范军兵溺死数千，退回江南。曹休派臧霸用轻船五百、敢死军万人袭攻徐陵，烧攻城车，杀死数千人。东吴将军全琮、徐盛追斩魏将尹卢，回击了魏军，曹丕大败，不久身亡。孙权改夷陵为西陵。

[公元 223 年] 正月，曹真分军据江陵中州。

三月，曹仁派将军常雕等带兵五千晨渡濡须中州，并分军急攻朱桓部，朱桓严守，东吴将军严圭等击破常雕，魏军皆退。

四月，群臣劝进，孙权不允。

五月，曲阿传说甘露降。溪口守将晋宗反叛东吴，数犯边境。

六月，孙权派贺齐、麋芳、刘邵等袭蕲春，生擒晋宗。

十一月，蜀派中郎将邓芝联结东吴。

[公元 224 年] 夏，孙权派中郎将张温出使蜀中。

八月，东吴大赦死罪。

九月，曹丕出广陵，望长江，感叹东吴有孙权，无法侵占，返回北方。

[公元 225 年] 该年江东连续地震。

[公元 226 年] 七月，孙权听闻曹丕去世，征讨魏国，围困石阳，夺得江夏。孙权派全琮平讨山越。

［公元 228 年］五月，鄱阳太守周鲂伪叛，诱魏将曹休。

八月，孙权至皖口，派将军陆逊督诸将大破曹休于石亭。

［公元 229 年］春，百官劝进。

四月，夏口、武昌传言黄龙、凤凰现世。

丙申日，孙权即皇帝位。改年号黄龙，国号大吴。追尊父亲破虏将军孙坚为武烈皇帝，母亲吴氏为武烈皇后，兄长孙策为长沙桓王。孙登为皇太子，顾雍为丞相，陆逊为上将军，诸葛瑾为大将军。

东吴蜀汉再度联盟灭魏，协议三分天下，豫、青、徐、幽属吴，兖、冀、并、凉属蜀。司州之土以函谷关为界。

九月，孙权迁都建业。

［公元 230 年］正月，魏建造合肥新城。

孙权派遣将军卫温、诸葛直领兵卒万人，过海访夷洲及亶洲，得夷洲数千人而回。

［公元 231 年］二月，孙权派潘浚率军五万，讨伐武陵蛮夷。

东吴将军孙布诈降以诱魏将王凌，十月，孙权以大兵潜伏于阜陵，王凌察觉东吴计策后撤退。

［公元 232 年］吴魏争夺辽东。

十月，魏辽东太守公孙渊向孙权称臣。

［公元 233 年］公孙渊反复无常和东吴翻脸，孙权欲北征，被部下劝阻，于是讨伐曹魏合肥等地，均无功而返。

［公元 234 年］五月，孙权派遣陆逊、诸葛瑾等屯江夏、沔口，孙韶、张承等向广陵、淮阳，孙权率大军围攻合肥新城，最终再次无功而返。

八月，孙权派诸葛恪讨伐山越。

十一月，潘浚扫平武陵蛮夷，孙权复曲阿为云阳，丹徒为武进。

［公元 235 年］夏，孙权派吕岱讨伐庐陵贼李桓、罗厉等。

［公元 236 年］二月，武昌传言甘露降于礼宾殿。

冬十月，东方出现彗星。鄱阳贼彭旦等反乱。

[公元237年]二月,陆逊讨伐彭旦成功。

十月,孙权派全琮攻打六安,战事不顺。诸葛恪平扫山越,北屯庐江。

[公元238年]夏,吕岱讨伐卢陵贼。

八月,武昌传言麒麟现世。

孙权改年号为赤乌。

[公元239年]孙权几动干戈,成功讨伐廖式等叛将。

[公元240年]该年灾荒不断,冬十一月,孙权开库济民。

[公元241年]正月,大雪平地深三尺。

夏四月,孙权派全琮攻打淮南、诸葛恪攻打六安、朱然围樊城,诸葛瑾取沮中。

五月,太子孙登夭亡。

司马懿亲解樊城之围。

[公元242年]正月,立孙和为太子,改禾兴为嘉兴。

八月,立子孙霸为鲁王。

[公元243年]正月,新都传言白虎现世。诸葛恪征六安,打破魏将谢顺营。

十二月,扶南王范旃派使献乐人、特产。

[公元245年]七月,马茂造反,被夷三族。孙权再次下令屯田。

[公元246年]二月,孙权派朱然征讨魏国柤中,斩敌千余人。

[公元250年]孙权废太子孙和,赐死鲁王孙霸。

十月,魏将文钦伪叛以诱朱异,孙权派吕据等人迎文钦。朱异待重以待,文钦于是不敢进。

十一月,孙权立孙亮为太子。派军十万,作堂邑涂塘以淹北道。

十二月,魏大将军王昶围南郡,荆州刺史王基攻西陵,孙权派戴烈、陆凯防御。

神人授孙权书。

[公元251年]五月,孙权立皇后潘氏,改年太元。

十一月,孙权祭南郊返回后,开始生病。

孙权下诏省徭役,减征赋,除民间疾苦。

[公元252年]正月,孙权立孙和为南阳王,居长沙。孙奋为齐王,居武昌。孙休

为琅琊邪王,居虎林。

二月,孙权大赦,改元为神凤。潘皇后被宫女缢死。

四月,孙权逝世,时年 71 岁,在位共 24 年。

七月,孙权被葬于蒋陵。